TRADDODIAD Y MÔR

Traddodiad y Môr

J. Geraint Jenkins

Argraffiad cyntaf: Gorffennaf 2004

Rhif Llyfr Safonol Rhyngwladol:
0-86381-932-X

Cynllun clawr: Sian Parri

Argraffwyd a chyhoeddwyd gan Wasg Carreg Gwalch,
12 Iard yr Orsaf, Llanrwst, Dyffryn Conwy, LL26 0EH.
℡ 01492 642031
🖷 01492 641502
✉ llyfrau@carreg-gwalch.co.uk
Lle ar y we: www.carreg-gwalch.co.uk

John Geraint Jenkins M.A., D.Sc.Econ.

Brodor o ardal Llangrannog, Ceredigion, a gafodd ei addysg yn Ysgolion
Penmorfa ac Ysgol Uwchradd Aberteifi ac ym Mhrifysgolion Abertawe ac
Aberystwyth. Wedi cyfnod ar staff Prifysgol Reading, daeth yn ôl i Gymru fel
aelod o staff yr Amgueddfa Werin yn Sain Ffagan. Wedi cyfnod fel Curadur
Amgueddfa Diwydiant a Môr Cymru dychwelodd i Sain Ffagan fel Pennaeth.
Wedi ymddeol i Geredigion gwnaeth tipyn o waith cyhoeddus fel Uchel Siryf
Dyfed (1993-4); Cynghorydd ar Gyngor Sir Ceredigion (1994-2004) gan weithredu
fel Cadeirydd y Cyngor Sir yn 2002-3. Mae'n awdur rhyw 46 o lyfrau yn Saesneg
ac yn Gymraeg ar agweddau o dreftadaeth Prydain ac wedi gwasanaethu fel
Cadeirydd, Ysgrifennydd a Golygydd nifer o sefydliadau rhyng-genedlaethol. Yn
briod â Nansi ac yn dad i ddau o feibion.

Traddodiad y Môr

J. Geraint Jenkins

Cyflwyniad

Fel un o swyddogion yr Amgueddfa Genedlaethol am gyfnod o dros ddeng mlynedd ar hugain, y cyfnod hapusaf yn fy holl yrfa oedd y naw mlynedd a dreuliais fel Pennaeth Amgueddfa Diwydiant a Môr Cymru. Yma yn Nociau Caerdydd yr oedd yna gymdeithas unigryw ac yr oeddwn yn ymfalchïo yn y ffaith fy mod yn cael fy nghyfrif yn aelod o'r gymdeithas honno. Fel mab i forwr o Langrannog yng Ngheredigion nid oedd Caerdydd, nac yn wir llawer o ddociau eraill Prydain o Fryste i Lerpwl ac o Hull i Glasgow yn ddieithr i mi ac un o atgofion melysaf fy mhlentyndod oedd ymweld â llu o borthladdoedd gyda fy mam. Morwyr fu fy nheulu i ers canol y ddeunawfed ganrif ac roedd y dŵr hallt a'r heli yn ran bwysig o'm diddordeb a'm gwaith academig.

Ymgais yw'r llyfr hwn i geisio esbonio cymeriad a phersonoliaeth cymdeithasau glan môr a'r cenedlaethau o Gymry a ddibynnai ar y môr am eu bywoliaeth dros y canrifoedd. Llyfr gweddol gyffredinol ydyw ar draddodiadau arfordir Cymru ac nid triniaeth fanwl o ranbarth unigol fel a amlygir yng ngweithiau fy hen gyfeillion y diweddar Aled Eames a'r diweddar Dr Lewis Lloyd er enghraifft. Mae'r gwaith hwn wedi dibynnu llawer ar waith y ddau hanesydd hwnnw ac haneswyr eraill fel fy nghydweithiwr Dr David Jenkins ac eraill rhy niferus i'w henwi.

Hoffwn ddiolch o galon i'm cyfaill a chymydog, Gerallt Richards, am ei waith trwyadl i baratoi'r darluniau. Ef, a'm diweddar fab Richard sy'n gyfrifol am y mapiau a diagramau o longau.

Daw y rhan fwyaf o'r lluniau o gasgliad yr Amgueddfa Genedlaethol, llawer ohonynt o'm casgliad personol a drosglwyddais i Archif yr hen Amgueddfa Diwydiant a Môr yn Nociau Caerdydd.

Daw gweddill o'r lluniau o ffynonellau a chydnabyddir pob ffynhonnell wrth waelod pob llun unigol.

J. Geraint Jenkins,
Sarnau, Ceredigion.

RHAN I – Y MÔR A'I LONGAU

Traddodiad y Môr

Mae arfordir troellog Cymru bron yn fil o filltiroedd o hyd. Ar hyd-ddo ceir aberoedd llydain afonydd, llawer bae a gorynys, a nifer o ynysoedd. Yn anochel bron, oherwydd ei daearyddiaeth, datblygodd Cymru draddodiad morwrol y gellir ei olrhain i gyfnodau cyn-hanes. Bu pysgota o'r glannau ac ar hyd yr aberoedd, a chludo pobl a nwyddau ar y môr, yn elfennau hanfodol o dreftadaeth y wlad erioed.

Oherwydd bod gwaith a oedd yn seiliedig ar y môr wedi sefydlu cystal yng Nghymru am gynifer o ganrifoedd, roedd hi'n naturiol bod y cymunedau lle'r oedd mordwyo'n bwysig wedi datblygu eu cymeriad a'u personoliaeth eu hunain. Roedd llawer o gymunedau arfordirol, yn enwedig yn y gorllewin a'r gogledd, yn gymunedau gwir hunangynhwysol a oedd â'u golygon tua'r cefnfor. Y môr a arglwyddiaethai ar fywyd a meddylfryd preswylwyr y cymunedau hyn dros y canrifoedd, a gallai trefi a phentrefi arfordirol megis Aberdaron a Nefyn ar Benrhyn Llŷn, Ceinewydd, Abermaw a Threfdraeth ar lannau Bae Ceredigion a hyd yn oed y brifddinas, Caerdydd, ddiolch i'r fasnach fordwyol am eu bodolaeth.

Hyd at ail hanner y bedwaredd ganrif ar bymtheg, pan dreiddiodd rhwydwaith y rheilffyrdd hyd yn oed i gorneli mwyaf anghysbell Cymru, roedd cludiant arforol o bwysigrwydd aruthrol i bobl Cymru. Byddai teithio dros y tir, dros fwlch mynydd a bryn ar hyd ffordd israddol, yn beryglus eithriadol bob amser, ac er yr allforid gwartheg ar droed a defnyddiau gwlân ar gefn ceffyl ar hyd llwybrau anodd dros y tir i farchnadoedd Lloegr, roedd cludo marsiandïaeth ar y môr yn llawer mwy arwyddocaol. Roedd llawer o reidiau bywyd yn cael eu dosbarthu i gefn gwlad Cymru o'r porthladdoedd, rhai ohonynt fawr mwy na thraethau agored. Cludid llawer o allforion Cymru yn y llyngesau o longau a oedd yn eiddo i bobl leol a oedd yn masnachu ar hyd pob rhan o arfordir Cymru. Byddai symud defnyddiau, cynhyrchion a phobl yn bennaf ddibynnol ar eu cludo ar ddŵr, a'r rhannau hynny o'r arfordir lle'r oedd porthladdoedd cysgodol oedd y safleoedd mwyaf poblogaidd ar gyfer datblygu aneddiadau. Yn ystod cyfnod diwydiannu a thyfiant y trefi, byddai datblygu tref arbennig yn aml yn dibynnu ar ei lleoliad ac ar safon cyfleusterau ei harbwr.

Felly, er enghraifft, oherwydd ei safle ddaearyddol mewn lleoliad cysgodol yn rhychwantu aberoedd tair afon, yr ehangodd porthladd Caerdydd mor wyrthiol yn ystod ail hanner y bedwaredd ganrif ar bymtheg. Bu bywyd Caerdydd erioed yn annatod glwm wrth y berfeddwlad o'i chwmpas ac roedd hi'n ffodus o safbwynt y ddinas bod y berfeddwlad wedi datblygu'n un o'r rhanbarthau cynhyrchu glo a haearn cyfoethocaf ym Mhrydain. I gyfleusterau'r porthladd mae'r diolch bron i gyd bod Caerdydd wedi tyfu yn brifddinas Cymru, ac yn wir, yn ôl y cynlluniau uchelgeisiol ar gyfer ei datblygiad i'r unfed ganrif ar hugain, y môr fydd yn arglwyddiaethu ar ei chynnydd yn y dyfodol eto. Creadigaeth mentergarwch Oes Fictoria yn anad dim oedd y ddinas hon yn y cyfnod pan oedd y morffyrdd yn briffyrdd i'r byd. Hyd tua chanol y bedwaredd ganrif ar bymtheg, er bod ganddi gamlas a arweiniai i Ferthyr Tudful, ac un neu ddau o ddociau bychain caeëdig, tref farchnad fechan ddi-nod i raddau helaeth oedd Caerdydd. Yn ôl disgrifiad ohoni yn 1851: 'lle o ryw 20,000 o drigolion heb ddylanwad na bri'. Erbyn diwedd y bedwaredd ganrif ar bymtheg, daeth yn 'un o'r dinasoedd mwyaf ffyniannus yn y wlad, canolfan masnach a phorthladd gwych'. Bu'r datblygiad yn nodedig ym mhob ffordd. Gyrrwyd datblygiad aruthrol y ddinas yn ei flaen gan un nod grymus, sef adeiladu cymhlethdod o ddociau a darparu cyfleusterau ar gyfer dosbarthu cynhyrchion de Cymru ledled y byd. Wedi'r cyfan, Caerdydd oedd y porth i gyfoeth cymoedd Morgannwg, a gellir ystyried mai'r cymoedd hynny oedd Saudi Arabia Prydain yn oes Fictoria ac Edward. Wrth i'r cymoedd ffynnu ac i gyfleusterau'r porthladd wella ac wrth i'r rheilffordd gael ei ddatblygu i'r berfeddwlad, lluoswyd nifer y llyngesi llongau stêm, a daeth Caerdydd yn bot mêl yr heidiai perchnogion llongau o bob rhan o Ewrop ato i lyfu ei fasnach fythgynyddol. Erbyn 1910, yng Nghaerdydd roedd perchnogion 367 o'r llongau a hwyliai foroedd y byd.

Roedd trefi llai hefyd yn ddyledus am eu twf, os nad eu bodolaeth, i ansawdd eu porthladdoedd. Er enghraifft, datblygodd hen dref sefydledig megis Dinbych-y-pysgod o amgylch caer Normanaidd y gellid ei diwallu o'r môr ar adeg gwarchae. Er gwaethaf y ffaith bod ymosod di-baid o du lluoedd Cymru ar y castell yn y ddeuddegfed ganrif, tyfodd y dref a daeth yn ganolbwynt masnach pwysig yn ne orllewin Cymru yn ystod yr Oesoedd Canol. Yn 1328, galluogodd grant gan Edward III i'r dref adeiladu ei glanfa gyntaf a daeth yn borthladd pwysig ar gyfer mewnforio gwin o Ffrainc ac allforio glo caled o lofeydd lleol. Rhoddwyd ei siartr gyntaf i'r dref yn gynnar yn y bymthegfed ganrif, ac erbyn cyfnod y Tuduriaid roedd yn un o borthladdoedd pwysicaf Dyfed, yn cymryd rhan weithredol mewn masnach â Ffrainc, Iwerddon a phorthladdoedd Môr Hafren. Arglwydd-iaethwyd ar y fasnach gan ddosbarth o fwrdeisiaid a oedd yn fasnachwyr cyfoethog ac a oedd yn awyddus i fanteisio ar bob cyfle masnachol. Roedd rhai ohonynt ynghlwm â môr-ladrata ac yn 1563, er enghraifft, roeddent wedi darparu cyllid i'r llong *Theseus* ar gyfer yr hyn oedd yn ymddangos fel ymgyrch bysgota i'r *Grand Banks*. Nid aeth yr ymgyrch ymhellach nag Ynysoedd Gorllewinol yr Alban lle ymosodwyd ar longau pysgota a ddychwelai o ddyfnderoedd pysgodfeydd gogledd yr Iwerydd. Nid oedd islaw rhai o fasnachwyr Dinbych-y-pysgod i lwgrwobrwyo swyddogion y tollau i'w perswadio i anwybyddu ambell lwyth o gynnyrch a smyglwyd ac ni fyddent chwaith yn gwrthod masnachu â Sbaen, prif elyn y Goron ar y pryd.

Porthladdoedd a ddatblygwyd yn filitaraidd yn yr Oesoedd Canol yw'r rhan fwyaf o hen borthladdoedd sefydledig Cymru oherwydd bod y rhan fwyaf o weithgarwch arforol y cyfnod yn gysylltiedig ag adeiladu ac amddiffyn cestyll y Normaniaid a'r Saeson. Roedd y moroedd o gwmpas Cymru yn strategol bwysig ac roedd y cestyll a safai ar safleoedd allweddol yn ymyl y môr neu ddyfrffyrdd y gellid eu mordwyo yn hollbwysig i ymgais goresgynwyr i goncro'r boblogaeth frodorol. Roedd yno ambell i gei lle gallai morwyr estron ddod i'r lan a lle gellid glanio cyflenwadau militaraidd. Gellid cyflenwi'r rhan fwyaf o'r caerau o'r môr pe baent dan warchae o'r tir ac mae'n ddiamau bod llongau dieithr tramor i'w gweld yn rheolaidd mewn mannau megis Conwy a Chaernarfon, Penfro a Chaerfyrddin. Ychydig o'r llongau hynny oedd o Gymru ac ychydig o Gymry oedd yn ymwneud â mordwyo, oherwydd fel y dywedodd Gerallt Gymro wrth deithio o amgylch Cymru yn y ddeuddegfed ganrif, go brin y gwelid un llong frodorol; doedd Cymro'r Oesoedd Canol yn fawr o forwr. I'r goresgynwyr, bu'r môr yn ddihangfa yn ystod aml i frwydr yn erbyn tywysogion Cymru ac roedd nifer fawr o'r porthladdoedd bychain, a gâi eu hadeiladu yn fynych yng nghysgod castell enfawr, o bwysigrwydd strategol hanfodol.

Datblygodd rhai o borthladdoedd militaraidd yr Oesoedd Canol yn borthladdoedd masnachol o gryn bwys yn ddiweddarach ar adegau mwy sefydlog. Daeth trefi megis Aberteifi, Caerfyrddin a Chaernarfon yn borthladdoedd masnach o gryn weithgarwch yn ystod y cyfnod mwy sefydlog a ddilynodd y Ddeddf Uno. Dechreuodd trigolion arfordir Cymru gymryd mwy a mwy o sylw o'r môr a'i botensial ar gyfer masnach ac yn nhreigl amser ymunodd mwy a mwy o longau o Gymru â'r llongau o Loegr, Ffrainc ac Iwerddon a fyddai'n ymweld yn rheolaidd ag arfordiroedd Cymru. Yn gynnar yn yr ail ganrif ar bymtheg, er enghraifft, ysgrifennai George Owen, yr hanesydd o Sir Benfro, fel hyn: . . . *'the country especially of late years is fallen much to trade at sea and a great part of the country people are seamen and maryners'*. Sir Benfro yn bendant oedd y pwysicaf o ranbarthau arforol Cymru; byddai pysgod, glo, gwlân a chynhyrchion gwlân yn cael eu hallforio o'r hen borthladdoedd ger cestyll Dinbych-y-pysgod, Hwlffordd a Phenfro i gyfandir Ewrop ac Iwerddon yn ogystal ag i fannau ar hyd arfordir Prydain.

I'r safle strategol ar lannau afon Teifi y mae'r diolch bod

porthladd Aberteifi yn bodoli. Pan goncrwyd Aberteifi gan y Norman, Roger Montgomery yn 1103, dewisodd ef safle strategol ar lan yr afon i osod ei gaer arni. Cynigiai'r safle ffordd hawdd at Fôr Iwerddon i fyddin y Normaniaid ac ar hyd y tir gellid cyrraedd yn rhwydd at ddyffryn ffrwythlon afon Teifi. Yn nes ymlaen, adeiladwyd castell parhaol hanner milltir i fyny'r afon o'r 'Hen Gastell', ar safle uchel yn edrych dros y man lle gellid croesi'r afon. Y darn dŵr llydan hwnnw islaw'r bont a welodd, mewn canrifoedd diweddarach, ddatblygu porthladd mawr gyda chysylltiadau byd-eang.

Yn yr Oesoedd Canol, byddai llawer o fordwyo ar hyd yr afon, yn enwedig i gario coed, ac er gwaetha'r ffaith bod Bae Ceredigion yn ganolfan enwog i fôr-ladron, bu yno lawer o fasnachu gydag Iwerddon. I oresgynwyr estron, roedd Aberteifi yn hollbwysig nid yn unig am ei bod yn bwynt strategol ar gyfer arglwyddiaethu ar Geredigion, ond hefyd am ei bod yn ganolfan fasnachu y gellid rheoli ac arolygu gweithgareddau masnach drwyddi, ac erbyn 1199, pan dderbyniodd Aberteifi ei siartr gyntaf, roedd eisoes yn ganolfan fasnach bwysig.

Yn ddiau, hyd yr unfed ganrif ar bymtheg, tref fechan gaerog oedd Aberteifi a dim ond ychydig drafnidiaeth a âi ar hyd yr afon. Wedi'r Ddeddf Uno, a ddaeth â sefydlogrwydd gwleidyddol i Gymru, cynyddodd y fasnach arforol yn gyflym iawn. Pasiwyd Deddfau Mordwyo mewn ymdrech i gynyddu masnach; ffrwynwyd môr-ladrata a oedd mor gyffredin ar hyd arfordiroedd Bae Ceredigion, a chymerwyd camau i hybu pysgodfeydd yn y môr. Aildrefnwyd peirianwaith casglu refeniw drwy dollau tramor ac agorwyd y ffordd i ehangu gweithgarwch arforol yn sylweddol. Yr ehangu enfawr hwn a sicrhaodd bod porthladd Aberteifi yn datblygu'n borthladd pwysicaf Cymru gyfan.

Porthladd pysgota sgadan yn anad dim oedd Aberteifi yn oes y Tuduriaid, ond datblygodd y sgadan yn eitem fasnach mor bwysig nes i longau Lloegr, Iwerddon, Ffrainc a Sbaen ddod i Aberteifi a dwyn ymaith gnwd y môr. Yn raddol, gyda threigl amser, dechreuodd gwŷr Aberteifi gymryd llawer mwy o ddiddordeb yn y môr, ac erbyn gwawr y ddeunawfed ganrif roedd gan y porthladd lynges fasnachol sylweddol. Roedd symiau sylweddol o eog a sgadan, llechi Cilgerran a rhisgl derw ar gyfer y diwydiant trin lledr, cwrw a gwenith yn cael eu hallforio ac amrywiaeth eang o gynhyrchion yn estyn o orenau o Sbaen i lestri ac offer coginio, o lo i ddeunyddiau adeiladu, i gyd yn cael eu mewnforio yno. Erbyn machlud y ddeunawfed ganrif, roedd Aberteifi wedi cyrraedd pinacl pwysigrwydd ei phorthladd ac roedd yn ganolfan dosbarthu i berfeddwlad helaeth.

Yn ystod y ffrwydrad yma mewn masnach bu cynnydd aruthrol yn y galw am longau a datblygodd diwydiant adeiladu llongau pwysig ar hyd glan ogleddol afon Teifi islaw'r bont. Denwyd diwydiant i Aberteifi; roedd gwaith tun yn Llechryd gerllaw, ac yn y dref ei hun adeiladwyd gweithfeydd brics sylweddol a'u cynhyrchion yn cael eu hallforio'n eang. Yn ychwanegol at y diwydiannau hyn yr oedd y rhai a berthynai i fasnach y môr. Yn 1837, gweithiai pedwar gof yn y dref a chynhyrchai Ffowndri Pen y Bont a Ffowndri Bailey offer hanfodol yn bennaf ar gyfer llongau. Yr ardal o gwmpas Nant Mwldan oedd canolfan ddiwydiannol Aberteifi: roedd yno iard longau, iard gwneud brics, ffowndri a gweithdy a oedd yn gyfrifol am ddarparu blociau *(pulley blocks)* ar gyfer llongau. Gallai'r dref gynnal o leiaf dri rhaffwr a thri gwneuthurwr hwyliau ynghyd â dau of angorion, ac fel roedd yn gweddu i borthladd pwysig, roedd yno gymaint â 55 o dafarndai.

Ymhellach i'r gogledd daeth sgadan i fod yn fwy na bwyd cynhaliaeth a dechreuodd morwyr o arfordir Bae Ceredigion dorri trwodd i fasnach a arferai fod yn eiddo i longau o Iwerddon yn unig. Daeth nifer o gilfachau tenau eu poblogaeth a thraethau agored yn safleoedd masnachu bywiog i bysgota ac allforio sgadan, ac yn raddol adeiladwyd pentrefi bychain ar y traethau er mwyn cynnal y fasnach. Erbyn dechrau'r 19eg ganrif roedd y pentrefi arfordirol bychain hynny yn ganolfannau i gryn dipyn o weithgarwch arforol gyda masnach fewnforio brysur iawn ond masnach allforio llai pwysig. Er mai prif waith preswylwyr arfordir Bae Ceredigion hyd ddechrau'r 18fed ganrif oedd dal sgadan, yn raddol dechreuodd y bobl gymryd diddordeb mewn mordwyo, a hynny nid yn unig yng ngolwg y tir. Yn raddol datblygodd mordwyo yn waith sefydledig a'r pysgotwrdyddynnwr, tebyg i rai Llydaw, yn mynd yn llai cyffredin. Dechreuodd rhai teuluoedd a fu gynt yn cyfuno ffermio gyda physgota ar raddfa fechan, yn awr arbenigo ar y naill neu'r llall ohonynt. Ildiodd rhai eu gweithgareddau pysgota i ganolbwyntio ar hwsmonaeth; symudodd eraill o'u ffermydd yng nghefn gwlad ac ymsefydlu yn agos i lan y môr. Er enghraifft, adeg ei briodas â Catherine Davies o Benbryn yn 1765, gadawodd John Griffiths, mab Fferm Eisteddfa ger Llangrannog, fferm y teulu ac adeiladu *Eisteddfa House*, yn agos i'r traeth wrth aber nant Hawen. Yn fuan roedd gan John Griffiths ddiddordeb mewn wyth o longau hwylio. Gwelodd y 18fed ganrif ddatblygu nifer o gymunedau arfordirol megis Llangrannog, lawer ohonynt yn cael eu sefydlu mewn cilfachau nad oedd neb yn byw ynddynt cyn hynny. Mewn aml i anheddiad arfordirol o'r fath, sefydlwyd diwydiant adeiladu llongau ac adeiladwyd cannoedd o longau hwylio yn y pentrefi gorllewinol anghysbell hyn. Daeth y Ceinewydd yng Ngheredigion yn ganolfan adeiladu llongau er na ddatblygodd nes adeiladu'r cei cerrig i roi cysgod i gychod yn 1835. Roedd gan y Ceinewydd, a'r Traeth-gwyn a'r Cei Bach cyfagos, iardiau llongau a oedd yn darparu nid yn unig gychod bach ar gyfer masnach lewyrchus yr arfordir, ond hefyd longau mawrion a fwriadwyd ar gyfer teithio ar ddyfroedd dyfnion. Roedd iard longau Cei Bach yn ei hanterth yn ystod y 1840au yn cyflogi cymaint â 300 o bobl ac nid oedd yn anarferol gweld cymaint â deg o longau ar y stociau ar yr un pryd.

Ar hyd arfordir Bae Ceredigion, prin y gwelid unrhyw fath o ddoc â dŵr ynddo rhwng Aberdaugleddau a Phenrhyn Llŷn a byddai'n rhaid i'r llongau orffwys yn fflat ar y tywod neu'r mwd wrth lwytho a dadlwytho yn yr holl borthladdoedd. Roedd y llanw'n llenwi ambell borthladd megis Aberaeron a'r Ceinewydd; roedd gan afonydd y gellid eu mordwyo megis Dyfi a Theifi gyfres o geiau ar hyd eu glannau ond mewn porthladdoedd eraill roedd y llongau yn gorfod angori ar draethau agored. Cyntefig oedd safon offer y porthladdoedd bychain i drin y cargo ac roedd yn rhaid eu trafod drwy nerth bôn braich, gan ddefnyddio'r ychydig lleiaf o offer. Wrth gwrs, yn yr ardal oedd ar hyd arfordir y gorllewin lle na chynhyrchid holl reidiau bywyd, roedd rhaid mewnforio llawer o ddeunyddiau. Roedd rhaid mewnforio marsiandïaeth gyffredinol yn ymestyn o lestri i deils draenio ac o nwyddau haearn i halen, drwy'r porthladdoedd bychain ar lan y môr. Y deunyddiau mwyaf cyffredin o bell ffordd i gael eu mewnforio oedd tanwydd, a hwnnw yn ne orllewin Cymru ar ffurf cwlwm, sef glo caled mân yn gymysg â chlai, a gwrtaith ar gyfer y tir. Y gwrtaith mwyaf cyffredin o lawer oedd calchfaen a ddefnyddid ar gyfer gwrteithio priddoedd asid y wlad.

Mewn ardal fel glannau Bae Ceredigion lle nad oedd llawer o eitemau y gellid eu hallforio, roedd nifer o'r llongau a ymwelai â'r cilfachau anghysbell yn gorfod hwylio i ffwrdd â'i llwyth mewn balast. Er hynny, yn ychwanegol at y porthladdoedd bychain a ddeliai â mewnforio dewis eang o farsiandïaeth, crëwyd porthladdoedd eraill bron yn gyfangwbl ar gyfer allforio deunyddiau crai a gynhyrchid mewn ardal arbennig. Yn y gogledd, doedd porthladdoedd fel Porthmadog, Porth Penrhyn a'r Felinheli yn delio â dim bron ond llechi; allforio mwyn plwm a wnâi Aberystwyth; roedd Trefor a Phenmaenmawr yn borthladdoedd allforio gwenithfaen ac Amlwch yn allforio mwyn copor yn bennaf o Fynydd Parys ym Môn. Yn y de, roedd porthladdoedd megis y Barri a agorwyd yn 1889 yn delio bron yn gyfangwbl ag allforio glo, tra'r oedd eiddo yng Nghaerdydd bron yn gyfangwbl seiliedig ar allforio glo. O'r 13.7 miliwn tunnell o gargo, a oedd yn record, a allforiwyd o Gaerdydd yn 1913 roedd dim llai na 10.5 miliwn tunnell ohono yn allforion glo yn unig.

Mewnforiwyd mwyn haearn a pholion pyllau ar raddfa fawr ac roedd porthladd Caerdydd yn hollol ddibynnol ar ddiwydiannau trymion cloddio a gweithgynhyrchu. Gwelir dylanwad deinamig y glo yn arbennig yn y cynnydd syfrdanol ym mherchnogaeth llongau cargo yng Nghaerdydd. Glo, mwyn haearn a pholion pyllau oedd yr union nwyddau a achosodd i longau cargo stêm ennill y dydd ar yr hen longau hwyliau.

Yn union fel yr oedd glo yn bwysig i'r de, roedd llechi yn bwysig i'r gogledd-orllewin ac o'r ddeunawfed ganrif hwyr hyd gychwyn y Rhyfel Byd Cyntaf, cloddio llechi oedd prif ddiwydiant y rhanbarth. Ar anterth ei ddatblygiad ynghanol y 19fed ganrif, nid yn unig y defnyddid hen borthladdoedd militaraidd sefydledig megis Caernarfon a Chonwy ar gyfer allforio, ond adeiladwyd nifer o harbyrau newydd i ddelio â'r cynnydd mewn allforion. Er enghraifft, allforiwyd llechi Bethesda drwy Borth Penrhyn (Abercegin), ger Bangor; llechi Llanberis drwy'r Felinheli; llechi Ffestiniog drwy Borthmadog. Mae Abercegin yn enghraifft dda o harbwr a adeiladwyd gan berchennog chwarel yn benodol ar gyfer allforio'i gynhyrchion i bedwar ban byd. Yn hwyr yn y 18fed ganrif, penderfynodd Arglwydd Penrhyn ddatblygu cyfres o chwareli yn ardal Llanllechid ac er mwyn allforio'r llechi adeiladodd gei bychan wrth aber afon Cegin yn 1790. Adeiladwyd ffordd o'r cei i'r chwareli ac yn 1801 adeiladwyd Porth mawr y Penrhyn. Adeiladwyd rheilffordd gul hefyd ac o ganlyniad i gyfuno nifer o chwareli bychain yn un chwarel fawr bu cynnydd aruthrol yn y cynnyrch. Yn 1782 – 2,500 tunnell o lechi a gynhyrchwyd. Yn 1819 – 24,418 ac yn 1829 – 40,200 tunnell. Yn 1862 cynhyrchodd chwareli'r Penrhyn, a gyflogai 3,825 o ddynion, 130,017 tunnell o lechi. Yn 1866 hwyliodd cymaint â 764 o longau o Abercegin i gyrchfannau ym mhedwar ban y byd. Gwasanaethai Porthmadog, a adeiladwyd gan William Maddocks ym mlynyddoedd cynnar y 19fed ganrif, nifer o chwareli a gweithredai'n gyrchfan pedair rheilffordd gul – Ffestiniog, Mynyddoedd Cymru, Gorseddau a Chroesor, a datblygodd ddiwydiant adeiladu llongau pwysig iawn hefyd.

Yn y de-orllewin roedd pentrefi anghysbell Abereiddi a Phorth-gain yn enghreifftiau o borthladdoedd a fodolai i ddelio ag allforio un cynnyrch yn unig. Cyn y 19eg ganrif dwy gilfach ddi-nod ar arfordir gogledd Penfro oedd Abereiddi a Phorth-gain lle dadlwythid ambell lwyth o galchfaen a chwlwm.

Adnoddau mineral y ddau borthladd hwn fodd bynnag â'u trawsnewidiodd yn ystod y bedwaredd ganrif ar bymtheg: roedd yn y ddau le ddigon o lechfaen, ond roedd ym Mhorth-gain hefyd ddyddodion gwenithfaen o safon uchel iawn a oedd wedi chwalu mewn ambell i fan gan adael graean a oedd yn arbennig o addas ar gyfer cynhyrchu brics.

Yn ystod yr 1830au y cafwyd yr ymgeisiadau cyntaf i fanteisio ar yr adnoddau hyn a hynny gan nifer o berchnogion tir ac *entrepreneurs* lleol, ond ni fu nemor un ohonynt yn llwyddiannus iawn. Yn 1849, fodd bynnag, cymerwyd y prydlesi gan dri gŵr busnes o Lundain a'u menter hwy a berodd fod Porth-gain yn fuan yn berchen ar y peirianwaith, yr odynau a'r tramffyrdd yr oedd eu hangen i drin y cyfoeth newydd. Datblygwyd chwarel lechi Abereiddi wedi 1850 hefyd, ac ar y cychwyn allforid y llechi mewn llongau pysgota bychain o ryw 30 tunnell. Fodd bynnag, oherwydd natur agored y traeth sydd yn nannedd y prifwyntoedd o'r gorllewin, adeiladwyd tramffordd er mwyn halio'r llechi ar hyd yr arfordir i Borth-gain, lle darparwyd harbwr a sawl cei am y tro cyntaf yn yr 1850au.

O hynny ymlaen, tra oedd Abereiddi yn dal i drafod ambell lwyth o galch neu o gwlwm, daeth Porth-gain yn ganolbwynt y rhan fwyaf o'r morio yn yr ardal honno. Roedd ei cherrig sets o safon uchel ac yn cael eu hallforio i Ddulyn, i Lerpwl ac i Lundain i'w defnyddio i adeiladu rhai o'r adeiladau cyhoeddus uchaf eu bri yn y dinasoedd hynny. Er nad oedd y llechi a'r brics mor uchel eu safon â'r rhai a geid mewn mannau eraill, er hynny, roedd masnach lewyrchus yn y cynhyrchion hyn yn mynd i borthladdoedd de Cymru a Môr Hafren. Yn hwyr yn y 19eg ganrif gellid gweld cymaint ag ugain o longau hwylio yn y porthladd ar y tro, ac erbyn troad y ganrif roedd y cwmni o Fryste a oedd piau'r holl gonsyrn erbyn hynny wedi prynu chwech o longau stêm 350 tunnell, i gyd yn cael eu defnyddio'n unig swydd i gario gwenithfaen o Borth-gain.

Erbyn blynyddoedd cynnar yr ugeinfed ganrif, rhoddwyd hwb pellach i fasnach y porthladd gan y galw newydd am wenithfaen mân i'w osod ar ffyrdd. Yr ymateb a gafwyd i hyn oedd ailadeiladu'r harbwr yn sylweddol rhwng 1902 a 1904, ac adeiladu'r hoperi brics (sy'n sefyll yno hyd yn oed heddiw) i ddal y cerrig mân cyn eu llwytho i grombil y llongau a arhosai amdanynt. Trawsgludwyd y cerrig hyn, a oedd i'w gosod ar ffyrdd, i fannau ledled ynysoedd Prydain: yn 1909 er enghraifft, cludwyd 3,500 tunnell o gerrig dros y môr i Fryste, 4,000 o dunelli i Newhaven a nifer o lwythi llai i Bridgewater, Minehead, Barnstaple a Llundain. Âi'r llongau hwylio bach lleol hefyd â llwythi o gerrig i fannau yn Nyfed: yn 1910 derbyniodd

Abergwaun, Aberteifi, Aber-porth, Tre-saith ac Aberaeron lwythi o gerrig o Borth-gain, hynny ran amlaf mewn cyswllt â chytundebau'r Cyngor Sir ar gyfer trwsio'r ffyrdd yn yr ardaloedd hynny.

Prif broblem allforio cerrig o Borth-gain oedd nad oedd y pentref wedi ei gysylltu â system genedlaethol y rheilffyrdd, felly dim ond i leoliadau arfordirol y gellid cludo'i gynhyrchion yn gyfleus. Wedi'r Rhyfel Byd Cyntaf dechreuodd Porth-gain wynebu cystadleuaeth lem oddi wrth fusnesau tebyg ond rhai yr oedd rheilffyrdd yn gwasanaethu eu chwareli, ac felly yn gallu cludo cynhyrchion yn gynt ac yn fwy effeithiol i ben eu taith. Erbyn diwedd y 1920au roedd angen adnewyddu llawer o'r offer chwalu cerrig, ac roedd problemau gyda'r silt a'r tywod yn yr harbwr. Yn 1929, aeth *United Stone Firms* (a oedd erbyn hynny'n rhedeg y sioe) i'r wal, a hwyliodd y llwyth olaf o wenithfaen Porth-gain oddi yno yn 1931.

Cludid ambell i lwyth bychan ar hyd y ffordd hyd yr 1940au, ond heddiw, amlinell lem y biniau cerrig a'r harbwr bychan gwag bron yw'r unig beth sy'n atgoffa'r ymwelydd am y diwydiant a fu unwaith ym Mhorth-gain.

Roedd rhai porthladdoedd yng Nghymru nad oeddent yn dibynnu ar y berfeddwlad o'u cwmpas am eu masnach, ond a oedd wedi eu creu yn benodol yn derfynau cludo teithwyr, ar deithiau rhwng Prydain ac Iwerddon yn bennaf. Bu'n uchelgais byrdymor gan lawer ohonynt i ddatblygu'n borthladdoedd pwysig ar gyfer croesi'r Iwerydd. Adeiladwyd porth Neyland ger Aberdaugleddau, er enghraifft, yn benodol ar gyfer gwasanaeth yr *Irish Packet* i Cork a Waterford, creadigaeth y rheilffordd yn anad dim, ac roedd gan Aberdaugleddau, y dref gyfagos, uchelgais i ddatblygu'n borthladd croesi'r Iwerydd. Roedd hyn i gyd yn cyd-ddigwydd ag adeiladu *Great Eastern*, Brunel a choffawyd ymweliadau'r llong honno ag Aberdaugleddau yn nhref Neyland drwy enwi un o'i strydoedd yn *'Great Eastern Street'*. Yn y gogledd yn 1866 roedd y *Porthdinllaen Harbour Company* yn dechrau datblygu'r porthladd hwnnw, gan obeithio y byddai'n disodli Caergybi yn borthladd fferi i Iwerddon. Ymhellach i'r de, roedd gan Aberdyfi gynlluniau i ddatblygu'n brif borthladd fferi rhwng

Canolbarth Lloegr ac Iwerddon ac yn 1889 dywedodd y *Western Mail* bod y gwasanaeth newydd i Iwerddon yn addo dyrchafu'r *'obscure port of Aberdovey to a position of considerable importance'*.

Abergwaun yw prif orsaf fferi y fasnach o dde Cymru i Iwerddon heddiw. Un o'r problemau a bwysai drymaf ar lywodraethu Prydain yn y bedwaredd ganrif ar bymtheg oedd sut i lywodraethu Iwerddon yn effeithiol. Roedd llywodraeth effeithiol yn gofyn am gysylltiadau effeithiol, ac erbyn 1850 roedd ffyrdd a rheilffyrdd ledled gogledd Cymru yn cysylltu Llundain â Dulyn, ond nid oedd gan dde Cymru gysylltiadau uniongyrchol trwodd i Iwerddon. Roedd Brunel wedi ystyried Abergwaun yn borthladd posib ar gyfer cyswllt ag Iwerddon i gystadlu â Chaergybi yn yr 1840au, ond rhoddwyd y gorau i'r cynlluniau hynny pan gychwynnodd y newyn tatws yn 1846-47. Yn 1848, lluniwyd cynlluniau i redeg rheilffordd lydan i'r bae nesaf yn Aber-mawr, a hyd 1851 bu'r man anghysbell hwn yn nyth cacwn o brysurdeb wrth i weithwyr baratoi'r ffordd i'r rheilffordd gyrraedd yno. Rhoddwyd y ffidil yn y to gyda'r cynllun hwn hefyd wedyn, a throdd Brunel ei sylw yn y diwedd at Neyland a ddaeth yn orsaf baced i Iwerddon o 1856 ymlaen. Am rai degawdau wedi hynny, cynnal eu rôl syml fel porthladdoedd masnachu a physgota a wnâi Abergwaun ac Wdig. Erbyn diwedd yr 1890au fodd bynnag, cyrhaeddodd y rheilffordd Wdig dan yr enw *North Pembrokeshire a Fishguard Railway*, lein fach ddi-nod a grwydrai drwy fryniau'r Preselau. Tynnwyd sylw'r *Great Western Railway* at gwblhau'r rheilffordd hon, a dechreuodd y cwmni hwnnw gymryd diddordeb unwaith eto yn y posibilrwydd o ddefnyddio Bae Abergwaun yn borthladd i Iwerddon. Yn fuan wedyn, prynodd y cwmni'r lein a oedd yn methu'n ariannol a chychwyn cynllun drudfawr iawn a olygai adeiladu deng milltir a hanner o reilffordd newydd rhwng Clarbeston Road a Threletert, gan chwythu dwy filiwn o dunelli o graig er mwyn gwneud lle i orsaf harbwr a chei newydd yn Wdig. Cychwynnodd y gwasanaeth paced i Rosslare ym mis Awst 1906 gan dair llong stêm, *St David, St Patrick* a *St George*, ac yn 1908, ailgyfeiriwyd gwasanaethau Iwerddon o Neyland i Abergwaun.

Wedi sefydlu ei wasanaeth i Iwerddon, dechreuodd y *GWR*

ystyried posibiliadau troi Abergwaun yn borthladd croesi'r Iwerydd. Lerpwl oedd safle draddodiadol llongau croesi'r Iwerydd gorau cwmnïau *Cunard* a *White Star*, ond sylweddolai'r ddau gwmni fod angen porthladd mwy cyfleus i lanio'r teithwyr a'r post i Lundain. Roedd Southampton a Plymouth eisoes yn cystadlu â'i gilydd am y fasnach hon, ond Abergwaun oedd y porthladd agosaf i Efrog Newydd ar dir mawr Prydain. Yn 1909, ad-dalwyd y pwysau a osodwyd gan y *GWR* pan alwodd y *Mauretania* yn y porthladd. Bu'r *Lusitania* druan hefyd yn Abergwaun, a hyd y dydd cyn dechrau'r Rhyfel Byd Cyntaf, bu'r leinars mawr yn ymweld yn rheolaidd. Byr fu hoedl y freuddwyd, fodd bynnag. Roedd lefiathan o long yn rhy fawr i'w hangori yn ochr y cei, a rhaid oedd ei dadlwytho drwy dendr. Er y gwelliannau a wnaed i'r harbwr wedi 1908, daeth y datblygiadau hyn i ben yn sydyn iawn oherwydd cychwyn y rhyfel a gorfodi'r llongau hyn i wasanaethu'n llongau cario milwyr neu'n llongau ysbyty. Heblaw'r *Scythia* a alwodd yn 1926 gyda pharti o Gymry America ar ei bwrdd ar eu ffordd i'r Eisteddfod Genedlaethol yn Abertawe, ni ddychwelodd y llongau teithio, ac ailafaelodd Abergwaun yn ei rôl yn borthladd y fferi i Iwerddon, rôl y mae'n dal i'w chyflawni heddiw.

Categori olaf porthladdoedd Cymru oedd y porthladdoedd pysgota ac o'r rhain y pwysicaf oedd Aberdaugleddau. Daeth Aberdaugleddau yn borthladd pysgota bron drwy ddamwain. Mae cysylltiadau arforol y porthladd sydd ar lan ogleddol cilfach naturiol enfawr yn ymestyn yn ôl dros lawer canrif, ond dau ddegawd olaf y bedwaredd ganrif ar bymtheg, yn dilyn agor y dociau, oedd gwir ddechreuad y ffyniant mawr. Yn y blynyddoedd cyn hynny cafwyd aml i gynllun uchelgeisiol i ddatblygu Aberdaugleddau yn iard longau fawr filitaraidd ar gyfer y llynges ac yn brif borthladd croesi'r Iwerydd a gurai Lerpwl a Southampton i fod yn brif borthladd ar gyfer leinars y cefnfor. Yn gynnar yn negawd gyntaf y 19eg ganrif, bu'r porthladd yn gartref i grŵp o helwyr morloi o Nantucket, ond ni fu'r rhain yn defnyddio Aberdaugleddau yn hir iawn i'r pwrpas hwnnw.

Gwelai *entrepreneurs* chwarter olaf y 19fed ganrif mai'r fasnach deithwyr ar draws Môr Iwerydd oedd unig ddyfodol

Aberdaugleddau ond wedi llawer rhwystr i'w huchelgais, cydnabyddodd y *Dock Company* yn anfoddog mai yn natblygiad y fasnach bysgota roedd y dyfodol. *'The Dock Company have not built their great docks to attract fishing snacks,'* meddai gohebydd y *Times* ym mis Hydref 1899, ond *'they will not look askance on the great possible development of the fish trade'.* Yn ei araith i gyfarfod hanner blynyddol y *Milford Docks Company* ym mis Gorffennaf 1890, dywedodd y Cadeirydd, Thomas Wood, *'That much derided and despised fish trade has come in very opportunely for us and yields us a very considerable amount of revenue . . . It is a trade we did not either cater for, or look forward to . . . but it helps to pay, and in fact does pay the expenses of the docks'.* Datblygodd yr hyn a oedd wedi ei ystyried gynt yn ddiwydiant chwerthinllyd i'w oddef yn anfoddog yn fuan iawn yn ddiwydiant bara a chaws i'r porthladd. Angorodd y leinar fawr, *The City of Rome*, yn Aberdaugleddau chwe milltir i ffwrdd o'r dociau yn 1889, ond ni chafwyd cyfnod mawr o drafnidiaeth croesi'r Iwerydd yn sgil hynny. Yn raddol, dechreuodd pobl sylweddoli y byddai'n rhaid i Aberdaugleddau ddibynnu ar y fasnach bysgota ddirmygedig a rhoi'r gorau i'w breuddwydion o ddod yn borthladd i'r cefnfor *'a be content with the more commonplace though no less useful role of a Welsh Grimsby'.* Er hynny, cafwyd sawl ymdrech ddiffrwyth i gyrraedd mawredd. Yn 1889, er enghraifft, cyhoeddwyd bwriad i sefydlu gwasanaeth teithio bob pythefnos rhwng Canada ac Aberdaugleddau a ddeuai wedyn yn wasanaeth wythnosol. Cyrhaeddodd y llong gyntaf, y *Gaspesia*, Aberdaugleddau ym mis Rhagfyr 1898; aeth y cyfanswm o 74 o deithwyr a oedd arni (gallai ddal dros 600) ar drên arbennig a dorrodd y record i Lundain a llongyfarchodd y *Docks Company* eu hunain ar eu gweledigaeth fawr. Nid ymwelodd y *Gaspesia* nag unrhyw leinar croesi'r Iwerydd arall ag Aberdaugleddau byth wedyn, ac yn ystod yr hanner can mlynedd wedi hynny y fasnach bysgota fwy neu lai a arglwyddiaethodd ar economi a bywyd Aberdaugleddau. *'The fish trade is Milford's sole industry,'* meddai'r *Pembrokeshire Herald* ar 30 Awst 1912 – roedd pawb a phopeth yn y dref yn dibynnu arno. *'Directly or indirectly between 1,500 and 2,000 people are engaged in it. The population of the town has been doubled by means of it and thousands of pounds' worth of house property has been erected as an outcome of its prosperity.'*

Ddiwedd yr ugeinfed ganrif dim ond cysgod yw porthladd-oedd Cymru o'r llewyrch a fu yno gynt. Ni chaiff glo ei allforio bellach o Gaerdydd, o'r Barri nac o Abertawe; nid yw Port Talbot yn ymwneud â dim ond mewnforio mwyn haearn ac Aberdaugleddau â mewnforio olew. Ni welodd porthladdoedd llechi gogledd y wlad long cargo ers blynyddoedd a bellach. Mêl i ddenu dim ond ymwelwyr yw'r holl borthladdoedd gwledig bychain a fu unwaith yn gynhaliaeth i bobl y wlad. Mae Caergybi, Abergwaun a Doc Penfro yn dal i weithredu yn orsafoedd fferi i Iwerddon, ond yng Nghymru yn gyffredinol bu'r traddodiad farw.

Adeiladwyr Llongau

Gyda'r galw mawr am longau i allforio ac i fewnforio nwyddau, datblygodd y diwydiant adeiladu llongau o chwarter olaf y 18fed ganrif. Daeth adeiladu llongau bach a mawr yn un o brif weithgareddau glannau môr Cymru. Datblygodd y grefft, nid yn unig mewn pentrefi glan môr ond hefyd mewn llecynnau digon diarffordd cryn bellter o lan y don. Er enghraifft er mwyn allforio ysgadan hallt o draeth Penbryn yng Ngheredigion, penderfynodd nifer o bysgotwyr y fro adeiladu llong, un-mast 24 tunnell ar lecyn rhyw hanner milltir o'r môr. Yn 1777 lansiwyd y *Blessing* wedi ei thynnu a'i rowlio trwy Gwm Lladron i'r môr i ddechrau ar flynyddoedd o fasnachu yn groes i Fôr Iwerddon.

I adeiladu llong bren nid oedd angen llawer mwy na darn llyfn o dir, os yn bosibl yn agos i'r môr neu afon, gyda phwll llif i baratoi'r coed a'r modd i blygu'r coed hynny i siâp. Daeth amryw o seiri gwlad yn ddigon hyderus a chrefftus i ymgymryd â'r gwaith yma, nifer ohonynt yn gweithio hefyd fel seiri olwynion.

Ar wahân i adeiladu rhyw un neu ddwy long daeth rhai pentrefi yn enwog fel canolfannau adeiladu o bwys. Er enghraifft yn ne Ceredigion heblaw'r un neu ddwy long a adeiladwyd mewn lleoedd fel Penbryn, Tre-saith, Cwmtydu a Hen Fynyw datblygodd y diwydiant mewn nifer o bentrefi penodedig. Yn ardal Ceinewydd lle yr adeiladwyd bron dri chant o longau bach a mawr yr oedd y diwydiant mor bwysig fel bod yr Awdurdodau yn enwi tri lle – Ceinewydd ei hun, Traeth-gwyn (bellach yn safle maes carafannau enfawr) a Cei Bach (neu 'Q bach' fel y'i gelwid yn *Lloyds Register*). I'r de o'r Cei adeiladwyd nifer o longau gymharol fechan ar lannau'r Teifi yn Aberteifi a Llandudoch, tra oedd prysurdeb arbennig yn Nhrefdraeth ac Abergwaun yng ngogledd Penfro lle'r adeiladwyd nifer o longau cymharol fawr. Yr oedd Aberystwyth yn bwysig fel canolfan adeiladu ac i'r gogledd adeiladwyd nifer o longau ar afon Dyfi yn Nerwen-las ac ar afon Wnion yn Llanelltyd ger Dolgellau cryn bellter o'r Bermo a oedd hefyd yn ganolfan cynnar i adeiladu. Y pwysicaf o holl ganolfannau adeiladu gorllewin a gogledd Cymru, yn sicr oedd Porthmadog a Phwllheli. Gymaint oedd prysurdeb Pwllheli yn adeiladu llongau fel y'i disgrifiwyd fel *'The Welsh Emporium for Shipbuilding'*. Os archfarchnad cynhyrchu llongau oedd Pwllheli yna'r *'boutique'* oedd Porthmadog a ddisodlodd Pwllheli yn negawd olaf yr 19eg ganrif. Yr oedd safon gwneuthuriad llongau Porthmadog mor arbennig o uchel fel y disgrifiwyd y llongau – sgwners yn fwyaf arbennig – a adeiladwyd rhwng 1891 a 1913 fel y *Western Ocean Yachts*. Fe gyfrifid y rhain yn llongau fel y *Fleetwing* a'r *Dorothy*, yr *M.A. James* a'r *Pride of Wales* fel enghreifftiau perffaith o grefft a chelfyddyd yr adeiladwyr llongau. Wrth gwrs yr oedd y crefftwyr arbennig hynny yn adeiladu llongau hwyliau gosgeiddig pan oedd llongau haearn yn cael eu gyrru gan ager wedi disodli llongau hwyliau pren ar foroedd y byd. Yn wyneb cystadleuaeth gwelwyd perffeithrwydd hen grefft a hen gelfyddyd yn eu dyddiau o ddiflannu.

Math o Longau

Yr oedd y llongau pren a adeiladwyd yng Nghymru yn gwahaniaethu cryn dipyn o borthladd i borthladd ac yn aml iawn yr oedd gan berchen llong ddylanwad ar gynllun y llong honno. Er hynny yr oedd y llongau yn ffitio i nifer o gategorïau byd-eang.

A. Y SMAC neu SLŴP: Llong fechan un mast a ddefnyddid yn gyffredinol i fordeithiau ar hyd yr arfordir. Yn aml iawn yr oedd tri dyn – y capten a'i fêt a hogyn ifanc yn ddigon i redeg llong o'r fath. Dyma fan cychwyn i nifer fawr o gapteniaid llongau mawrion yn nes ymlaen yn eu gyrfaoedd. Er mai llongau yn hwylio yr arfordir oedd y rhan fwyaf o slwpiau Cymru, yr oedd yn ddigon cyffredin i rai ohonynt hwylio i gyfandir Ewrop ym misoedd yr haf. Gydag un mast o hwyliau blaen-ac-ôl *(fore and aft sails)* a gwaelodion fflat er mwyn gorwedd ar draeth, gallai y smaciau yn enwedig mewn tywydd garw fod yn anodd i'w trin, ac wrth gwrs yr oedd pob un o'r llongau hyn o dan 73 tunnell mewn maint.

B. CETS – KETCH: Llong dau fast, y mast blaen yn hirach na'r un ôl gydag hwyliau blaen-ac-ôl. Er fod nifer o'r llongau hyn a adnabyddid hefyd fel *Dandies* yn hwylio glannau Cymru yn ystod chwarter olaf y bedwaredd ganrif ar bymtheg, ychydig iawn a adeiladwyd yng Nghymru. Er enghraifft o'r 17 Cets a hwyliai o borthladdoedd de Ceredigion yn 1895 dim ond saith ohonynt oedd wedi eu hadeiladu yn yr ardal a'r rhan fwyaf o'r rheiny wedi cael eu newid o slwpiau trwy ychwanegu mast ôl.

C. BRIG: Llong dau fast a hwyliau sgwâr. Yng Nghymru y brig oedd y math mwyaf cyffredin o long i hwylio'r moroedd yn hytrach nac ar hyd yr arfordir yn unig. Roedd nifer fawr o frigiau Cymru ynghanol y 19eg ganrif yn rhan o fasnach bysgod Newfoundland, lle'r oedd pysgod o bysgodfeydd y Grand Banks yn cael eu hallforio i'r Eidal a gwledydd eraill ar ffiniau Môr y Canoldir. Byddai'r llongau hyn gyda chriw o ryw wyth neu naw yn croesi'r Iwerydd neu i Brydain gyda gwin, ffrwythau ac olew yr olewydd. Yn aml byddai artist mewn porthladd fel Naples yn tynnu llun llong i'w gwerthu i'r capteniaid. Gwelir rhain o hyd ar balisau cartrefi glan môr.

Ffurf arall ar y *brig* oedd y *Brigantin* – llong a hwyliau sgwâr ar y mast blaen a hwyliau blaen-ac-ôl ar y mast ôl.

CH. Y SGWNER: Llong dau-fast a hwyliau blaen-ac-ôl. Ceid hefyd sgwneriaid dri mast. Yn sicr y sgwner oedd y mwyaf cyffredin o holl longau hwyliau Cymru. Cyfrifid y sgwner yn llong llawer mwy hawdd ei thrin na'r brig a llongau eraill gyda hwyliau sgwâr. Nid oedd angen cymaint o griw ar y sgwner. Yn hanes adeiladu llongau yng Nghymru, y sgwner oedd y mwyaf cyffredin o'r cwbl. Yng Ngheinewydd rhwng 1810 ac 1878 adeiladwyd 79 sgwner o gymharu â 13 brig, 10 brigantin a 3 barc. Adeiladwyd rhyw 15 sgwner pob un rhwng 75 a 100 tunnell ym Mhwllheli a rhyw 9 yn Nefyn.

D. Y BARC: Llong dri mast, hwyliau sgwâr ar y mast blaen a'r prif fast a hwyliau blaen-ac-ôl ar y mast ôl. Adeiladwyd nifer helaeth o'r rhain mewn porthladdoedd fel Porthmadog yn negawd olaf y 19eg ganrif. Roeddent yn hynod bwysig yn y fasnach lechi yn cario llechi o borthladdoedd gogledd Cymru i bob cwr o'r byd.

Roeddent yn boblogaidd yn y fasnach gopr o Abertawe i Dde America ac yn y drafnidiaeth gythryblus mewn *nitrate* a *guano* o Chile a Periw i Ewrop. Roedd llawer iawn o'r barciau a oedd ym mherchnogaeth Cymry wedi'u prynu yn Quebec a Prince Edward Island yng Nghanada. Er fod rhai llongau i'r fasnach gopr wedi'u hadeiladu ar lan afon Nedd, llongau Prince Edward Island oedd y rhan fwyaf o longau Abertawe. Roeddent yn cario llwythi peryglus o fwyn copr a glo. Disgrifir eu perchnogion fel dynion cybyddlyd a didostur, ac nid yw'n rhyfedd fod cymaint â 200 o longau Abertawe wedi'u colli rhwng 1873 ac 1899. Lle nad oedd cyflymder rhwng porthladd a phorthladd yn bwysig, parhaodd llongau hwyliau mawr yn boblogaidd yn Abertawe tan 1914. Ym mlynyddoedd olaf y 19eg ganrif, roedd y Capten Thomas Picton Richards, perchennog llongau ac asiant i'w frawd – William Richards a oedd wedi priodi merch James Yeo, adeiladwr llongau ar Prince Edward Island – yn gwerthu llongau rhad yng Nghymru. I raddau helaeth cyfrannodd y brodyr Richards i ddiflaniad adeiladu llongau hwyliau yng Nghymru oherwydd roedd eu cynnyrch yn llawer rhatach na llongau Cymru.

DD. Y BARCENTIN: Ffurf ar y barc a gyfrifid yn haws ei thrin. Roedd hwyliau sgwâr ar y mast blaen a hwyliau blaen-ac-ôl ar y prif fast a'r mast ôl. Ychydig o'r rhain a adeiladwyd a hynny pan oedd diwedd llongau hwyliau yn agosáu, y nifer fwyaf ohonynt ym Mhorthmadog a Borth-y-gest.

E. SNOW: Llong dau fast gyda hwyliau sgwâr ar y ddau fast, fel mewn barc ond a gariai drydedd hwyl blaen-ac-ôl ar fast llai yn y cefn. Roedd y rhain yn boblogaidd yn nechrau'r 19eg ganrif ym Mae Ceredigion, ac mae sôn mai'r math hwn o long oedd yr enwog *Triton*, yr *Active* a'r *Albion* a oedd yn hynod bwysig i ymfudwyr o Gymru i'r Unol Daleithiau yn hanner cyntaf y 19eg ganrif. Adeiladwyd nifer o'r llongau hyn yn Nhrefdraeth, Sir Benfro gan deulu nodedig o adeiladwyr – yr Harvards.

F. Y FFLAT: Math o slŵp a anfarwolwyd yn y gân 'Fflat Huw Puw'. Nid oedd gan ddeciau'r math arbennig yma o long ganllawiau. Yn hanu o afon Merswy, caent eu defnyddio yn gyson ar hyd arfordir gogledd Cymru. Fersiwn arall o'r fflat oedd y *Severn Trow* a weithredai yn rhan ddwyreiniol Môr Hafren ac ar afon Gwy o Gas-gwent mor bell â Henffordd.

Heblaw am adeiladwyr llongau roedd yna grefftwyr eraill a oedd yn hanfodol bwysig. Yn nyddiau'r llongau hwyliau roedd gan bob porthladd bron ei chyfran o wneuthurwyr hwyliau a rhaffau, gwneuthurwyr blociau a gofaint. Yn nhref Aberteifi, er enghraifft, yn 1859 roedd 7 iard adeiladu cychod, dau of yn arbenigo mewn gwneud angorion a chadwynau, 3 gwneuthurwr blociau, 3 rhaffwr a 3 gwneuthurwr hwyliau. Datblygwyd dwy ffowndri yn y dre – y *Bridgend Foundry* a *Bailey's Foundry* a'r ddwy yn angenrheidiol i'r diwydiant llongau.

Ym Mhwllheli yn 1841, i roddi enghraifft arall, roedd 5 adeiladydd llongau, 35 saer yn ymwneud â'r diwydiant llongau, 9 llifiwr coed, 1 gwneuthurwr blociau, 7 peintiwr a 7 gof.

Dulliau Adeiladu

I adeiladu llongau, wrth gwrs, roedd yn rhaid cael coed – coed derw yn fwyaf arbennig. Mewn llawer ardal, defnyddiwyd coed o gyffiniau'r porthladd: llongau Llangrannog, er enghraifft, yn defnyddio derw o stad Bronwydd, ger Henllan rhyw ddeng milltir i ffwrdd. O fewn ychydig, darganfyddwyd nad oedd digon o goed lleol i ateb y galw a buan iawn y datblygodd y fasnach o fewnforio coed o wledydd Llychlyn a'r Baltig.

I adeiladu llongau ar hyd arfordir Cymru, roedd yn arferiad i'r adeiladydd baratoi model o'r llong arfaethedig. Byddai'r model wedyn yn cael ei dangos i'r cwsmer a'i newid a'i addasu yn ôl y galw. Byddai leiniau'r model pren yn cael eu trosglwyddo i lawr gweithdy a'r coed angenrheidiol yn cael eu llifio a'u stemio i adeiladu corff y llong. I'w gwneud yn ddiddos roedd yn rhaid paratoi ocwm – hen raffau wedi eu mysgu, ynghyd â phyg *(pitch)* a'u gwasgu i fewn rhwng planciau a deciau'r llong. Gan fod nifer helaeth o longau Cymru yn gweithio ar foroedd garw, roedd calcio llong yn orchwyl rheolaidd.

Buddsoddi mewn llongau

Yn nyddiau cynnar y llongau hwyliau o ddiwedd y 18fed ganrif i ganol y 19eg ganrif, codwyd y cyllid i adeiladu llong yn lleol. Heblaw am feistr y llong, a oedd fel arfer yn berchen rhai cyfranddaliadau, cyn lleied ag un siâr allan o 64, byddai'r crefftwyr a oedd yn gyfrifol am yr adeiladu – yn seiri a gofaint, yn wneuthurwyr rhaffau a hwyliau – yn berchen rhai o'r cyfranddaliadau hefyd. I'r bobl hynny a oedd yn cael y mwyaf o ddefnydd o long, yn ffermwyr a pherchnogion chwareli a phyllau glo, marsiandwyr a diwydianwyr, cyfrifid siâr mewn llong yn hanfodol bwysig. Yna roedd eraill nad oedd ganddynt ddim i'w wneud â masnach yn buddsoddi mewn llongau. Yn eu mysg yr oedd ambell i sgweier ac offeiriad, ysgolfeistr a gwragedd gweddw a oedd yn breuddwydio am ffortiwn ac elw mawr yn y blynyddoedd i ddod. Yn llawer rhy aml, ofer fu eu hyder, gan fod y colledion ymysg y llongau hwyliau yn niferus ac yn gyson.

Gyda threiglad y blynyddoedd, daeth marsiandwyr a oedd yn gyfrifol am ddosbarthu nwyddau o borthladd yn llawer pwysicach ym mherchnogaeth llong na'r mân gyfranwyr. Erbyn 1826, er enghraifft, roedd saith marsiandwr o dre Aberteifi yn berchen llongau ac yn dal y rhan fwyaf o gyfranddaliadau pob llong – pobl fel William Phillips, yn berchen ar y *Waterloo* a'r *William Nelly*, tra oedd teulu Stephens o Lechryd a Lloyd o Coedmor yn rhedeg pum llong yn arbennig i allforio llechi Cilgerran o borthladd Aberteifi.

Y llong hwyliau oedd y prif ddull o fasnachu ac o drafnidiaeth i lawer cymuned glan môr ac roedd yn fanteisiol i aelodau'r gymuned ddatgan eu diddordeb mewn llong trwy fuddsoddi. Er enghraifft, o Lyfr Cofrestru'r sgwner *Nina* a adeiladwyd ar lannau Teifi yn 1825, roedd gan y llong 97 tunnell nifer o berchnogion:

John Griffiths, Master	8 shares
Thomas Griffiths, Gentleman	4 shares
John Evans, Merchant	4 shares
Thomas Wright, Esquire	4 shares
Daniel Davies, Mariner	2 shares
David Davies, Culm Merchant	2 shares

Thomas Thomas, Victualler	2 shares
Morgan Jenkins, Mercer	2 shares
Evan Davis (Treforgan) Esquire	2 shares
David Richards, Farmer	12 shares
Thomas George, Farmer	4 shares
David Griffiths, Farmer	4 shares
Jane Evans, Farmer	2 shares
David Morris, Farmer	2 shares
Thomas Richards, Farmer	2 shares
John Owen, Farmer	2 shares
John Edwards, Merchant	4 shares
Thomas Thomas, Farmer	2 shares

Gallai cost adeiladu llong hwyliau wahaniaethu yn fawr o ardal i ardal yn dibynnu ar faint llong yn fwyaf arbennig. Er enghraifft costiodd y slŵp *Catherine* o Geinewydd £822.12s yn 1825 a'r brigantin *Nymph* o'r un porthladd £2,540 yn 1872. Talodd John Parry, Y Ship, Tre-saith £920 i John Williams, yr adeiladydd llongau yn Aberteifi am slŵp y *Margaret Anne* yn 1875. Yn aml iawn yr oedd yn rhaid talu am y gwaith o adeiladu fel yr oedd gwaith yn mynd ymlaen. Er enghraifft ceir sôn am Thomas Davies, un o adeiladwyr Traeth-gwyn ger Ceinewydd yn gofyn am:

> *'Thirty two pounds when the foot and stem and floorings laid in; forty pounds when frames and Keelson laid in, fifty six pounds when the hull is completed ready for launch.'*
>
> *23 November 1833*

Thomas Davies a'i fab John oedd y pwysicaf o adeiladwyr llongau Traeth-gwyn ac ar wahân i'r slŵp *Nel* a nodwyd uchod yn ystod y blynyddoedd canlynol yr oedd i adeiladu yr *Hope, Osprey, Maria, Anne and Mary, Affines, Hedesia, Hawendale, Rosina, U.Larsing* (a enwyd ar ôl un o frodorion India a daeth dan ddylanwad cenhadon o Gymru), y *Ceredig* a'r *Dreadnought*. Rhwng 1833 a 1866 bu iard Thomas Davies yn gyfrifol am adeiladu sgwneri, brig a brigantin i berchnogion llongau Ceinewydd a Llangrannog fwyaf.

Yn sicr yr oedd adeiladwyr llongau hwyliau arfordir Cymru yn dangos crefftwaith o'r radd flaenaf ac yr oedd y rhan fwyaf o'r llongau a ddoi o iardiau llongau Cymru yn abl i hwylio i bob rhan o'r byd ac yn ddigon cadarn i wrthsefyll stormydd cryfion ar hyd arfordiroedd agored a garw Cymru. Er mor gyffredin oedd y diwydiant ymhob rhan o Gymru ni throsglwyddwyd y gweithgarwch i adeiladu llongau haearn a dur yn cael eu gyrru gan beiriannau stêm. Yn ail hanner y 19eg ganrif yr oedd y stemar yn gyflym ddisodli llongau hwyliau ar foroedd y byd ond yn rhyfedd iawn ni fedrodd Cymru gymryd mantais o'r fasnach enfawr honno. Yr oedd gwneuthurwyr y *Western Ocean Yachts* yn dal i gynhyrchu eu llongau hwyliau bendigedig tan tua 1913 a pherchnogion llongau Abertawe a oedd yn enwog am eu natur gofalus a darbodus yn dal i ddefnyddio llongau is-raddol eu gwneuthuriad o Ogledd America tan ddechrau'r rhyfel yn 1914.

Eto i gyd gellid tybio fod gan Gymru yn enwedig y de yr holl adnoddau a oedd yn angenrheidiol i ddatblygiad canolfannau adeiladu llongau ager mor ffafriol â phorthladdoedd afonydd Tyne, Tees a Clyde. Yr oedd yna ddigon o lo a ffwrneisi i gynhyrchu haearn a dur ac yr oedd yma tipyn o ddyfnder yn yr afonydd i lansio'r llongau mawr. Mi adeiladwyd nifer o longau stêm ar lannau afon Gwy yng Nghas-gwent; ychydig yn Abertawe a Chastell Nedd ac er mor bell oedd Doc Penfro o weithfeydd haearn a dur ac o'r maes glo, mi adeiladwyd nifer o longau rhyfel a *Royal Yachts* ar lannau afon Cleddau. Ym Môn buan y sylweddolodd William Thomas o Amlwch y byddai o fantais iddo ef i symud i borthladd Millom yng ngogledd-orllewin Lloegr o fewn cyrraedd i faes glo a ffwrneisi Ardal y Llynnoedd.

Mi wnaed un ymgais i ddatblygu diwydiant adeiladu llongau ar lan afon Taf yng Nghaerdydd a mawr oedd hyder y *Western Mail* yn gweld *Tiger Bay* yn datblygu i fod mor bwysig â Glasgow. Yn Tachwedd 1864 lansiwyd llong badl, y *Mallorca* o 700 tunnell ac yn y *Western Mail* cyhoeddwyd darlun o bwysigion Caerdydd yn dal plât haearn mawr o'i blaen ac arno yr arysgrif:

'Cardiff Steel for Cardiff Ships'.

Ofer fu ei huchelgeisiau ac ni ddatblygwyd glannau Taf fel glannau Tyne a Wear, Tees a Clyde. Un cwmni yn unig a fentrodd i'r maes o adeiladu llongau – cwmni y brodyr Morel o Ynys Jersey

Yr S.S. Sea Flower *a adeiladwyd yn Glasgow yn 1875 ac a hwyliai yn gyson o Lundain a Bryste i Aberteifi. (D.V.T. Davies)*

Yr Olwen *wrth gei'r Mercantile yn Aberteifi yn dadlwytho coed.*

Y llong bysgota Kirkland *a fflyd bysgota Aberdaugleddau
yn cyrraedd y porthladd.*

Un o 'Longau Aberystwyth' – y College Line *– Breconian
ym mherchnogaeth Cwmni John Mathias, Aberystwyth a Chaerdydd.*

Yr S.S. Gwenllian Thomas, *llong gyntaf y cwmni enwog Evan Thomas Radcliffe o Gaerdydd, 1882.*

Yr S.S. Italiana, *un o longau cwmni'r Jenkins Bros., cwmni â'i wreiddiau yn Aber-porth, Ceredigion. Adeiladwyd yr* Italiana *yn Glasgow, 1898.*

Capten Daniel Jenkins a criw yr S.S. Italiana *yn Antwerp 1905.*

Yr S.S. Aberporth *a adeiladwyd ar lannau Tyne, 1886. Prynwyd gan Daniel Jenkins, Aberporth yn 1903 ond fe'i drylliwyd yn 1904.*

Y Glanavon *o Nefyn – barc a adeiladwyd gan J.B. Jarrett yn 1862.*
(o S. Campbell Jones, Welsh Sail *1979)*

Y Fleetwing *o Borthmadog a adeiladwyd gan Richard Jones,*
Borth-y-gest, 1876.
(Archifau Gwynedd)

Y Pontwen, *un o longau Cwmni W.C. and C.T. Jones, Caerdydd yn 1914.*

Yr S.S. Teifi *ger Llandudoch tua 1936.*
Un o longau cwmni lleol 'Y British Isles Coasters Ltd' oedd hon. (D.V.T. Davies)

FOR BRISTOL,
DIRECT,

Now Loading at Cardigan Quay, and will sail immediately,

A CONSTANT TRADER,
THE NEW FAST-SAILING SMACK,

MARY, A. 1.

John Griffiths, Commander,

(Late of the Trader, Expedition.)

N. B The above named Commander hereby engages to keep his said Smack, Mary, as a regular Trader between Bristol and Cardigan henceforth, and not to remain a longer period than 18 Days Loading at Bristol at any one time (that is to say) to clear out on the 18th Day after his entry outwards at the Customhouse there, with or without a full and complete Cargo (Reserving to himself the power of clearing out on any Day, previous to the 18th Day, if a full and Complete Cargo be on board the said Vessel) or forfeit the Sum of TWENTY POUNDS to any Shipper or Shippers on the said Vessel from time to time. Due notice will be given by the Cardigan Crier of the Day of the said Trader's entry outwards at the Customhouse Bristol, to enable parties to know the certain day of departure from there.

Cardigan, 24 May, 1827.

[Printed by I. Thomas, Cardigan

Dwy gets yn disgwyl y llanw ger Traeth y Llongau, Aber-porth.

Ceinewydd – y pwysicaf o ganolfannau adeiladu llongau Ceredigion.

Y Nymph, *barcentin a adeiladwyd gan Evan Daniel, Cei Bach 1872.*

Y Welsh Back *ym Mryste tua 1880.*

Yr Ellemosyna *o Dre-saith, 1852.*

Aduniad meistri llongau yng nghastell Aberystwyth 1938.

Gwylwyr y Glannau, Gwbert, Aberteifi 1960.
(D.V.T. Davies)

Diwedd y Gracie *ger Cadiz, Sbaen, 1912. (Archifau Gwynedd)*

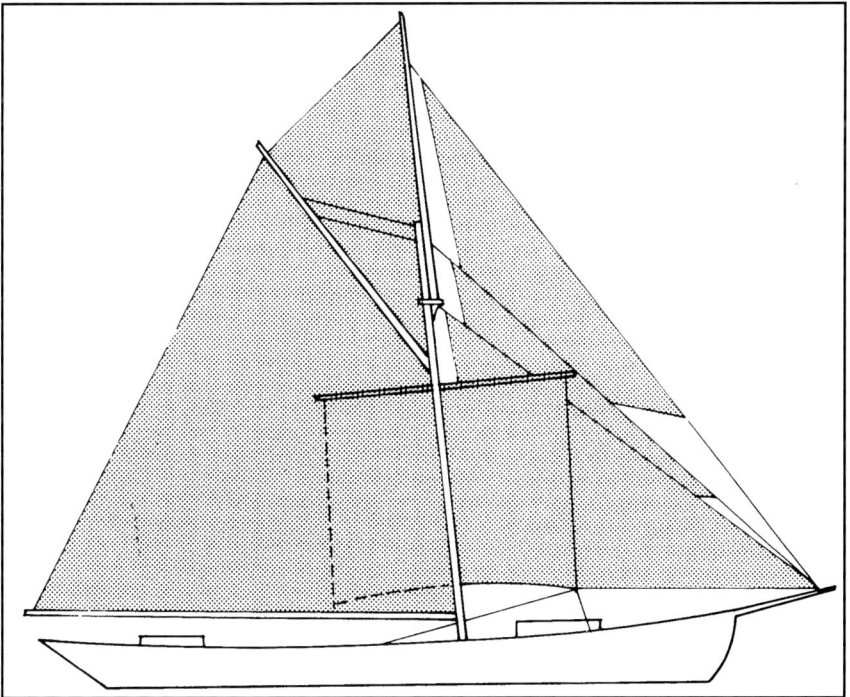

Smac

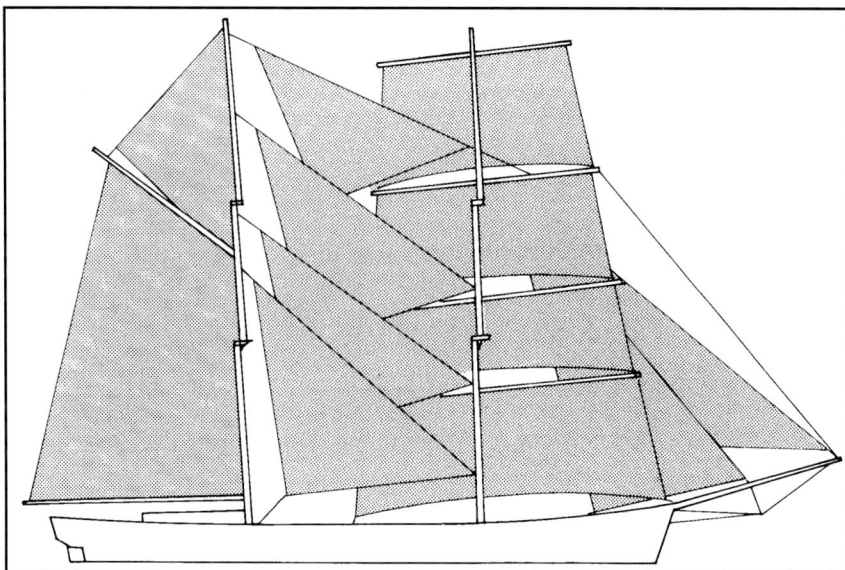

Brigantin

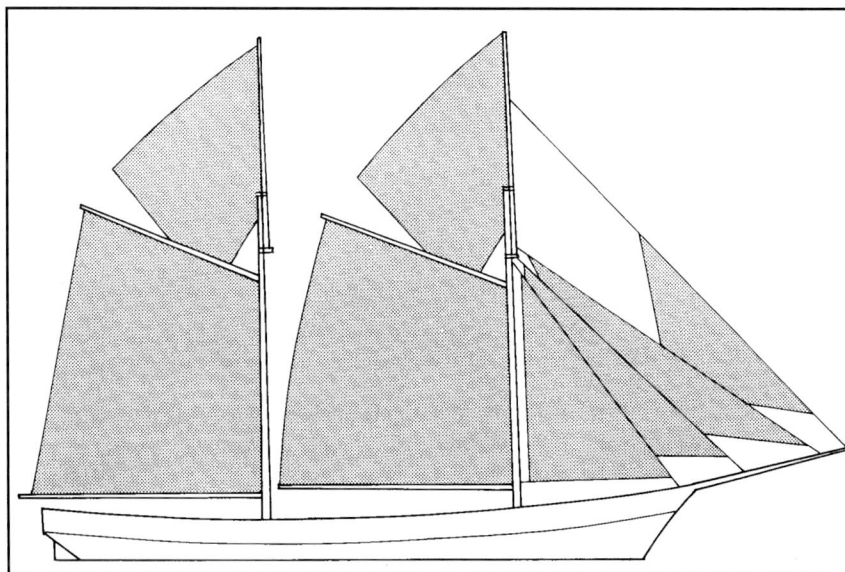

Sgwner

Y sgwner dri-mast Gracie *o Borthmadog.*

Capten O.H. Owen a chriw y Gracie, *Mai 1913.*
(Archifau Gwynedd)

TRITON,
Of Cardigan, (David Rees, Master, burthen 400 Tons, will be fitted ou for Emigrants, with every necessar accommodations, and will sail on o about the latter end of February 1841,

FROM

CARDIGAN FOR NEW YORK

UNITED STATES OF AMERICA.

Ail Ardalydd Bute (1793-1848). Un o brif ddatblygwyr dociau Caerdydd.

SOUTHWARK, LONDON,

FOR CARDIGAN,

'E FAST-SAILING

Smack Ecton,

EVAN REES, MASTER.

Persons des'rous of availing themselves of this opportunity will apply to the Captain on board, or to Mr. D. Davies, Merchant, Cardigan.

August 6, 1838.

Un o longau copr Abertawe yn y doc sych.
(Amgueddfa Abertawe)

Y sgwner Tirsah *o Aberystwyth.*

Yr S.S. Sir W.T. Lewis, *un o longau tramp Caerdydd, 1898.*

Llongau'r arfordir yn aros i'w llwytho
yng Nghaerdydd tua 1880.

Managers of Western Counties Shipping Co., Ltd.

Hysbyseb Cwmni Edgar Edwards tua 1920.

Fframio llong yn iard David Williams, Porthmadog tua 1900.
Gall y llong fod yr Isallt *neu'r* R.J. Owens *(Archifau Gwynedd).*

Pegio styllod yn ffram y llong.

Y gweithwyr yn iard David Williams.
Gall y llong fod yr Isallt *neu'r* R.J. Owens.

Adeiladu llongau ar lannau Teifi yn Aberteifi tua 1870.
(D.V.T. Davies)

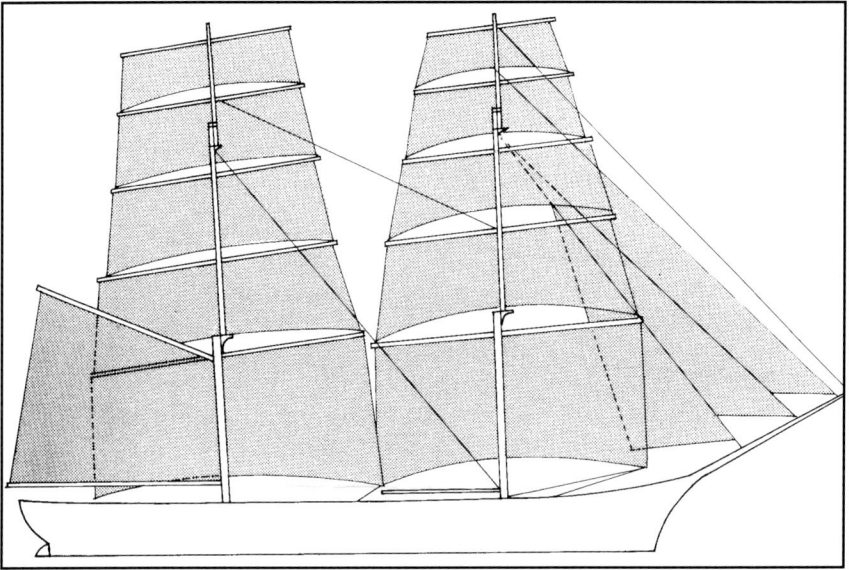

Brig

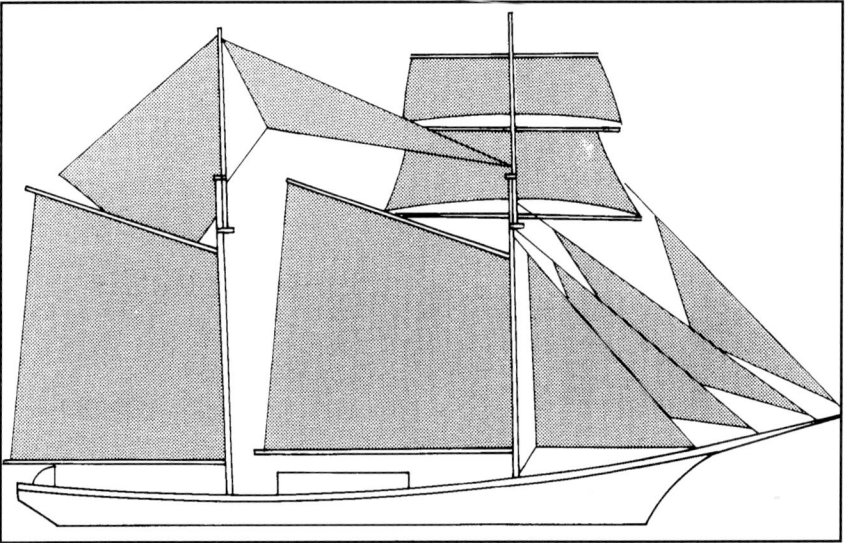

Sgwner 'Top-Sail'

Y Sgwner Ellemosyna, *un o longau Tre-saith.*

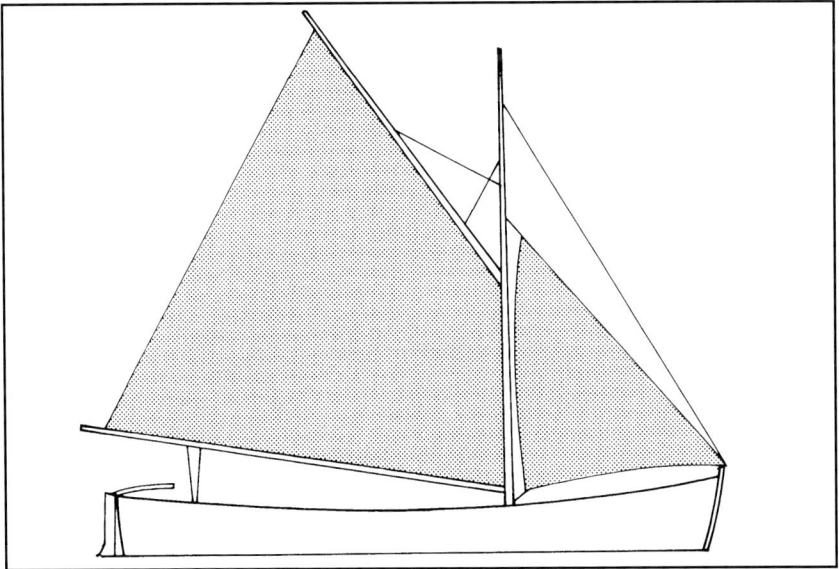

Fflat

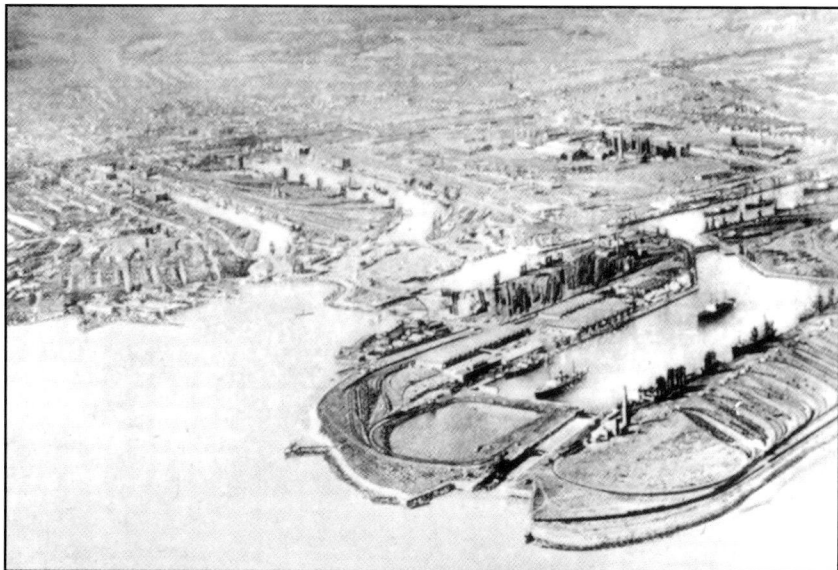

Cynllun o ddociau Caerdydd yn nechrau'r 20fed ganrif.

Y Margaret Ann *(y llong lestri) a'r* Eliza Jane
ar draeth Llangrannog tua 1895.

Porthladd Aberystwyth tua 1880.

Perchnogion llongau Caerdydd yn eu prif ganolfan:
y Gyfnewidfa Lo yn Sgwâr Mount Stuart 1916.

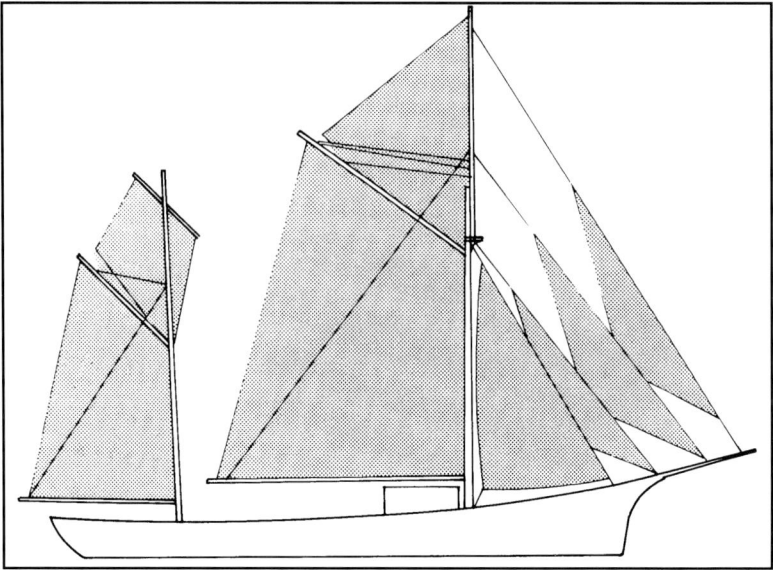

Cets neu 'Dandi'.

Y sgwner Robert Morris *o Borthmadog a adeiladwyd yn 1876.*
(Archifau Gwynedd)

a ddatblygodd o fasnachu tatws i Gymru. Yn 1837 sefydlodd Philip Morel yng Nghaerdydd ac yn 1862 dilynwyd ef gan ei frawd Thomas. Ffrangeg oedd iaith y cwmni yma gyda'u swyddfeydd yn Stryd Stuart yn nociau Caerdydd. Fel cwmni llongau yr oedd yn llwyddiannus dros ben yn enwedig gyda masnach i dde America. Hwy oedd un o'r ychydig gwmnïau llongau a welai rhyw ddyfodol mewn adeiladu llongau ar lannau afon Taf. Prynwyd safle a adnabyddwyd yn ddiweddarach fel y *Bute Shipbuilding, Engineering and Dry Dock Co.* ger Pont Clarence. Tair llong yn unig a adeiladwyd yno gan fod yna drafferthion cyfreithiol gyda Stad Bute am brynu tir, ac anfodlonrwydd cwmnïau eraill yng Nghaerdydd i gefnogi cwmni arall. Gwell ganddynt oedd edrych i Loegr a'r Alban na rhoddi unrhyw gefnogaeth i gwmni llongau arall. Yn rhyfedd yr oedd yr *S.S. Collivaud* a adeiladwyd ar afon Taf yn 1887 yn hwylio am bron dri chwarter canrif fel un o longau Twrci. Torrwyd hi i fyny yn 1958.

Ar waethaf yr holl alw am longau i gario cynnyrch diwydiant Cymru i bob rhan o'r byd a datblygiad syfrdanol y diwydiant glo yn arbennig, estroniaid oedd bron bob un o longau de Cymru.

Er enghraifft yr oedd gan gwmni Morel 25 llong stêm yn 1888. Adeiladwyd hwy gan:

E.S. Swan & Co., Newcastle – (1 llong)
Palmer's Shipbuilding & Iron Co. Ltd., Jarrow on Tyne
(15 llong)
Richardson Duck & Co., Stockton on Tees (1 llong)
William Doxford, Sunderland (2 long)
J. Redhead a'i Gwmni, South Shields (1 llong)
Wm Pickersgill & Sons, Sunderland (4 llong)
Kish Boolds & Co., Sunderland (1 llong)
Oswald Mordaunt, Southampton (1 llong)
Blyth Shipbuilding Co., Blyth (1 llong)

Pan sefydlodd Frederick Jones o Gaerdydd ei Abbey Line o longau cymharol fychan yn 1901 a orffennodd yn 1960 llongau o ogledd-ddwyrain Lloegr oeddynt yn ddieithriad gyda chwmnïau fel Thomas Turnbull o Whitby, Richardson Duck a'u cymdogion Craig Taylor o Stockton yn adeiladu nifer o longau iddynt.

Ffafriai cwmni Evan Thomas Radcliffe un o gwmnïau mwyaf de Cymru gyda'i wreiddiau yn Aber-porth, Ceredigion longau o ardal Sunderland, yn enwedig Bartram & Co. ynghyd â John Blumer a Joseph Thompson gydag ambell un o'r Tyne a'r Clyde.

Gan fod llongau tramp de Cymru yn dibynnu i raddau helaeth ar y diwydiant glo am eu bywoliaeth, anfodlon iawn oeddent i ddefnyddio unrhyw danwydd i yrru eu llongau ond glo pan oedd bron pob perchennog llongau yng ngweddill Ewrop wedi mabwysiadu olew fel tanwydd. Un person a fentrodd i faes llongau modur oedd Owen Williams o ardal Edern a fentrodd adeiladu'r *Margretian* yn 1923. Dilynwyd hon flwyddyn yn ddiweddarach gan y *Silurian*. Profodd y ddwy long yn amhoblogaidd dros ben a rhwng 1923 a 1930 gwnaeth *Cwmni Llongau Pwllparc* golled aruthrol o £400,000 a gorffennwyd y cwmni yn 1930. Roedd y *Margretian* nes iddi orwedd mor amhoblogaidd yng Nghaerdydd o 1925 i 1929.

Erbyn chwedegau'r ganrif ddiwethaf yr oedd holl ddiwydiant adeiladu llongau Prydain yn gyfangwbl ar drai ac erbyn heddiw llongau a iardiau adeiladu Korea a Japan, Twrci a Rwmania a welir yn ein porthladdoedd.

Os yw adeiladwyr llongau ager yn brin yng Nghymru, nid felly oedd cwmnïau i drwsio llongau. Yr oedd dociau sych yn cael eu cyfrif yn hanfodol i weithgarwch unrhyw borthladd prysur. Yn Ne Cymru yr oedd y dociau sych canlynol yn gweithredu yn 1960:

CAERDYDD

Commercial Dry Dock	Hyd 600 troedfedd
Gridiron	Hyd 250 troedfedd
Channel	Hyd 635 troedfedd
Mountstuart 1	Hyd 600 troedfedd
Mountstuart 2	Hyd 430 troedfedd
Mountstuart 3	Hyd 495 troedfedd
Junction	Hyd 413 troedfedd
East Dry Dock 1	Hyd 408 troedfedd
East Dry Dock 2	Hyd 400 troedfedd
Bute West Graving Dock	Hyd 235 troedfedd

PENARTH
Floating Pontoon   Hyd 415 troedfedd

CASNEWYDD
Commercial Dry Dock   Hyd 523 troedfedd
Tredegar Dry Dock   Hyd 712 troedfedd
Bailey's Dry Dock   Hyd 454 troedfedd

Y BARRI
Bailey's Dry Dock   Hyd 940 troedfedd
Graving Dock No. 1   Hyd 795 troedfedd
Graving Dock No. 2   Hyd 620 troedfedd

PORT TALBOT
Graving Dock   Hyd 460 troedfedd

ABERTAWE
Commercial Dry Dock   Hyd 263 troedfedd
Duke of Edinburgh Dry Dock   Hyd 670 troedfedd
Palmers' Dry Dock   Hyd 560 troedfedd
Prince of Wales Dry Dock   Hyd 455 troedfedd

South Dry Dock (For Fishing Craft) Hyd 170 troedfedd

I'r gorllewin y mae doc sych Aberdaugleddau yn dal yn weithredol o hyd ond nid oes sôn bellach am ddociau sych y Llynges yn Noc Penfro. Yng ngogledd Cymru yr oedd gan y Felinheli a Chaergybi eu dociau sych ac yr oedd yn bosibl tynnu llongau i dir sych ar y slip yn Noc Fictoria yng Nghaernarfon.

O'i gymharu â phrysurdeb y gorffennol, tawel iawn bellach yw porthladdoedd Cymru a phrin yw'r llongau sy'n ymweld â lleoedd a fu unwaith yn ferw o weithgarwch. Mae traddodiad wedi marw ac mae'n amheus a ddaw fyth yn ôl.

Perchnogion Llongau

Tan tua chwarter olaf y 19eg ganrif, llongau oedd y prif ffordd o drafnidiaeth yng Nghymru. Gyda ffyrdd gwael a rhwydwaith y rheilffyrdd heb ddatblygu i'r iawn dwf yr oedd llongau yn hanfodol i fewnforio angenrheidiau bywyd ac i allforio cynnyrch fferm, chwarel a pwll. Ers diwedd y ddeunawfed ganrif, yr oedd gan bron pob cymuned glan môr ei fflyd o longau hwylio bychain a oedd yn brif gysylltiad y cymdeithasau hynny â'r byd mawr tu allan. Yr oedd llawer o'r llongau bychain hyn o adeiladwaith leol ac yng Ngheredigion, Llŷn a Môn er enghraifft, yr oedd llawer o'r llongau ym mherchnogaeth meistr y llong ei hun. Ambell dro efallai mai dim ond un neu ddwy siâr mewn llong fyddai gan y meistr, a'r gweddill yn nwylo pobl nad oedd yn forwyr. Yr oedd ffermwyr yn arbennig yn berchen cyfranddaliadau lu mewn llongau lleol am ei bod o fantais iddynt berchen modd i fewnforio gwrtaith i'w tir a thanwydd i'w cartrefi a'r modd gorau o allforio cynnyrch amaeth. Mewn llawer i bentre, roedd marsiandwyr yn gyfrifol am fewnforio nwyddau i dre neu bentre glan môr ac yn gyfrifol am eu dosbarthu i ardal wledig o gwmpas.

Cymerer er enghraifft bentre bychan Llangrannog yng Ngheredigion, pentref a oedd – os nad yw heddiw – yn hollol nodweddiadol o bentrefi bychan glan môr gorllewin Cymru. Y môr ddaeth â'r sant a sefydlodd y pentre yn y 6ed ganrif O.C. a'r môr yw'r prif beth sydd yn denu pob math o ymwelydd haf yn yr 21ain ganrif. Tua chanol y 18fed ganrif yr oedd y drafnidiaeth fôr wedi'i sefydlu yn y fro, er yn anffodus yn ôl yr arweinydd Methodistaidd Howell Harris lle annymunol – 'a dark country' oedd yr ardal 'and that better fall amongst thieves than here', oherwydd yr oedd smyglo, 'cheating the king of things excised' yn gyffredin dros ben ymysg pobl y fro. Er hynny, erbyn 1750 roedd morwriaeth yn bwysig ym mywyd y fro gyda theuluoedd o gefn gwlad yn ymsefydlu ar lan y don. Y tŷ cyntaf i'w sefydlu ger y traeth oedd Eisteddfa House a adeiladwyd gan ail fab fferm Eisteddfa nepell i ffwrdd a sefydlodd gwmni llongau ger traeth Llangrannog. O fewn ychydig flynyddoedd yr oedd yn berchen wyth llong fechan. Daeth eraill fel fy hen hen daid, Capten Joseph

Jenkins (1820-1904), un o bileri capel Methodist Bancyfelin a thafarn Pentre Arms, o ardal Penbryn dair milltir i ffwrdd i sefydlu busnes o bedair llong ar draeth Llangrannog. Bu yn Llangrannog gryn adeiladu llongau a rhwng 1787 a 1859 adeiladwyd 15 llong ger y traeth yn gwahaniaethu mewn maint o'r smac *Linnet*, 7 tunnell yn 1824 i'r brig *Ann Catherine*, 211 tunnell yn 1859. Heblaw'r llongau a adeiladwyd yn lleol yr oedd gwŷr busnes Llangrannog yn barod iawn i brynu llongau o ardaloedd eraill. Dyna Daniel Davies er enghraifft yn prynu llong brigantin o 130 tunnell yr *Hawendale* o Geinewydd yn 1858 a John Owen yn yr un flwyddyn yn prynu brig 158 tunnell yr *Ada Letitia* o Sunderland. Wrth gwrs llongau yn hwylio ar led oedd y rhan fwyaf o longau perchnogion llongau Llangrannog ar ôl tua 1850, er fod swyddfeydd y cwmnïau yn dal i fod yn Llangrannog. Wrth gwrs, tan tua diwedd y 19eg ganrif, roedd y llongau bychain gyda'u llwythi o gwlwm a glo, calch a llestri yn dal i ddod i'r pentre. Gellid dweud fod rhyw 40 o longau ym mherchnogaeth pobl Llangrannog tan ugain mlynedd olaf yr 19eg ganrif. Gyda dyfodiad y rheilffordd i Aberteifi yn 1880 a Chastellnewydd Emlyn yn 1895, dirywio wnaeth perchnogaeth llongau yn y pentre. Ni fu gan wŷr busnes y pentre unrhyw ddiddordeb mewn llongau stêm o leiaf tan 1928 pan sefydlodd Capten William George James, Ivy House, Llangrannog a'i frawd-yng-nghyfraith Capten William Davies, Angorfa, Llangrannog, gwmni y *British Isles Coasters Ltd* a fu'n weddol llwyddiannus tan tua 1940. Wrth gwrs ni welodd un o'r llongau hyn draeth Llangrannog erioed ac Aberteifi oedd prif swyddfa'r cwmni a redai rhyw 8 llong fechan gyda phobl Llangrannog yn cael eu cyflogi fel morwyr ar y llongau. Digon anghysurus oedd bywyd y rhai hynny.

Yn nyddiau llewyrch y 19eg ganrif gallai nifer fawr o bobl yr ardal ddal cyfranddaliadau mewn llongau. Er enghraifft pan adeiladwyd y brig *Ann Catherine*, llong yn mesur 193 troedfedd o hyd, 25 troedfedd o led a 13.6 troedfedd o ddyfnder ar draeth Llangrannog yn 1859 dyma'r cyfranddalwyr:

James Lloyd – Master Mariner	14 shares
Evan Lloyd – Master Mariner	2 shares
Catherine Lloyd, New Inn – Spinster	2 shares

John Davies, New Inn – Inkeeper	2 shares
Josiah Jones, Pontgarreg – Shopkeeper	2 shares
John Patrick, New Quay – Innkeeper	2 shares
John Davies, New Quay – Master Mariner	2 shares
Thomas Davies, New Quay – Blacksmith	1 share
David Davies, New Quay – Blacksmith	1 share
Thomas Davies, Penbryn – Farmer	2 shares
Daniel Rees, Penparc – Farmer	2 shares
D^d Jones, Dyffryn Bern, Tresaith, Farmer	2 shares
Elias Jones, Blaenhownant Isaf – Farmer	2 shares
David Jones, Cefnceirw – Farmer	2 shares
Daniel Owen, Fronfelen – Farmer	2 shares
John Evans, Pantygronglwyd – Farmer	6 shares
Mary Evans, Capel Gwnda – Widow	4 shares
Hannah Lloyd, Cwmbarre – Widow	1 share
Samuel Lewis, Rhydlewis – Tanner	4 shares
Henry Lloyd, Llwynteg – Joiner	2 shares
Thomas Edwards, Cardigan – Merchant	4 shares
William Davies, Glanesger	2 shares
Thomas Lewis, Aberdare	2 shares

Gyda chriw o 9, i gyd o bentre Llangrannog, hwyliodd yr *Ann Catherine* ar led dan gapteniaeth dau feistr – y Capten Busnes – *Business Master*, John Lloyd, Tafarn y Ship nad oedd yn dal tystysgrif meistr ac Evan Lloyd, *Sailing Master*. Bu'r llong yn ddigon llwyddiannus tan ei dryllio ger Aberffraw, Môn yn 1876.

Wrth gwrs, llongau stêm laddodd lawer o weithgarwch perchnogion llongau yr ardaloedd mwyaf gwledig o Gymru. O'r 37 perchennog a reolai 89 llong o'u swyddfeydd yng Ngheinewydd, Ceredigion er enghraifft yn 1865 yr oeddent oll wedi diflannu erbyn 1900. Hyd yn oed felly yn nyddiau olaf y llong hwylio bu ymgais ar ran nifer o berchnogion llongau yng ngorllewin a gogledd Cymru i geisio atal y dirywiad yn eu llewyrch trwy brynu llongau o Ogledd America – o Quebec a Prince Edward Island – a'u hwylio dros y byd. Yr oedd llongau osgeiddig dros ben yn hwylio o borthladdoedd mawr i bob rhan o'r byd. Nid oedd y llongau hynny byth yn ymweld â'r pentrefi glân môr a weithredai fel prif swyddfeydd y cwmnïau a dim ond mater o amser oedd hi i'r mwyaf uchelgeisiol symud eu swyddfeydd i'r porthladdoedd mawrion – i Gaerdydd a Lerpwl yn fwyaf arbennig. Daeth diwedd cyfnod er i'r traddodiad morwrol yng nghefn gwlad fyw am ychydig eto.

Fel yr oedd llongau yn cynyddu mewn maint, lleihau wnaeth prysurdeb y porthladdoedd bychain niferus ymhob rhan o Gymru. Gyda'r newid o hwyliau i ager, y porthladdoedd mawrion oedd prif atyniad y morwyr o Gymru. Ymfudodd nifer fawr ohonynt i'r porthladdoedd mawrion, nifer i borthladdoedd Tyne a Clyde ond y rhan fwyaf ohonynt i'r ddau borthladd enfawr – Lerpwl i forwyr gogledd Cymru a Chaerdydd ac i raddau llai, Abertawe i forwyr gorllewin Cymru. Symudodd amryw o deuluoedd o'u cartrefi cefn gwlad i'r dinasoedd. Fel morwyr a oedd yn gyfarwydd â gweithio ar longau bychain ar hyd arfordir anodd a garw Môr Iwerddon, roedd digon o groeso i forwyr o'r Gymru wledig i wasanaethu ar longau mawrion y porthladdoedd mawr.

'To procure another master,' meddai un o berchnogion llongau tramp Caerdydd, 'we have to look to the West, for here in Cardiff there is not one that can be trusted with such a vessel and such a trade as may be found in Sunderland, London and Bristol. Cardiff masters are confined to the coastal trade in a very narrow sphere and I feel that most of them are so deficient in that kind of distinction between mayhem and tohem as to make them ineligible.'

Canmoliaeth yn wir, ac nid rhyfedd fod cwmni llongau fel Evan Thomas Radcliffe yn denu'r rhan fwyaf o'u meistri a'u swyddogion o bentrefi fel Aber-porth a Llangrannog, Llandudoch a Nanhyfer yn y cyfnod euraid cyn y Rhyfel Byd Cyntaf pan oedd y cwmni yn berchen rhyw 35 llong ager yn masnachu dros y byd. I Gaerdydd hefyd yr ymfudodd llawer o gwmnïau bychan a oedd yn perchnogi llongau a hwyliai o borthladdoedd diarffordd.

Fel yr oedd Caerdydd yn atyniad i forwyr a pherchnogion llongau o orllewin Cymru yn ail hanner y 19eg felly yr oedd Lerpwl yn gweithredu fel magnet i bobl môr gogledd Cymru. O Fôn ac Arfon, Meirionnydd a Dinbych, daeth y miloedd i weithio yn y ddinas enfawr ar lannau Merswy. Gyda'i llu o gapeli a chymdeithas Gymraeg ei hiaith, Lerpwl oedd gwir brifddinas y gogledd. Gyda chwmnïau llongau enfawr fel y *Black Ball Line* ac

Alfred Holt yn cyflogi gymaint o Gymry, fel fod lein Holt – y *Blue Funnel Line* yn cael ei galw yn *Welsh Navy*. Ffurfiwyd y cwmni hwn yn 1865 a byddai'n beth digon cyffredin i wragedd Llŷn fynd â mab a oedd eisiau bod yn llongwr i weld Lawrence Holt yn ei dŷ haf i geisio lle ar un o longau ager niferus y cwmni.

Yr oedd cymdeithas y capel yn bwysig iawn ar lannau Merswy. *'The spirit of the times in the 19th century,'* medd Alan Scarth o Amgueddfa Lerpwl, *'was to marry honesty with business. Chapels formed a network. Going to church was not only a religious experience.'* Gwelwyd yr un agwedd ymysg perchnogion llongau Caerdydd gyda nifer yn hyrwyddo capeli anghydffurfiol fel Salem, a Pembroke Terrace, capeli Calfinaidd ac Ebeneser a Frederick Street, capeli Annibynnol.

> *'Mary Welsh shipowners sprang from families known for religious and business zeal. The marine historian Aled Eames went as far as to write that such men were often associated with incredible meanness that they sat piously in their chapels and shook their heads when they heard the complaints and tragedies relating to their ships and men whose toil brought them the profits which enabled them to build their fine houses and many chapels.*

Rhaid peidio anghofio fod Lerpwl fel Bryste yn un o brif ganolfannau masnach caethweisiaeth tan i hwnnw gael ei wneud yn anghyfreithlon ac yn sicr dyma brif borthladd ymfudo Prydain i wledydd dros y môr, a hynny yn aml iawn mewn llongau digon anodd ac afiach. Gyda hyder a gobaith a breuddwydion di-rif am well byd gallai ymfudwyr roddi eu holl ffydd mewn asiantwyr, rhai gonest, rhai anonest i drefnu mordeithiau i ogledd a de America ac Awstralia. Lerpwl oedd prif borthladd i'r ymfudwyr yn enwedig ar ôl i longau stêm ddisodli'r llongau hwyliau.

Medd Bill Jones:
'Rail link helped with emigrant trains from leaving South Wales for Liverpool every Monday. Many migrants used emigration agents who themselves had representatives in Welsh towns and newspaper proprietor or grocer and arranged tickets and travel. Some agents were reported to be unreliable or tricksters, so much so that in the 1870's the emigration agent Gomer Roberts promised in his newspaper

advertisements to meet his customers sober and to put them on the right ship.'

Yr oedd nifer o Gymry o ogledd Cymru yn manteisio ar y fasnach hon, ac er fod amryw o gwmnïau llongau mawr fel Davies o Borthaethwy yn rhedeg cwmni enfawr gyda chysylltiadau byd eang o'u swyddfeydd ar Ynys Môn; yr oedd eraill ond yn rhy barod i symud i Lerpwl. Yno, er enghraifft, oedd swyddfeydd cwmnïau o Wynedd fel William Thomas a'i Gwmni, 30 Brunswick Street a 14 Water Street, Lerpwl yn berchen rhyw 44 o longau mawr – yn llongau hwyliau a stêm yn chwarter olaf y 19eg ganrif. Neu dyna Richard Thomas o Gricieth a Richmond Buildings Lerpwl yn berchen 33 o longau rhwng 1878 a 1907.

Gyda chwmnïau eraill fel Roberts, Owen & Co, 19 Oldhall Street (12 llong) a nifer o rai tipyn llai, roedd perchnogion o Gymru yn hynod bwysig ym mywyd masnachol dociau Lerpwl.

Digon cyffrous hefyd oedd hanes Caerdydd fel porthladd rhyng-genedlaethol gyda nifer fawr o berchnogion llongau wedi sefydlu eu hunain i gario glo a haearn de Cymru i bob rhan o'r byd. Fel yn Lerpwl a ddibynnai yn drwm ar forwyr o rannau mwyaf anghysbell gogledd Cymru, felly oedd hi yng Nghaerdydd hefyd gyda'r porthladd a dyfodd mor aruthrol yn ail hanner y 19eg ganrif yn denu perchnogion llongau newydd o bob rhan o ynysoedd Prydain. Tan yr 1850au, lle digon di-nod oedd Caerdydd gyda rhywfaint o lo a haearn yn cael ei allforio o lanfeydd ar afon Taf, gerllaw'r castell mewn llongau hwyliau a oedd ym mherchnogaeth gwŷr busnes o rannau eraill, fel Bryste. Yn wir, tan canol y 19eg ganrif yr oedd gan borthladdoedd megis Aberystwyth ac Aberteifi fwy o longau na Chaerdydd. Yn 1850, roedd gan Gaerdydd 68 llong hwyliau yn unig, ond yn gyflym iawn yn ystod yr ugain mlynedd nesaf cynyddodd nifer y llongau stêm ym mherchnogaeth Caerdydd yn syfrdanol. Ymysg y perchnogion cynnar oedd:

William Cory o Hartland yn Nyfnaint ynghyd â *John Nixon*, y perchennog pyllau glo a brynodd yr *S.S. William Cory* (1168 tunnell) o iard ar y Tyne yn 1857.
H. Vellacott a adeiladodd yr *S.S. Llandaff* (411 tunnell) yn 1865

a'r *S.S. Fairwater* flwyddyn yn ddiweddarach.

Charles Stallybrass, gŵr a anwyd yn Siberia yn 1838 a ddaeth i Gaerdydd yn 1857 ac a adeiladodd y llong *S.S. Leckwith* yn 1868.

Y tri pherson yma, mewnfudwyr i Gaerdydd oedd gwir arloeswyr dociau Caerdydd a buan iawn y dilynwyd hwy gan eraill. Roedd Caerdydd yn datblygu'n gyflym iawn fel un o borthladdoedd pwysicaf y deyrnas a'u hatyniad i'r miloedd o longwyr a docwyr, siopwyr o bob math a'r cannoedd a oedd yn gyfrifol am adloniant liw nos y mwyaf lliwgar o borthladdoedd Ewrop. Daeth y perchnogion llongau o bob rhan; er enghraifft y Brodyr Morel o Jersey ynghyd â J.B. Hacquoil a H.B. Marquand. Daeth nifer o orllewin Lloegr, pobl fel John Cory a John a Richard, ei gefnderwyr, y Brodyr Cory o Appledore, John Angel Gibbs o Portland, W.J. Tatem o Appledore a William Reardon Smith yntau hefyd o Appledore.

Ymsefydlodd nifer o Gymry yn nociau Caerdydd a dod yn hynod bwysig fel perchnogion llongau. O bentre bychan Aberporth yng Ngheredigion daeth y ddau frawd-yng-nghyfraith James a David Jenkins, a ymunodd â chlerc llongau o Fethesda i sefydlu busnes o 7 llong yn 1898. O'r un pentre daeth y llai llwyddiannus – fel Capt. Thomas Owen, a Henry Bartlett a sefydlodd y *Glanhowny Steamship Company* yn 1903 ac a aeth yn fethdalwyr o fewn pedair blynedd pan gollwyd ei unig long y *Glanhowny*. Methu wnaeth Daniel Jenkins, Bryntirion, Aber-porth hefyd pan gollwyd ei unig long – yr *S.S. Aberporth* – mewn amgylchiadau amheus yn y Môr Du yn 1905, lai na dwy flynedd wedi'i phrynu.

Y mwyaf llwyddiannus o holl gwmnïau llongau Caerdydd oedd â'i wreiddiau ym mhentre bychan Aber-porth oedd Evan Thomas; mab Hezekiah Thomas, tyddynnwr a pherchennog cets fechan y *Pheasant* o Dolwen, Aber-porth, ynghyd â Henry Radcliffe o Ferthyr Tudful a adeiladodd y mwyaf o gwmnïau llongau Caerdydd. Erbyn 1914 roedd gan y cwmni hwn gymaint â 35 llong, nifer fawr ohonynt yn dibynnu ar feistri, swyddogion a chriwiau o orllewin Cymru. O ardal wledig ddiarffordd rhwng

Llangrannog a Cheinewydd, nepell o draeth unig Cwmtydu daeth teulu Owen, Evan a David Owen, Fferm y Foel a dreiodd eu lwc yng Nghaerdydd yn nyddiau tywyll y Rhyfel Cyntaf ac a barhaodd i weithio yno tan 1933. Yn rhyfedd iawn yr enw a ddewiswyd i'r cwmni yma gyda'i swyddfeydd yn Imperial Buildings, Caerdydd oedd yr *Anglo Belgique Shipping Company Ltd.*

O sôn am enwau uchel ael, pan symudodd John Mathias, y groser o Stryd y Bont yn Aberystwyth, i Gaerdydd tua 1905 enwodd ei longau ar ôl ysgolion bonedd fel Harrow a Rugby ac enwodd y cwmni a ddechreuodd yn ddigon di-nod tua 1875 yn Aberystwyth yn *College Line*, er mai *Llongau Aberystwyth* oeddent ar lafar. Yr oedd John Mathias yn flaenor yng nghapel dylanwadol y Tabernacl yn Aberystwyth ac roedd nifer o'i gyd-flaenoriaid a'i weinidog enwog, Y Parch. Thomas Levi ynghyd â Prifathro cyntaf y Brifysgol yn Aberystwyth yn fuddsoddwyr yn y cwmni yma. Morwyr a chapteniaid o Aberystwyth a'r Borth oedd prif weithwyr y cwmni a fethodd yn 1924.

O bentre Edern yn Llŷn y daeth y brodyr Owen a Watkin Williams i Gaerdydd ac adnabyddwyd eu llongau hwy fel 'Llongau Pwll Parc' ar ôl eu cartref yn Edern.

Wrth gwrs, heblaw y Cymry, denodd Caerdydd bob math o berchennog llongau uchelgeisiol, onest ac anonest ac yn 1920 roedd gan y porthladd gymaint ag 122 o gwmnïau llongau. Ond roedd dyddiau blin i ddod ac erbyn 1931, dim ond 77 cwmni yn berchen 313 llong oedd ar ôl. Erbyn 1939, dim ond 57 cwmni oedd ar ôl. Heddiw dau gwmni a erys mewn lle a gyfrifid unwaith yn *'greatest steamship owning centre in the World'*.

Wrth gwrs, nid oedd dod yn berchen llong mewn porthladd mawr fel Caerdydd yn anodd iawn ac er fod nifer helaeth yn cael eu cyllido dan yr hen sustem o 64 siâr i bob llong, yn ôl deddf Cwmnïau 1862, roedd yn bosibl cyllido cwmnïau llongau ar y Gyfnewidfa Stoc a gallai pob llong gael cannoedd o fuddsoddwyr na wyddai ddim am y môr a'i longau. I lawer, er hynny parhau wnaeth yr hen sustem lle disgrifid pedair siâr yn owns o long fel yn y blynyddoedd a fu. Dyna er enghraifft Evan Thomas a Henry Radcliffe gyda'i gilydd ond yn mentro prynu un siâr gwerth rhyw £270 yn eu llong gyntaf – y *Gwenllian Thomas* yn 1882. Roedd y gweddill, a neb yn perchnogi mwy na dwy siâr, yn dod o bob rhan o'r wlad – o Ddolgellau ac Aber-porth, Pen-y-bont a Chorwen, Caerdydd a'r Bala. Dim ond £17,000 gostiodd y llong honno o iard adeiladu *Palmer's Shipbuilding and Iron Company* yn Jarrow ar afon Tyne. Gyda thyfiant aruthrol y cwmni o fewn y ddeng mlynedd nesaf, roedd yn rhaid apelio ymhellach am fuddsoddwyr.

Roedd yn angenrheidiol nid yn unig i gwmnïau llongau Caerdydd ond hefyd rhai Abertawe, Porthaethwy a Phorthmadog a hyd yn oed Lerpwl i werthu cyfranddaliadau o gwmpas y wlad. Yn ysgolfeistri ac yn chwarelwyr, yn weinidogion Methodistiaid wrth y dwsin ac yn ffermwyr a gwneuthurwyr gwlanenni, daeth buddsoddi mewn llongau yn yrfa orffwyll i lawer rhwng tua 1880 a thua 1922. Gwnaed rhywfaint o elw i'r buddsoddwyr ond cafwyd colledion brawychus hefyd, gydag ambell gwmni addawol yn mynd i'r gwellt ac yn methu talu dimai goch i'w buddsoddwyr.

'We are absolutely without funds,' meddai perchennog y *Glanhowny* yn 1909: 'there is not one penny with which to do anything.' Diflannodd buddsoddiadau nifer o deuluoedd o orllewin Cymru gyda methiant y cwmni. Neu dyna Edgar Edwards o Landaf, optimist os bu un erioed yn prynu holl longau cwmni Syr Walter Runciman, Newcastle am £1.8 miliwn yn Rhagfyr 1918. Roedd Runciman yn ddigon doeth i sylweddoli fod trafferthion mawr ar y gorwel a bu'n ddigon ffodus i gael gwared ar ei holl longau i Gymro o Gaerdydd a oedd yn uchelgeisiol, ond heb y gallu. Erbyn 1922 roedd Edwards a'i *Western Counties Shipping Co. Ltd*, ar waethaf buddsoddiad ychwanegol o £2 miliwn yn 1920, mewn pob math o drafferthion ac erbyn Ebrill 1922 daeth y diwedd, gydag Edgar Edwards yn fethdalwr. Yn anffodus, gyda diflaniad cymaint o longau a pherchnogion yn y 1920au, diflannodd hefyd fuddsoddiadau a gobeithion nifer fawr o bobl gyffredin. Yn waeth na'r cwbl yng nghyfnod y trafferthion, diflannodd llawer o berchnogion gydag arian ysgolfeistri, gwragedd gweddw a phregethwyr Methodist a oedd wedi edrych ymlaen at incwm sylweddol o'u cyfalaf.

Pan sefydlwyd y nifer fawr o gwmnïau llongau yn ail hanner yr 19eg ganrif ym mhorthladdoedd mawr Prydain, roedd ganddynt ddull o sefydlu eu cwmnïau trwy sefydlu beth a alwent yn *Single Ship Companies*. I sefydlu cwmni newydd, nid oedd angen llawer o arian ar berchennog arfaethedig cwmni newydd.

'The limited joint stock company and especially the single ship company became the means to ensure the capitalisation of an ever expanding fleet. Therefore for every vessel there could be hundreds of shareholders, some of then investing only a few pounds in a ship. In the good years dividends went high but in bad years disaster could face the small investor who had staked his life savings in a shipping company. The person who really profited from operating a single ship company was the manager, the person who had floated the company; very often he had little financial stake in a company, but he took a commission of gross earnings rather than on profits, so that provided he was getting a freight he was not grievly concerned with the profitability of the Company's operation.

Yr oedd gan y dull o gyllido – hollol gyfreithlon – yma fanteision gan ei bod yn hawdd codi cyfalaf trwy gyhoeddi canlyniadau syfrdanol rhai cwmnïau yn y wasg. Mater hawdd oedd hi i berswadio pobl i fuddsoddi mewn llwyddiant ar fyrder. Rhwng 1882 a 1913, roedd cwmni enwog Evan Thomas Radcliffe yn gweithredu ei holl lynges dan gwmnïau llongau sengl; y rhan fwyaf o'r cwmni pan adeiladwyd y 31 llong gyntaf o 1882 i 1908. Gyda cholledion mawr y Rhyfel Gyntaf pan gollwyd 20 llong yr oedd y sustem yn eithaf derbyniol i'r perchnogion.

Wrth gwrs, yn oes euraidd y porthladdoedd, roedd yn bwysig fod gan y cwmnïau llongau bobl a oedd yn barod i hyrwyddo cwmnïau newydd ar hyd a lled y wlad. Gan fod gweinidogion y Gair yn crwydro cymaint ar y wlad, mi gymerodd nifer o berchnogion llongau fantais ar eu teithiau. Er enghraifft ym Môn, roedd y Parchedig John Elias yn llysgennad da i deulu Davies, Porthaethwy, nid yn unig i hyrwyddo ffortiwn y cwmni ar hyd a lled y wlad ond hefyd i ddal cyfranddaliadau yn y cwmni. Roedd aml i gapel ym Môn wedi'u sefydlu ar arian y teulu nodedig a chyfoethog o Borthaethwy. Arian llongau hefyd oedd yn gyfrifol am adeiladu nifer o gapeli anghydffurfiol Lerpwl a glannau Merswy ac yng Nghaerdydd, perchnogion llongau a fu'n gyfrifol am gyllido adeiladu addoldai Pembroke Terrace a Salem, Canton i'r Calfiniaid yn y ddinas, ac roedd amryw o wŷr blaenllaw y dociau yn flaenoriaid yn yr eglwysi hynny.

Yn Aberystwyth eto yr oedd dylanwad y Parch Thomas Levi, gweinidog y Tabernacl a 'phregethwr mawr' yn fuddsoddwr yng nghwmni un o'i flaenoriaid John Mathias. Ond y brenin ohonynt oll oedd y Parchedig John Cynddylan Jones (1840-1934). Cardi o'r iawn ryw a ddaeth yn weinidog Eglwys Frederick Street yng Nghaerdydd ac ysgrifennydd y Feibl Gymdeithas. Ymysg aelodau ei gapel oedd Evan Thomas ac Henry Radcliffe, er mai mewn enw yn unig yr oeddent yn aelodau. Gwelodd y gweinidog ei gyfle canys un o broblemau mawr unrhyw gwmni newydd yn chwarter olaf y 19eg ganrif oedd ceisio codi cyfalaf. Roedd brawd-yng-nghyfraith Evan Thomas, Jenkin Davies, Rheolwr Banc y National Provincial yn Nolgellau yn gwneud ei orau trwy berswadio ei gwsmeriaid – yn ffermwyr ac yn chwarelwyr, pregethwyr ac ysgolfeistri ac hyd yn oed yr enwog Thomas Gee o Ddinbych i fuddsoddi – ond yr oedd angen llawer rhagor na chynilion y gogleddwyr. Roedd Cynddylan yn bregethwr mawr yn cael galwadau i bob rhan o'r wlad, ac un o'i brif orchwylion oedd perswadio aelodau o bob cynulleidfa i fuddsoddi. Buddsoddwyd miloedd trwy berswâd y pregethwr mawr. Yn ôl cylchgrawn *The Lighthouse* yn 1886.

> '*Messrs E. Thomas, Radcliffe & Co. obtained a recommendation for the Reverend J. Cynddylan Jones (who was we believe, pastor of chapel which H. Radcliffe patronises) to the effect that several of his friends had invested money with Messrs E. Thomas Radcliffe & Co. and were perfectly satisfied. This was very nice as the Rev. Cynddylan Jones was no doubt, still is a kindly and highly respected minister of the Calvinistic Methodist connection. This recommendation besides in any cases being attached to the prospector was also inserted in a Welsh newspaper, circulating in North Wales where the Calvinistic Methodists are very strong. As a larger proportion of the shareholders of the* Anne Thomas *reside in North Wales, the revised gentleman's 'testimonial' apparently carried weight with it. We don't know of course that he had any particular motive in going out of his way to recommend ship owning, so presume that in doing so he only desired*

to do what he could to promote the welfare of his flock: but under any circumstances he deserved to be appointed Chaplain to the Fleet, that is presuming the fleet required a Chaplain.'

Yr hyn oedd yn symbylu Cynddylan oedd nid iechyd ysbrydol ei gynulleidfa, ond y ffaith fod y gweinidog huawdl yn derbyn 2 y cant o holl elw'r nifer o gwmnïau llongau unigol a oedd dan ymbarél y cwmni – swm sylweddol iawn, gan gofio fod y cwmni yn berchen 15 llong o fewn deng mlynedd i'w sefydlu. Erbyn 1889, roedd y parchedig yn anfodlon ar ei fyd a cheisiodd hawlio dwy siâr ymhob llong. Gwrthodwyd ei gais a trodd pethau yn eithaf diflas gyda Cynddylan yn plannu'r syniad ymysg cyfranddalwyr o ogledd Cymru (mae'n debyg pan oedd ar un o deithiau pregethu mynych) nad oeddent yn derbyn yr incwm a ddylent. Gydag erthyglau llym yn *Y Genedl* a chyfarfodydd cyhoeddus mewn lleoedd fel Llanrwst, aeth pethau'n gythryblus. Gyda marwolaeth Evan Thomas yn 1891 gwnaed ymgais gan Cynddylan iddo gael ei olynu gan ei frawd Thomas Thomas, ffarmwr o Dolwen, Aberporth, fel Cadeirydd y Cwmni. Ofer fu ymgais Cynddylan i droi'r dŵr i'w felin ei hun ond tan lywyddiaeth y ddau frawd Henry a Daniel Radcliffe bu'r cwmni yn un o'r mwyaf llewyrchus a welwyd erioed yn ne Cymru.

Er i'r rheilffordd a gwell ffyrdd yn gyffredinol ladd llawer o'r fasnach fôr tua diwedd yr 19eg ganrif, roedd amryw o gwmnïau llongau yn dal i fasnachu o hyd i'r ganrif olynol. Y mwyaf nodedig efallai oedd y cwmnïau a oedd yn dal i gario pob math o lwyth i borthladdoedd diarffordd y wlad. Er enghraifft, er fod oes euraid porthladd Caernarfon drosodd erbyn 1900, penderfynodd pum groser yn y dref yn 1893 sefydlu y *Carnarvon and Liverpool Steamship Co.* Yn gyntaf cafwyd y stemar fechan yr *Ibis* ac yna'r *S.S. Christianna.* Roedd y cwmni yn cystadlu â'r *Liverpool, Carnarvon and Menai Straits Steamship Co* a'i llong y *Prince Jaja* cyn uno yn 1901.

Ar waethaf pob cystadleuaeth, parhaodd rhai cwmnïau i weithio tan y 1930au. Er enghraifft roedd James Davies o Aberteifi yn rhedeg ei long fechan yr *S.S. Teifi* a Capten John Davies, Maesteg, Borth, Ceredigion yn rhedeg y *Plas Dinam* nes ei ddryllio yng Nghanada a'r *Therese* a ddiweddodd ei hanes ar draeth

Goodwin. Efallai mai'r olaf o berchnogion-capteniaid Cymru oedd John George Trefin yn Sir Benfro a redai yr *S.S. Ben Rein* ar hyd arfordir Cymru tan 1936.

Masnach

Er fod gan Gymru nifer o borthladdoedd yn yr Oesoedd Canol, creadigaeth estroniaid a goncwerodd Gymru oedd y rhan fwyaf o'r rhain. Estroniaid hefyd oedd y rhan fwyaf o forwyr a hwyliai'r glannau oherwydd nid oedd Cymro yr Oesoedd Canol yn fawr o forwr ac roedd yn anabl i hwylio ymhell o'r lan. Glanfeydd yn gysylltiedig â choncwest y Norman oedd y rhan fwyaf o borthladdoedd Cymru a thyfodd y porthladdoedd yng nghysgod cestyll. Er enghraifft yn y gorllewin, prif borthladdoedd Bae Caerfyrddin oedd Cydweli, Caerfyrddin, Talacharn ac yn enwedig Dinbych-y-pysgod – porthladdoedd a ddaeth i fod yn y lle cyntaf i ateb gofynion preswylwyr y castell. O fewn amser datblygwyd masnach fôr o'r trefydd canoloesol hyn gyda gwlân a chrwyn anifeiliaid yn arbennig yn cael eu hallforio yn enwedig i Ffrainc a Sbaen a gwin a ffrwythau yn cael eu mewnforio. Gyda datblygiad pysgodfeydd yr oedd tipyn o brysurdeb yn hen borthladdoedd yr Oesoedd Canol a marsiandwyr y bwrdeistrefi yn ennill tipyn o elw o'r fasnach fôr.

Yr oedd tipyn o fasnach fôr heblaw masnach y cestyll yn bodoli yng Nghymru yn yr Oesoedd Canol gyda sawl traeth diarffordd yn lanfa i longau o rannau eraill. Ym Môr Hafren, er enghraifft, roedd llongau o Fryste, Gwlad yr Haf a Dyfnaint yn ymweld yn gyson â'r rhanbarth ac roedd glanfeydd ar lannau afonydd megis yng Nghaerllion-ar-Wysg, a Chas-gwent-ar-Wy, oedd yn borthladdoedd digon pwysig ac yn dosbarthu pob math o nwyddau i gefn gwlad eang. Ym Morgannwg roedd glanfa ger y castell ar afon Taf yng Nghaerdydd ac ar arfordir Bro Morgannwg megis y Barri, Sili, Aberddawan ac Ogwr. Mewn llongau o orllewin Lloegr, byddai pob math o ddefnyddiau o win i frics coch yn cyrraedd y traethau agosaf a chynnyrch amaeth yn arbennig yn cael ei allforio. Roedd y porthladdoedd cyntefig hyn yn hollol anaddas i allforio glo a haearn a ddaeth mor bwysig yn hanes economaidd Cymru yn ddiweddarach.

Digon peryglus i forwyr oedd arfordir Penfro a Bae Ceredigion oherwydd cyn pasio'r Ddeddf Uno yn 1568, pan wnaed ymgais i wella'r sefyllfa, roedd môr-ladron yn rhemp yn y rhanbarth a llongau o bob math mewn perygl o gael eu hysbeilio. Er hynny, tan tua diwedd yr 17eg ganrif roedd pysgota – yn enwedig am ysgadan – yn hynod bwysig yn y gorllewin. Yn 1565, dywedodd Comisiwn Brenhinol a ddaeth i orllewin Cymru i wneud astudiaeth o adnoddau morwrol y rhanbarth:

> *'they possessed no ships barks or vessels of any kind but certain fisher boats of the burthen of 4 or 5 tons at the most and these maintained by poor fishermen for the only use and exercise of fishing.'*

Mae'n debyg mai pysgotwyr a ffermwyr rhan amser oedd yn gyfrifol am sgadana o ddechrau Medi i ganol Rhagfyr bob blwyddyn. Heblaw am y pysgod a werthwyd yn lleol, daeth allforio sgadan coch a sgadan hallt yn bwysig iawn. Llongau Gwyddelig oedd yn bennaf gyfrifol am yr allforion ac o Abergwaun yn y de i Aberystwyth ac Aberdyfi yn y gogledd, roedd llongau o Ddulyn a Wexford a phorthladdoedd Gwyddelig eraill yn ymwelwyr cyson. Roedd yn rhaid mewnforio y rhan fwyaf o angenrheidiau pysgota hefyd: yn gasgiau a rhwydi ac yn sicr halen. Gan fod halen yn dipyn rhatach yn Iwerddon nac yng Nghymru roedd halen yn un o'r nwyddau mwyaf pwysig a chyffredin i'w smyglo liw nos i draethau'r gorllewin. Yn Awst 1704, er enghraifft, ceir adroddiad mewn papur lleol am:

> *'The Aberdovey Customs Officers suspecting an iminent lending of contraband salt went to New Quay at 3 a.m. to find that three boats full of salt near the shore and above a hundred and fifty men and two hundred horses on the shore ready to carry it away.'*

Roedd halen mor hanfodol i bysgotwr ac amaethwr ac yn ogystal â halen o Iwerddon, roedd llawer ohono yn dod o Swydd Gaerhirfryn a Swydd Gaer yn enwedig i borthladdoedd i'r gogledd o Aberystwyth.

Ymsefydlodd amryw o wŷr busnes o Iwerddon yng Nghymru. Er enghraifft, daeth Patrick Brown – a ddaeth yn un o berchnogion llongau ardal Aberteifi – o'r Ynys Werdd gan briodi merch fferm enwog Mabws Fawr ger Tyddewi a sefydlu busnes newydd yn nhref Aberteifi.

Erbyn tua chanol y 18fed ganrif er hynny, roedd y Cymro yn

dechrau gwlychu'i draed ac yn cymryd diddordeb yn y fasnach fôr a oedd tan hynny yn fonopoli estroniaid. Roedd y Cymro wedi cyrraedd fel morwr a nifer cynyddol o longau Cymreig yn hwylio'r glannau. Yn y gogledd, roedd arfordir hir y rhanbarth yn dibynnu ar longau o Lerpwl, glannau Dyfrdwy a Fleetwood a phorthladdoedd eraill yng ngogledd-orllewin Lloegr am fasnach a phrin oedd y morwr Cymreig tan y 18fed ganrif. Y ganrif honno a welodd wir sefydlu'r traddodiad morwriaethol a ddaeth mor bwysig ym mywyd ardaloedd a threfi a pentrefi glan môr o aber afon Gwy yn y de i aber afon Dyfrdwy yn y gogledd. Roedd y gweithgarwch hollbwysig hwn yn ei anterth yn y 19eg ganrif pan oedd morwyr o Gymru a llongau o Gymru yn hwylio i bob rhan o'r byd. Roedd eu cyfraniad hwy i gyfoeth ein traddodiadau a'n personoliaeth fel cenedl yn amhrisiadwy.

Hwylio'r Glannau

Gyda datblygiadau economaidd a chymdeithasol y 18fed ganrif, datblygodd pentrefi a threfi glan môr yn aruthrol. Yng Ngheredigion, er enghraifft, bu fy hen hen daid, David Jenkins, Plasbach, Penbryn, tyddynnwr a physgotwr rhan amser yn ddigon mentrus i fod yn bartner i adeiladu slŵp fechan, 24 tunnell yn 1777 nepell o draeth agored Penbryn – y llong *Blessing* – a'i hwylio i Iwerddon gyda sgadan hallt a chasgenni o fenyn. Yn nhref Wicklow y cafodd wraig – fy hen hen nain – Hannah Christmas. Am beth amser roedd yn amaethu rhyw dyddyn bychan yn pysgota ac yn hwylio i Iwerddon. I'w fab Joseph (1820-1904), nid oedd gwaith ar y tir o ddim diddordeb o gwbl – morwr llawn amser fu ef trwy ei oes hir. 'Porthladd' Llangrannog fu ei gartref ef o tua 1850 ymlaen ac yno mi fagodd bedwar o fechgyn a thair merch. Morwyr oedd y meibion a morwr oedd gŵr un o'r merched. Trasiedi oedd bywyd i'r teulu a ddibynnai ar y môr am fywoliaeth:

John (1852-1885) a foddodd ger Rio de Janeiro
James (1853-1887) a foddodd ar fordaith o Java i Queenstown.
Joseph (1855-1893) a foddodd ger Ynysoedd y Scilly ar fordaith o Valparaiso i Gaerdydd.
David (1850-1894). Bu farw yn Llangrannog.

Wrth gwrs hwylio, ar led oedd meibion Joseph Jenkins, yn crwydro'r byd mewn llongau cymharol fawr, llawer ohonynt ym mherchnogaeth perchnogion llongau Ceinewydd.

Cyn tua chanol y 19eg ganrif – er fod yna dipyn o drafnidiaeth rhwng Cymru a chyfandir Ewrop, America a gweddill y byd – hwylio'r glannau oedd prif alwedigaeth morwyr Cymru. Byddai angenrheidiau bywyd i gymunedau glan môr yn cyrraedd y traethau mewn llongau bychain, llawer ohonynt o wneuthuriad lleol a oedd wedi'u cynllunio yn y fath fodd i allu eistedd yn fflat ar dywod traeth agored. Gyda chriw o feistr, mêt a hogyn, roedd pob angen cymdeithas glan môr yn cael ei gario mewn cannoedd o longau bychain. Dôi calch â gwrtaith i'r tir, llechi a briciau, tanwydd a defnyddiau adeiladu i'r porthladdoedd a chynnyrch lleol o fferm a chwarel yn cael eu hallforio. Gyda threiglad amser daeth morwyr Cymru yn fwy mentrus ac roedd porthladdoedd Ffrainc, Sbaen a Môr y Canoldir o fewn cyrraedd y sgwner a oedd yn dod yn fwy poblogaidd bob dydd ymysg marsiandwyr Cymru.

Gyda threiglad y blynyddoedd, roedd gwasanaethau rheolaidd i bobl ynghyd â defnyddiau wedi ei sefydlu mewn llawer rhan o'r wlad. I ogledd Cymru, dôi llongau o Lerpwl a Sir Gaerhirfryn i redeg yn rheolaidd i borthladdoedd y gogledd. O borthladdoedd Bae Ceredigion fel Aberystwyth ac Aberdyfi ac Aberaeron roedd gwasanaeth rheolaidd â Lerpwl a phorthladdoedd yn yr Iwerddon tra oedd gwasanaeth rheolaidd o borthladdoedd Penfro a Sir Gâr â Bryste a Llundain.

Roedd llawer o'r porthladdoedd bychain yn allforio cynnyrch y rhanbarth – er, mewn rhan helaeth o Gymru, roedd mewnforio yn llawer mwy pwysig na'r allforio. O borthladdoedd Cymru yn nyddiau'r llongau hwyliau bychain roedd amryw o borthladdoedd yn borthladdoedd allforio tra phwysig, er enghraifft: porthladdoedd bychan De Penfro a Bae Caerfyrddin fel Hook a Phem-bre oedd yn allforio cwlwm, sef glo caled wedi ei gymysgu â chlai a oedd yn brif danwydd cartrefi gorllewin Cymru mor bell i'r gogledd ag Aberaeron. Yn Ne Penfro hefyd yr oedd porthladdoedd fel Lydstep, Stackpole a'r Ynys Bŷr yn allforio cerrig calch i'w llosgi yn yr odynau calch a oedd i'w gweld ar hyd holl arfordir Cymru. Ar arfordir gorllewin Penfro roedd porthladdoedd fel Porth-gain yn arbennig wedi ei ddatblygu i allforio gwenithfaen Abereiddi. Wrth gwrs, roedd porthladdoedd Môr Hafren yn allforio glo ymhell cyn datblygiadau syfrdanol yr ail hanner o'r 19eg ganrif tra bod nifer o borthladdoedd wedi eu datblygu yn arbennig i allforio cynnyrch lleol yn y gogledd hefyd. Er enghraifft, roedd datblygiad y Bermo ynghlwm wrth ddiwydiant gwlân Meirionnydd tra oedd llechi yn cael eu hallforio o borthladdoedd arbennig megis Porthmadog, Caernarfon, y Felinheli a Bangor a chopr o Amlwch.

Hwylio ar Led

Yn raddol, gyda'r rhwydwaith o reilffyrdd yn cyrraedd hyd yn oed y mwyaf anghysbell o ardaloedd glan môr Cymru, lleihaodd y galw am y llongau bychain a ddôi ag angenrheidiau bywyd i rannau helaeth o'r cymunedau arfordirol. Diflannodd llawer o'r slwpiau a'r sgwneri a oedd mor gyffredin ymhob rhan o Gymru: rhoddodd nifer o feistri llongau bychain a'u perchnogion y gorau i'w busnes. Yn wir, os oedd y morwyr a'r perchnogion i barhau, roedd yn rhaid ehangu eu diddordeb o arfordir Prydain a Gorllewin Ewrop i bob rhan o'r byd. Yn awr, roedd yn rhaid prynu llongau mwy o faint a fedrai hwylio i bellafoedd daear, a chyda threiglad amser darganfuwyd ei bod yn rhatach i brynu llongau hwyliau mawr o rannau eraill yn enwedig o lannau'r St Lawrence, New England ac Ynys Prince Edward yng Ngogledd America.

Er enghraifft, roedd gan Geinewydd nifer o'r llongau hyn yn y blynyddoedd rhwng tua 1865 ac 1880:

Ann Ramsey, Barc 407 tunnell. Adeiladwyd Quebec 1863.
Susannah Kemp, Brig 178 tunnell. Adeiladwyd Prince Edward Island (Pei) 1863.

Walter I. Cummins, Brig, 144 tunnell. Adeiladwyd New Brunswick 1865.

Derby, Brig, 257 tunnell. Adeiladwyd PEI 1868.

Resolven, Brig, 143 tunnell. Adeiladwyd PEI 1873.

Adela S. Hills, Barc 463 tunnell. Adeiladwyd Rockland Virginia.

Maggie Cummins, Brig 293 tunnell. Adeiladwyd PEI 1873.

Pearl, Brigantin, 145 tunnell. Adeiladwyd PEI 1875.

Adriene, Brigantin, 145 tunnell. Adeiladwyd PEI 1875.

Lynwood, Brigantin, 175 tunnell. Adeiladwyd PEI 1875.

Raymond, Brigantin, 188 tunnell. Adeiladwyd PEI 1876.

Hero, Barc, 369 tunnell. Adeiladwyd PEI 1876.

Er na ymwelodd un o'r llongau hwyliau mawrion hyn â phorthladdoedd eu perchnogion ym mhentrefi gorllewin a gogledd Cymru, roedd swyddfeydd y cwmnïau yn dal i fod yn y pentrefi a morwyr o'r rhanbarth fyddai'n gweithio ar y llongau. Er enghraifft, ni adawodd cwmni mawr Davies eu swyddfeydd ym Mhorthaethwy gan drefnu gweinyddiaeth fflyd o longau mawrion yn masnachu dros y byd o'r fan honno. Roedd nifer o hen feistri llongau Ceinewydd yn dal gafael yn gyndyn yn y porthladd hwnnw fel canolfan eu gweithgarwch: pobl fel John Phillips, Y Glyn (teulu a adnabyddid fel *Y Cadnoed*) yn dal i weithio 6 llong sylweddol yn 1875, tra oedd ei gymydog, David Davies, yn rhedeg pedair llong hwyliau fawr. Ymysg y rhain roedd yr *Hetty Elen*, brig 189 tunnell a adeiladwyd yn Llanelli yn 1860. Tan gapteniaeth Capten David Davies o'r Cei a chriw o naw – 7 o'r Cei, un Gwyddel ac un Albanwr – sicrhawyd y llong gan Mr Rae, asiant Dr David Livingstone i gario holl angenrheidiau y cenhadwr a Mrs Livingstone i West Luade ar y Zambezi gan gyrraedd yno ar 8fed Ionawr, 1862. Oddi yno hwyliodd yr *Hetty Elen* i Mauritius i lwytho cargo o siwgr i Fryste.

'Roedd bron pob morwr o Gymro yn oes yr hwyliau,' meddai Aled Eames, 'yn gyfarwydd iawn â rhai porthladdoedd tramor, megis Hamburg ac Antwerp, yn Ewrop; Callao ac Iquique yng ngorllewin De America; San Francisco a Portland Oregon, ac yn sicr Melbourne, Sydney, Adelaide a Newcastle New South Wales.

. . . I forwyr glannau môr Cymru, roedd enwau megis 'Frisco, Portland Oregon, Port Philip Heads, Williamstown, Sydney, y Chinchas a Luboi d'Afuerra, Coquimbo a Cape Horn yn fwy cyfarwydd na Llanbryn-mair neu'r Bala.'

Er fod llawer o longau ail hanner y 19eg ganrif yn fawr ac yn cario llawer o hwyliau, roedd llongau tipyn llai yn crwydro'r moroedd. Ar y mordeithiau pell i Awstralia neu Galiffornia roedd o fantais i farsiandwyr fod llong yn cwblhau ei mordeithiau mor gyflym â phosibl. Dyna, er enghraifft, un o longau cwmni Davies Porthaethwy – y *Merioneth* (1468 tunnell) yn cyrraedd San Francisco o Gaerdydd mewn 96 niwrnod gyda chargo o lo Cymreig yn Ionawr 1889. Capten Robert Thomas o Landwrog oedd y meistr ac roedd nifer helaeth o'r criw o ogledd Cymru. Yn aml iawn, byddai mordaith o Brydain i Galiffornia yn gallu cymryd pum mis. Roedd mordeithiau llongau hwyliau mawr o Awstralia a'r Dwyrain Pell i ddod â gwlân a the yn ôl i Brydain yn enwog ac roedd llongau ym mherchnogaeth Cymry lawn mor bwysig â'r *Cutty Sark* a'r *Thermopylae*. Ceir sôn ymysg eraill am y *City of Melbourne* dan gapteniaeth y Capten Richard Jones o Gaernarfon yn cwblhau mordaith i Awstralia mewn 73 o ddiwrnodau neu'r *Lightning* dan Capten Henry Jones o Borthaethwy yn cwblhau mordaith o Melbourne i Lundain mewn 69 niwrnod. Roedd nifer o gapteniaid o Gymru yn enwog am gyflymdra eu llongau hwyliau ac mae'n bur debyg mai Cymry o gefn gwlad y gogledd oedd nifer helaeth o griwiau llongau fel y *Whirlwind* a'r *Royal Oak*, y *Lightning* a'r *Empress of the Sea*. Fel y dywedodd Alan Villiers, yr awdurdod byd enwog ar longau hwyliau mawr:

'Take all the Lloyd, Llewelyns, Lewises, Hugheses, Davieses, Williamses, Owenses, Jenkinses – or only the Joneses – from the British merchant service and more than half of it would come to a full stop. Considerably more than half the Cape Horn ships would not have sailed.'

Heblaw'r mordeithiau pell lle roedd cyflymdra llongau hwyliau yn holl bwysig, roedd rhai eraill lle nad oedd mor bwysig. Er i longau stêm ddisodli hwyliau erbyn chwarter olaf y 19eg ganrif, parhaodd oes y llongau hwyliau tan o leiaf tan 1916. Lle'r oedd y llongau wedi eu cynllunio i gario llwythi trwm fel glo a mwyn haearn a chopr, nid oedd cyflymdra mor bwysig â hynny. Roedd llawer o'r llongau hynny, fel llongau Abertawe wedi'u hadeiladu mor rhad â phosibl yng Ngogledd America ac roedd colledion mewn llongau o'r fath – yn enwedig pan oeddent yn llwythog gyda mwyn copr o Chile – yn aruthrol o gyffredin ac nid oedd gan longau na pherchnogion llongau Abertawe rhyw enw da. Byddai mwynau o bob math yn cael eu cario o bob rhan o'r byd i ddiwallu anghenion ffwrneisi alcam a dur de Cymru ac yn y fasnach honno y parhaodd y llongau hwyliau hwyaf.

Un fasnach nodedig iawn a gyflogai lawer iawn o longau a morwyr Cymru oedd y fasnach guano o Ynysoedd Chincha ger arfordir Periw yng ngorllewin De America. Roedd galw mawr am y baw adar môr a oedd mor boblogaidd fel gwrtaith ar dir ymhob rhan o Ewrop. Cyflogwyd pobl o Tsieina i dorri'r creigiau a llwytho llongau, a sonnir am fywyd anhygoel o galed y mewnfudwyr hynny dan reolaeth lem perchnogion y chwareli. Gallai llong aros am wythnosau os nad misoedd cyn cael eu llwytho â guano a gadael ar y fordaith beryglus rownd yr Horn. Llefydd afiach dros ben oedd y Chinchas a porthladd Callao. Eto i gyd roedd yn fasnach broffidiol iawn ac nid rhyfedd i deulu Davies Porthaethwy gael eu hadnabod fel 'Teulu Baw Adar' a ddaeth yn gyfoethog trwy gario baw o Periw i Brydain.

Prif borthladd y fasnach guano oedd Callao, a disgrifir y guano fel:

'a strong manure about 20 per cent of the best being ammonia, which caused it to be very strong, so strong indeed that a person could not stay in the hold for more than two or three minutes.

Roedd ei gloddio o derasau uwch y môr yn waith afiach a pheryglus dros ben ac nid rhyfedd fod y Tsieineaid – a oedd i bob pwrpas yn gaethweision – yn anaml iawn yn medru cwblhau contract o saith mlynedd yn ôl y cytundebau. Medd un ysgrifennwr:

'I often saw them getting whipped far worse than a horse is allowed to be whipped in England. Now indeed I have often seen it done out of

bravado and with no earthly need or excuse.
. . . It was pitiful to hear the poor fellows yelling. These gaffers were generally their own countrymen promoted and of course they must show what they excelled in, namely cruelty.'

Heblaw yr aros am amser hir yn yr angorfa mwyaf afiach ac anghysbell, cyfrifid fod angen 90 niwrnod i lwytho pob llong. Nid rhyfedd fod mordaith o Brydain i Callao ac yn ôl yn gallu ymestyn i flwyddyn a rhagor.

Yn ystod y 19eg ganrif roedd un fasnach reolaidd arall o gryn bwys i forwyr Cymru, sef y drafnidiaeth reolaidd o Labrador a Newfoundland i gario pysgod penfras wedi'u halltu a'u sychu i wledydd yn ffinio Môr y Canoldir. Byddai llongau cymharol fychan yn gadael Porthmadog er enghraifft gyda llwyth o lechi i Ganada, ac yna gyda physgod i Sbaen, Portiwgal neu'r Eidal. Dychwelid oddi yno gyda gwin, ffrwythau neu fwyn haearn neu zinc i Brydain cyn croesi eto i Ogledd America.

Llongau Stêm

Parhaodd llongau hwyliau ar fordeithiau pell ond i fordeithiau byrrach lle nad oedd angen ail lwytho llongau gyda thanwydd – y *bunkers* – roedd ager yn disodli hwyliau yn gyflym iawn. Gyda gorsafoedd tanwydd – *coaling stations* – mewn llawer rhan o'r byd, roedd llongau stêm ar gynnydd o tua 1850 ymlaen. Yn Lerpwl, er enghraifft, roedd cwmni Alfred Holt wedi newid i stêm yn yr 1860au ac yng Nghaerdydd daeth llongau stêm yn gyffredin iawn ar ôl tua 1857 pan adeiladwyd llong stêm newydd, y *William Cory* gan y perchennog pyllau glo, John Nixon a'r gŵr o Ddyfnaint, William Cory. O 1870 ymlaen, roedd llongau de Cymru yn allforio glo de Cymru i bob rhan o'r byd. Roedd llawer ohono yn cael ei allforio i'r gorsafoedd tanwydd ar hyd a lled y byd. Erbyn hynny, roedd yn dod yn fwyfwy posibl o ddydd i ddydd i longau stêm fedru hwylio i bellafoedd daear gan fod modd iddynt godi tanwydd mewn porthladdoedd arbennig. Allforiwyd llawer iawn o gynnyrch glofeydd de Cymru i borthladdoedd Môr y Canoldir, i Alexandra a Port Said, i Genoa a Gibraltar, er enghraifft, lle medrai llongau'r Llynges Brydeinig a'r Llynges Fasnach godi tanwydd. Byddai llongau de Cymru yn hwylio mewn balast i'r Môr Du – i Rwmania a'r Crimea a phorthladdoedd fel Odessa a Novorosisk – i lwytho grawn i nifer o borthladdoedd Gorllewin Ewrop yn enwedig Hamburg, Rotterdam ac Antwerp cyn dychwelyd mewn balast i Gaerdydd neu Gasnewydd i lwytho glo unwaith eto. Byddai pob math o ddefnyddiau crai, yn fwynau a choed, yn olew a ffrwythau, yn cael eu mewnforio i borthladdoedd Môr Hafren. Ar ôl y Rhyfel Mawr, daeth porthladdoedd De America yn llawer pwysicach na phorthladdoedd Môr y Canoldir a'r Môr Du yng ngweithgarwch llongau de Cymru. Yn y dauddegau yn enwedig, byddai llongau Cymraeg yn ymweld yn gyson â llefydd fel Buenos Aires a Rosario, Bahia Blanca a Montevideo. Yn nauddegau a thridegau yr 20fed ganrif, roedd llongau Cymru – yn enwedig rhai Caerdydd – yn crwydro i bob rhan o'r byd a chyfrifid Caerdydd fel y pwysicaf o holl borthladdoedd 'llongau tramp' Prydain.

Daeth tro ar fyd ac ychydig iawn yw masnach porthladdoedd Cymru erbyn hyn. Mae Casnewydd yn dal i weithredu. Ychydig o longau a welir yng Nghaerdydd, unwaith y pwysicaf o holl borthladdoedd Prydain. Erbyn hyn, hamdden a mwynhad yw nod Bae Caerdydd, nid allforio miliynau o dunelli o lo gorau Cymru. Mae Penarth, Porth-cawl a Llansawel wedi cau fel porthladdoedd a tawel yw pethau yn y Barri ac Abertawe. I'r gorllewin, dim ond porthladd olew Aberdaugleddau a erys ac heblaw am y fferi i Rosslare ni fyddai dim yn digwydd yn Abergwaun. Yn y gogledd, erys Caergybi fel porthladd fferi pwysig ac heblaw am ychydig weithgarwch ym Mangor ac ychydig mwy yn Mostyn, ychydig iawn o weithgarwch morwrol sydd ar ôl. Y mae traddodiad cannoedd o flynyddoedd ar farw.

Bywyd y Morwr

Yn nyddiau'r llongau hwyliau a grwydrai foroedd y byd, cyfrifid y llongau hynny yn wrthrychau o brydferthwch a rhamant a chyfrifid bywyd y morwyr a hwyliai arnynt yn braf a moethus. Ond y gwir amdani yw mai'r llongau hwyliau, a oedd yn hollbwysig tan chwarter olaf y 19eg ganrif, oedd y mwyaf peryglus o holl ddyfeisiadau trafnidiaeth a fu erioed. Roedd y llongau ar drugaredd y gwyntoedd a cherrynt y moroedd; roedd y mordeithiau yn hir a digysur; y bwyd yn ddiflas ac yn aml iawn yn amwytadwy ac roedd cyflwr bywyd ar y môr cynddrwg â bywyd yn slymiau gwaethaf y dinasoedd. Yn aml iawn, byddai criw llong hwyliau yn byw yn y ffocsl – lle cyfyng dros ben i gadw cwmni i gadwynau rhydlyd a gwlyb yr angorion. Yn y rhan fwyaf o longau, nid oedd bwrdd na chadair yn y ffocsl ac roedd y bwyd yn aml iawn yn warthus heb le i'w fwyta. I gysgu, byddent naill yn defnyddio *hammocks* cynfas neu welyau bwnc pren, un uwchben y llall wedi'u gwasgu i mewn – efallai ugain ohonynt i ofod bychan iawn. Gwellt wedi'i stwffio i fewn i sach gynfas oedd y fatras – y *donkey's breakfast* – a buan oedd hwnnw mewn cyflwr budr ac anghysurus. Mewn pob tywydd roedd yn rhaid dringo'r *rigging*, droedfeddi lawer o'r dec i drimio'r hwyliau. Roedd pob dilledyn a phob twll a chornel yn wlyb ac ni ellir meddwl am fywyd mwy annifyr na bywyd y morwr.

Yn ôl fy nhad, y Capten D.J. Jenkins a aeth i'r môr ar y llong *Foxglove* o Gaerdydd i Valparaiso yn ddeuddeg oed yn 1897 dan gapteniaeth Capt. James Davies (Capten Twba) o Rydlewis:

'Cefais fy nghyflogi fel *cook* a *deckhand* am gyflog o 15 swllt y mis. Roedd unrhyw Tom, Dic a Harri yn cael ei gyflogi fel *cook*. Roeddem yn byw yn y ffocsl ymhen blaen y llong – dim sedd na bwrdd ond *chest* bren dillad i eistedd arni. Yr oedd y bwyd yn brin ac yn ddiflas – bisgedi caled a chig hallt sych. Yn y ffocsl hefyd oedd windlas yr angor a phan fyddai'r llong yn bwrw angor yna yr oedd rhwd coch dros bopeth. Pan fyddent yn codi angor byddai'r holl ffocsl wedi ei orchuddio â mwd. Pan fyddai'r llong wedi angori byddai'r 'hawse pipes' yn agored, a'r dŵr yn llifo i fewn dan y gwelyau. I oleuo'r ffocsl defnyddid *slwsh lamp* sef darn o wick wrth gorcyn yn fflotio mewn padell o baraffin. Ein prif fwyd oedd *bully beef* a *salt pork* a bisgedi *hard tack* yn llawn o *weevils*. Rhoddid i ni chwech peint o ddŵr y dydd ac yr oedd yn rhaid i hwnnw wneud tro i bopeth – i yfed, i olchi a siafio!

Eto i gyd ar waethaf popeth a'r holl beryglon a diflastod a wynebai'r morwyr, roedd bywyd yr heli yn dal i fod yn brif atyniad i fechgyn pentrefi glan môr. Efallai nad oedd llawer o ddewis ganddynt, ac er fod y fasnach forwrol o bentrefi arfordirol Cymru wedi diflannu bron yn gyfangwbl erbyn dechrau'r 20fed ganrif, roedd y môr yn dal i ddenu'r bechgyn ifanc. I ardaloedd fel Ceredigion a Llŷn, roedd bywyd y pentrefi glan môr yn dipyn gwahanol eu cymeriad i bentrefi cefn gwlad. Fel Llangrannog ac Aber-porth yng Ngheredigion, Nefyn ac Aberdaron yn Llŷn a Moelfre ac Amlwch ym Môn, y môr a'i longau oedd prif ddiddordeb y trigolion. Yn Llangrannog, er enghraifft, lle'r oedd 90 y cant o ddynion y pentref yn forwyr ar droad yr ugeinfed ganrif, derbynid *Lloyd's List* y papur newydd a nodai symudiadau llongau dros y byd yn gyson a byddai gwragedd morwyr a thrigolion y pentref yn ei ddarllen yn ddyddiol yn y sied glan môr a weithredai fel y Swyddfa Longau *(y Shipping Office)*. Pobl yn edrych allan i'r byd oedd trigolion y pentrefi glan môr.

Er i longau ager ddisodli yr hen longau hwyliau ar foroedd y byd yn ail hanner y bedwaredd ganrif ar bymtheg a blynyddoedd cynnar yr ugeinfed ganrif, roedd y môr yn dal i ddenu nifer helaeth o fechgyn pentrefi glan môr. Erbyn hyn y porthladdoedd mawrion – Caerdydd a Lerpwl, Castell Newydd a Glasgow, Southampton o Bryste oedd prif atyniad morwyr Cymru. Gallai llong sylweddol o Gaerdydd gario criw cyfan yn hanu o un pentref yng ngorllewin Cymru. Yr arferiad oedd i nifer o ddynion o'r un pentref weithredu fel aelodau criw llong dan gapteniaeth capten o'r pentref. Pan fyddai'r capten arbennig hwnnw yn newid ei long, byddai cyfran helaeth o'r criw yn ei ddilyn.

Cyhyd a bod morwriaeth yn bwysig i gymunedau glan môr Cymru, roedd yna sefydlogrwydd yn y boblogaeth. Ni welodd y pentrefi hynny y diboblogi a gysylltir â bywyd cefn gwlad yn y cyfnod cyn 1914 oherwydd roedd y rhan fwyaf o'r morwyr yn dal i gynnal eu cartrefi yn eu hardaloedd genedigol, er mai gwragedd a welid fwyaf ar unrhyw bryd yn y pentrefi hynny.

Er fod y llongau stêm wedi disodli'r hen longau hwyliau erbyn dechrau'r ugeinfed ganrif, ni fu llawer o newid ym mywyd y morwr. Roedd y criw yn dal i fyw yn y ffocsl; ac hyd yn oed mor ddiweddar â 1939 nid oedd un math o gysgod ar bont y llongau – *open bridge* oedd yn arferol. Yn aml iawn nid oedd un math o rewgell ar long a dibynnai'r criw ar gig hallt a *hard tack* fel cynt. Yn ôl tystiolaeth un meistr ar un o longau Caerdydd (Capt. W.B. Thomas) a ddechreuodd fel prentis ar un o longau Evan Thomas Radcliffe – y *Vera Radcliffe* ym 1932:

'*Our accommodation amidships was divided into a sleeping room and a mess room. We slept in iron bunks upon straw mattresses – donkey's breakfasts and straw filled pillows. Rough, army type blankets covered us during the short spells we were allowed to sleep. In the tropics we slept in hammocks on the poop. The hammocks were used because our accommodation had no cooling system, not even a fan. In any case when in port after 6 p.m. there was no electric power or light as the generator was shut down to save paying the Donkey Man overtime. We then lit up our oil lamps which swung in brass gimbels.*

We were paid £40 a year: overtime was often worked but never paid for. We were on a starvation diet and as soon as the contents of the communal ice chest on deck thawed in the tropics our only fresh meat was 'weevil' picked out of our morning 'burgoo' (sort of porridge). Our staple diet then became salted beef and pork which were quite tasty and a welcome relief from the rotting remains of so called fresh meat which the steward tried to serve us. Coffee, well laced with chicory and sweetened with molasses. Fresh bread served alternatively with hard biscuits. When the butter ran out we were supplied with beef dripping. We were issued with one tin per man per week of condensed milk. Instead of removing the lids we punched two holes in them in a vain bid to keep cockroaches out. As we blew into one hole the milk emerged from the other accompanied by cockroach corpses swollen to bursting point with milk. During 'salt tack days'

*we collected a mug full of lime juice said to prevent scurvy. Fresh
water was drunk twice a day from the gallery pump after the mate had
removed the padlock and chain from its handle. I can not say that few
hard times did me any harm.'*

Daeth tro ar fyd a bellach nid yw'r môr yn denu ond yr ychydig
o drigolion y pentrefi glan môr ac o fewn llai na hanner can
mlynedd mae yna draddodiad wedi marw a morwyr yn brinach
nac erioed.

Medd un gohebydd (David Loshak):

*'The bracing sting of salt and spume: the exhilaration of pitting wits
against the treacheries of currents, winds and waves. Our latter day
Magellans sit remote above the swells, capsuled in double glazed
security, cosseted by automatic navigation aids and perhaps misled by
them, for they lack the true visual perspective and are deaf to the
living sounds of the heaving ocean. It is the atmosphere of boredom,
unreality, distorted perception, lack of mental stimulus the worst
possible recipe for men to whom life-preserving adrenalin needs to
course.'*

Bellach, bychan iawn mewn pwysigrwydd yw llynges fasnach
Prydain; mae'r nifer o longau sy'n cario baner goch llongau
masnach Prydeinig wedi crebachu yn enfawr ac mae gan yr holl
lynges lai o longau heddiw nac oedd gan Gaerdydd yn unig yn
1900. Bryd hynny roedd gan Gymru nifer fawr o berchnogion
llongau; heddiw dim ond dau gwmni sy'n bodoli, a'r ddau
hwnnw yng Nghaerdydd yn rhedeg llai na dwsin o longau nad
ydynt byth yn ymweld â Chymru. I raddau helaeth, ni ŵyr neb pa
gwmni cyd-genedlaethol sy'n rheoli masnach Prydain nac i ble
mae elw trafnidiaeth yn mynd. Mae llongau sy'n cario baneri
Liberia a Honduras, Taiwan a Hong Kong i'w gweld dros y byd, a
gall criw o unrhyw long ddod o nifer o wledydd o'r Phillipines i
India ond ychydig iawn fyddai yn cynrychioli ein gwlad ni, ac –
fel yn yr Oesoedd Canol nid yw'r Cymro yn fawr o forwr.

Yn y gorffennol pan oedd llewyrch ar fasnach a llongau yn
niferus ar y cefnfor, cyfrifid y morwr – efallai yn annheg – fel
person ychydig yn anghyfrifol ac anystywallt, yn cymryd mantais
o'r holl bleserau a baratowyd iddo ym mhorthladdoedd y byd.

Yn sicr cyfrifid Butetown – neu Tiger Bay – yng Nghaerdydd ar yr un lefel â Scotland Road yn Lerpwl ac ardaloedd mwyaf amheus porthladdoedd fel San Fransisco, Buenos Aires ac Hamburg. Os oedd bywyd yn galed ar y môr a'r mordeithiau yn hir, nid oedd yn rhyfedd fod morwyr – a Chymry yn eu mysg – yn cymryd mantais o'r pleserau digymysg a gynigiwyd gan y porthladdoedd mawr. Yn oes euraid morwriaeth, rhwng tua 1860 a 1946, cyfrifid Caerdydd yn borthladd hawdd i ffeindio llong ynddo, gymaint oedd y drafnidiaeth. Roedd cyfran helaeth o'r llongau a ddôi i'r porthladd o Antwerp, Rotterdam neu Hamburg yn dod yno mewn balast ac yn arferol, talwyd y cyflogau dyledus i'r morwyr ar ddiwedd mordaith yng Nghaerdydd. Yno, o fewn rhyw filltir i'r dociau, roedd miloedd o forwyr sychedig gydag arian yn eu pocedi yn barod i wario:

> 'Cardiff is the most undesirable port in the world,' medd un sylwebydd, 'the dumping ground of Europe. On the waterfront a variety of land sharks, land rats and other vermin which made the hapless mariner their prey; in the shape of bar keepers, landlords, clothiers, prostitutes and boarding house keepers. Land sharks devoured him limb from limb, while the land rats constantly nibbled at his purse.

Ar y cyfan, anaml iawn y byddai'r rhelyw o'r morwyr yn crwydro allan o Butetown. Yno yn Tiger Bay roedd dros drigain o dafarndai o'r parchus fel y *Big Windsor* a'r *Dowlais* i'r gwaelodion megis y *Rothesay Castle (House of Blazes)* a'r *Little Windsor* (y *Snake Pit*). Sonia un gohebydd am y *Rothesay Castle*:

> 'At the House of Blazes there was a bar on street level and underneath was a dive they called the Rat Pit. It was one of those places you could knock at the door at any time and get a drink. Next door was an Arab boarding house. You used to be able to go in there and pay a fixed sum to enter the card game. ... There was a card game going twenty four hours a day, seven days a week.'

Neu dyna dafarn y *Packet*:

> 'It consisted of one large room. In the middle stood two large ladies of indeterminate age. They dressed in black and they organised all the

activities of the ladies of the night. It was a dark gloomy cavern and
you could hardly see the end of it, it was so dark.

Fel heddiw roedd yn Tiger Bay nifer fawr o dai bwyta; rhai fel y
Big Windsor a'r *Dominion* yn enwog am fwyd, eraill fel y *Star of*
India yn gwerthu popeth ond bwyd. Medd un gohebydd:

> 'Louis Fenwick's Star of India *was called a café, but it was not, it was*
> *a brothel. There used to be an old iron bogie in the middle of the floor,*
> *and all the girls would be sitting round it, drinking. If you wanted to*
> *take one of the girls you took her upstairs. Café? All they had in the*
> *window of the* Star of India *was a couple of jars of old sandwiches.*
> *Louis never sold a sandwich in his whole life.'*

Lle peryglus ar y naw oedd yr hen Butetown. Os byddai llong
yn brin o griw, roedd yna bobl – y *Crimps* – a fyddai'n barod i
ffeindio criw trwy gasglu meddwon, efallai trwy eu curo ar eu
pennau a'u cario i'r llongau. Byddai nifer o forwyr yn deffro a
darganfod eu hunain ar long ddieithr ynghanol Bae Biscay ar eu
ffordd i Valparaiso neu Fremantle a hwythau wedi cael prin amser
yng Nghaerdydd i flasu pleserau'r ddinas.

Wrth gwrs, roedd yna ochr arall i Butetown fel pob tre
borthladd arall – roedd yno berchnogion llongau, a gwŷr busnes o
bob math; cigyddion fel y Mri. Clode a Patterson; marsiandwyr –
Ship Chandlers fel Cravos, Frazer ac Evan Hughes; diwydianwyr o
bob math yn cynhyrchu popeth o angorion a chadwynau i
hwyliau a thanwydd. Yno hefyd roedd pob math o westy a siopau
yn ateb gofynion y morwyr. Yr enwocaf o'r rhain oedd George
Jones (Jones y Goat), brodor o ardal Llanddowror yn Sir
Gaerfyrddin a redai siop yn Bute Street. Roedd Jones y Goat yn
gapelwr selog ac yn un o'r Seiri Rhyddion mwyaf brwdfrydig. Yn
ogystal â gwerthu pob math o bethau i'r morwyr – o ddillad ac
esgidiau i raffau a llestri, roedd Jones hefyd yn barod iawn i
ganfod criw i unrhyw feistr llong a alwai am ei gymorth. Gwyddai
pwy oedd adref ar wyliau ac yn barod i ddychwelyd i'r môr; yn
wir yr oedd gwybodaeth Jones mor drylwyr fel y'i gelwid yn
Welsh Consul. Roedd hefyd yn ddigon parod i weithredu fel
benthyciwr arian i forwyr. Pan fyddai morwr yn llofnodi cytundeb
ar long arbennig byddai'n derbyn cytundeb a enwyd yn *Advance*

Note oedd yn cytuno i dalu'r morwr ar ddiwedd mordaith. Roedd Jones yn barod i newid y cytundebau hyn gan dalu 17 swllt a 6 cheiniog yn y bunt am y gwasanaeth.

Daeth newid mawr i ardal dociau Caerdydd a bellach mae Tiger Bay a Butetown wedi mynd yn Cardiff Bay, yn barchus, yn lân a chymen ond eto heb gymeriad lliwgar yr hen ddyddiau.

Wrth gwrs, roedd gan bob porthladd arall ei '*Sailortown*' fel Caerdydd. Roedd Port Tennant Road yn Abertawe a Dock Street yng Nghasnewydd a hyd yn oed ardaloedd yn Noc Penfro a Chaernarfon, Aberteifi a Phorthmadog oedd â'u tafarndai a chlybiau yn ateb gofynion morwyr am gyfleusterau i fwynhau bywyd ar y lan.

Ond yn sicr, nid yw'r darlun poblogaidd o forwyr y gorffennol – y gweithwyr caled a'r mordeithiau hir a gymerai fantais o gyfleusterau amheus porthladdoedd y byd – bob amser yn gywir. Nid *Jolly Tars* oeddent i gyd yn gwario eu holl bres mewn diwrnod neu ddau o loddesta mewn '*Sailortown*'. Yn nyddiaduron morwyr yn enwedig o orllewin a gogledd Cymru, ceir sôn am forwyr dirwestol a duwiol yn cynnal Ysgol Gân ar fwrdd llong ym mhellafoedd byd. Roedd y Capten Ben Jenkins o Langrannog, er enghraifft, yn trosglwyddo harmoniwm fechan o long i long er mwyn cyfeilio i'r ysgol gân a gynhelid yn gyson ar y llongau yr oedd yn feistr arnynt. Byddai un saer coed o Aberteifi ar longau Evan Thomas Radcliffe yn prynu nifer o esboniadau Beiblaidd ar y maes llafur a fyddid yn astudio yn Ysgolion Sul Cymru, ac yn wythnosol byddai Ysgol Sul ar fwrdd llong yn gywir fel yn y Tabernacl, Aberteifi. O 241 aelod o'r Hen Gapel, Aber-porth yn 1902 roedd 27 o gapteniaid yn aelodau a 5 o'r 11 o flaenoriaid oedd yno yn gapten llong. Neu dyna'r Capten Thomas Williams o Gasnewydd yn gwrthod hwylio ei long ar y Sul a rhoddai adnod i bob aelod o'r criw i'w ddysgu bob dydd. Ar y Sul roedd yn rhaid eu hadrodd yn gyhoeddus hyd yn oed os oedd y llong ynghanol y Môr Tawel.

Nid oedd bywyd y morwr yn un hawdd ac mor ddiweddar â 1939 yr oedd damweiniau angheuol ar y môr gymaint â thair gwaith y nifer yn holl byllau glo Cymru. Isel iawn oedd safon y bwyd ar nifer ohonynt a hyd yn oed yn 1958 yr oedd un cwmni llongau o Gaerdydd yn pennu 1 swllt a 4 ceiniog y pen y dydd i ddiwallu anghenion y criw.

Er fod prentisiaeth yn ddigon cyffredin ar longau hwyliau ac ager a hwyliai ar led, cyfran fechan iawn o forwyr a ddringodd i ris uchaf eu galwedigaeth ar ôl dechrau eu gyrfaoedd fel prentisiaid. Y dull arferol i hogyn oedd â'i fryd ar forwriaeth oedd gwasanaethu fel *'deckboy'* neu *'cabin boy'* cyn cymryd swydd morwr cyffredin *(ordinary seaman)*. Disgrifid hyn fel mynd 'o flaen mast'. Wedi peth profiad gellid cael uwchraddiad i *'able bodied seaman'*. I rai, ar ôl pedair blynedd o wasanaeth, gellid mynd i goleg – efallai yng Nghaerdydd neu Lerpwl i ennill tystysgrif 'ail fêt'. Yna, ar ôl rhagor o wasanaeth, gellid eistedd arholiad 'prif fêt' ac yna 'feistr'. Heblaw swyddogion, roedd llongau yn cario nifer o arbenigwyr – seiri coed a gwneuthurwyr hwyliau a chowperiaid. Isel oedd tâl y morwyr. Er enghraifft, 15 swllt y mis oedd cyflog fy nhad (Capten D.J. Jenkins) pan aeth i'r môr yn 1897; tipyn gwell na thâl ei frawd (Capten John Jenkins) a aeth i'r môr bedair mlynedd ynghynt am gyflog o 10 swllt y mis. Roedd hynny hyd yn oed yn well na chyflog eu hewythr (Capten Elias Evans) a aeth i'r môr ar un o longau hwylio Ceinewydd yng Ngheredigion am gyflog o 7 swllt a chwe cheiniog y mis. Wrth gwrs, dim ond naw oed oedd Elias pan aeth ar ei fordaith gyntaf o Ynys Lochtyn ger Llangrannog i Lourenco Marquess yn Nwyrain Affrica.

Tan dechrau'r ugeinfed ganrif, nid oedd yn anarferol yn rhai o ysgolion cynradd glan môr Cymru i ddysgu morwriaeth fel rhan o gwricwlwm yr ysgol. Byddai rhai morwyr, rhwng mordeithiau, yn aml iawn yn mynychu dosbarthiadau o'r fath. Ymhob pentref a thre sylweddol ar yr arfordir, ceid ysgolion morwriaeth, lawer ohonynt yng ngofal gwragedd. Yn Llangrannog a Cheinewydd, Porthmadog a Chaernarfon roedd gwragedd grymus yn cynnal ysgolion morwriaeth a gwragedd fel Miss Sarah Jane Rees *(Cranogwen)* yn Llangrannog a Mrs Ellen Edwards yng Nghaernarfon yn enwog fel hyfforddwyr morwyr.

Ar waethaf y rhamant, rhaid cofio nad ysblander yr *'ocean liner'* a geid ar fwrdd y llongau hwyliau na'r llongau ager masnach. Araf iawn oedd y stemar dramp yn hwylio dros y byd, eto i gyd roedd y byd yn dibynnu arnynt a'r dynion oedd yn eu hwylio.

Er i'r llong hwyliau olaf hwylio dros y gorwel o borthladdoedd a thraethau gorllewin a gogledd Cymru cyn troad y 19eg ganrif, ni fu farw'r traddodiad o fynd i'r môr. Erbyn hyn porthladdoedd mawr y deyrnas oedd y prif atyniad – Caerdydd yn fwyaf arbennig i forwyr y gorllewin a Lerpwl i forwyr y gogledd. Roedd rhai porthladdoedd eraill fel Bryste, Newcastle-on-Tyne a Glasgow yn atyniad i lawer. Yr oedd perchnogion llongau ager y porthladdoedd mawr yn ffafriol iawn i forwyr o gefn gwlad Cymru; gwyddent sut i drafod llong mewn sefyllfaoedd cyfyng ac anodd arfordir garw.

O'r 15 llong ym mherchnogaeth Evan Thomas (brodor o Aber-porth yng Ngheredigion) a'i bartner Henry Radcliffe (brodor o Ferthyr Tudful) roedd 12 o'r meistri o dde Ceredigion a gogledd Penfro yn 1890. Roedd nifer helaeth o griw pob llong o'r un rhanbarth. Roedd llongau Lerpwl hefyd â'u perchnogaeth yn hanu o ogledd Cymru yn cyflogi nifer fawr o griwiau llongau o ogledd Cymru.

Cymraeg oedd iaith gyntaf ar fwrdd llawer i long a dywedir fod un neu ddau daniwr croenddu o ardal Bute yng Nghaerdydd yn medru sgwrsio yn y Gymraeg.

Smyglwyr a Môr-ladron

Gyda'r holl weithgarwch ar hyd arfordir Cymru, nid oedd pawb mor onest ac y dylent fod. Ceir sôn am drigolion glannau Bae Caerfyrddin yn ceisio denu llongau i ddistryw yn ardal Pen-bre a Phorth Tywyn, trwy gynnau golau uwchben y môr. Wedi i'r llongau lanio ar y creigiau neu'r tywod eid ati i ysbeilio'r cargo. Nid rhyfedd i wŷr yr ardal gael eu galw yn 'Wŷr y Bwyelli Bach'. Roedd paratoi goleuni ffug ar y creigiau uwch y don yn ddigon cyffredin hefyd yn ardal Llanilltud Fawr a chreigiau Bro Morgannwg. Roedd marsiandwyr cyfoethog Dinbych-y-pysgod yn niwedd yr 16eg ganrif a swyddogion y tollau a gwŷr bonheddig Penfro yn drwm ym musnes smyglo gwin a nwyddau moethus ac yn barod i ymosod ar longau. Yn 1592, er enghraifft, cipiodd lladron Penfro bedair llong lwythog a hwyliai o Fryste i Gaerfyrddin. Gyda threth drwm ar fewnforion baco a sidan, brandi a gwinoedd a phob math o nwyddau moethus roedd smyglo yn talu ar ei ganfed. Yma ac acw ymhob rhan o Gymru, roedd ogofeydd a elwid yn aml yn *Ogof Tobaco* yn tystio pa mor gyffredin oedd mewnforion anghyfreithlon i bob rhan o'r wlad. Er enghraifft pan ddaeth y Parch. Howell Harries ar ei ymweliad â'm ardal enedigol i ym mhlwyf Penbryn, roedd yn taranu yn erbyn *'cheating the king of things excised'*. Nid rhyfedd i'r cwm sy'n arwain o ffermdy Llanborth i'r môr gael ei enwi yn 'Gwm Lladron'.

Roedd llongau o bob gwlad yn tramwyo o amgylch Cymru a daeth llawer i drybini ar hyd arfordir garw ein gwlad gan gynnig temtasiwn mawr i'n cyndeidiau. Ar y 13eg o Ragfyr 1816, roedd brig Ffrengig yn cysgodi ger Aberporth. Methodd yr angorion a'i dal ac fe'i drylliwyd ar greigiau Traeth Gaerlwyd ger Penbryn. Roedd cargo o winoedd a gwirodydd ar fwrdd y llong, ond mewn ychydig oriau roedd yr holl gargo wedi'i symud i gartrefi'r fro. Bu yno yfed afresymol, torrwyd nifer allan o aelodaeth Capel Penmorfa a bu saith o'r trigolion farw. Medd Adroddiad o'r cyfnod:

'With pain he states, a large body of the neighbouring peasants assembled and pillaged part of the cargo and drank so immoderately

that several became the immediate victims of their beastly excess.

The above and other equally inhuman and disgraceful conduct on the part of the people termed 'wreckers' has called forth the laudable interferences of the Bishop of St Davids. We have just met with the following circular …

'Revd Sii.

The disgraceful transactions which have lately taken place on the coast of Cardiganshire and Pembrokeshire induce me to request you to write to all the clergy of your Deanery whose parishes lie on the sea coast and to inform them that it is my warmest wish and injunction that they will lose no time in representing to their congregations, in terms sharper than any two edged sword, the cruel and unchristianlike enormity of plundering wrecks; and that for the future that they will preach to them on this subject once a quarter and press strongly on their consciences the flagrant criminality of this inhumain practice and disgraceful to them as Britons and Christians.

Y ddeunawfed ganrif, yn sicr, oedd oes aur y smyglwyr. Yn ystod y ganrif honno roedd y rhyfela cyson â Ffrainc a gwledydd eraill yn gost erchyll ar lywodraeth Prydain ac oherwydd hyn gosododd y llywodraeth dollau trymion ar lawer o nwyddau – ar de a thybaco, ar ddiodydd meddwol o bob math, ar halen a sebon, canhwyllau a glo. Felly roedd yr amgylchiadau yn agored iawn i geisio osgoi tollau trwy fewnforio nwyddau yn ddi-doll i draethau anghysbell Cymru. Unwaith eto, roedd llongau Gwyddelig yn cario nwyddau o'r Cyfandir yn hynod gyffredin ar lannau Bae Ceredigion a llongau o Fryste a Gwlad yr Haf yn hwylio yn gyson i draethau Bro Morgannwg a Gwent. Heblaw am y rhain, roedd gan Gymru ei smyglwyr ei hun; pobl arw fel *Jack the Batchelor*, arweinydd criw garw o forwyr o ardal Sili, ac Aberddawan ym Mro Morgannwg a Thomas Knight o'r Barri, perchen nifer o longau, a erlidiwyd o'r Barri yn 1785.

Wrth gwrs roedd gan Fro Morgannwg, yn enwedig Ynys Sili hanes hir iawn mewn gweithgareddau anghyfreithlon ac yn niwedd yr 16eg ganrif roedd nifer o ddrwgweithredwyr yn gweithio ym Môr Hafren. Yr enwocaf o'r rhain oedd John Callice o Sili a weithiai nid yn unig ym Môr Hafren ond hefyd yn y gorllewin, o ardal Angle ger Aberdaugleddau. Mae'n debyg ei bod yn arfer iddo ef, wedi'i gyllido gan bobl fonheddig, i dreulio rhan o'r flwyddyn yn ymosod ar longau ger arfordir Penfro. Byddai môr-ladron Sili yn gwerthu'u ysbail yn hollol agored ar strydoedd Caerdydd ac Abertawe. Roedd y gymanfa flynyddol o ddrwgweithredwyr de Cymru a gorllewin Lloegr yn hynod lwyddiannus yn eu gwaith o ysbeilio. Roedd blynyddoedd canol y ddeunawfed ganrif yn hynod brysur ar hyd arfordir gorllewin a gogledd Cymru. Yn 1757 yr oedd un o longau ardal Ceinewydd – y *Swallow* dan gapteniaeth David Evan Morris – yn cario llwythi o halen, te a gwirodydd. Yn yr un cyfnod roedd gan yr un ardal ei smyglwr enwog Siôn Cwilt, sydd wedi dod yn rhan o lên gwerin godre Ceredigion. Roedd yn byw mewn bwthyn bychan dinod ar y rhostir rhwng sgwâr Post Mawr (Synod Inn) a Thalgarreg. Enillodd iddo'i hun fri fel cymeriad garw a digyfaddawd a brofodd ei hun yn ddigon o arwr ymysg ei gyfoedion fel bod y rhos i'r dwyrain i'r brif ffordd o Aberteifi i Aberaeron wedi'i enwi yn Banc Siôn Cwilt.

Roedd rhai o'r llongau smyglo yn crwydro ymhell o Sir Fôn i Fôr Hafren gan dreulio tipyn o amser ger Ynys Enlli, ynys y saint, yn barod i ymosod ar longau llwythog ar eu ffordd i Lerpwl. Medd David Thomas yn ei lyfryn: *Hen Longau a Llongwyr Cymru*:

> Yr oedd yr ysgafnlong arfog o'r enw *Fox* yn smyglo ar hyd glannau Cymru yn 1773, ym Môr Hafren a Môr Aberteifi a hyd lannau Sir Fôn. Gwelodd llong y cyllid hi un diwrnod pan oedd yn agos i Ynys Enlli, ond gan ei bod yn llong fawr o ryw gan tunnell hwyliodd capten y llong cyllid – yr *Hector* i Hwlffordd i nôl dwy long arall – y *Lord Norah* a'r *Cardigan* i'w helpu. Clywsom fod y *Fox* yn agos i Ceinewydd ac aethant ar ei hôl ond methu a'i dal. Gofynnodd swyddog y tollau am fwy o ddynion ar fwrdd ei long ac yna daliai neu farw yn yr ymdrech . . . Yr oedd y smyglwyr wedi gwerthu gwerth o leiaf ugain mil o bunnau o nwyddau ar lannau Ceinewydd mewn blwyddyn.

Yng ngogledd Cymru, roedd smyglo lawn mor gyffredin ag ym Mae Ceredigion ac roedd smyglo mawr ar arfordir Llŷn a hyd yn oed yn ardal Llandudno a Chonwy, ond yr enwocaf o'r holl ddrwgweithredwyr oedd y rhai hynny a weithredai ar hyd arfordir gorllewinol Ynys Môn. Roedd llefydd diarffordd fel Niwbwrch (lleoliad y nofel *Madam Wen* mae'n debyg) yn enwog am lanio baco a brandi, te a gwin i'w gwerthu i bobl y fro. Roedd Creigiau Crigyll ger Caergybi ac yr oedd 'Lladron Creigiau Crigyll' yn llwyddiannus iawn yn eu hymgeision i ymosod ar y llongau llwythog ar eu ffordd i afon Merswy.

Yr un peth a wnaeth smyglo yn llai proffidiol oedd dileu y doll ar halen a oedd gymaint o fwrn ar y werin bobl. Wedi hynny nid oedd yn werth prynu halen oddi wrth y smyglwyr. Roedd yr un peth yn wir am ganhwyllau a thanwydd. Ar ben hynny, roedd swyddogion y tollau yn dod yn fwy medrus o ddydd i ddydd. Ac yna, yn 1786, daeth yn gyfraith i gofrestru pob llong. Bellach roedd yn rhaid enwi a chofrestru pob llong, nodi ble a chan bwy y'i hadeiladwyd, ei rig a'i maint a phwy oedd y perchnogion a'i meistr. Daeth yn llawer mwy o broblem i guddio llong dan glogyn anhysbys – yn awr gellid olrhain hanes pob un a grwydrai'r moroedd.

Er fod y smyglwyr yn cael eu cyfrif yn ddiweddarach yn bobl ramantus, ar y cyfan creaduriaid garw a chreulon oedd y rhan fwyaf ohonynt, yn barod i herio ac ymladd yr awdurdodau a chyfraith gwlad. Eu prif elynion oedd yr ecseismon – y *Customs and Excise* – a oedd yn gyfrifol am drefn yr arfordir. Dechreuodd y swyddfa dollau ym Mhrydain mor bell yn ôl â 1643 ac fe gyfrifid tollau ar gwrw, gwirodydd gwin a baco a nwyddau eraill fel mesur dros dro i dalu am ryfel. Gyda threiglad amser, ychwanegwyd pob math o nwyddau at yr eitemau a ystyrrid fel rhai addas i'w trethu. Yn hytrach na bod yn fesur dros dro, mae swyddogion y tollau yma o hyd ac yn anhepgor i gyllid y wlad. Rhai amhoblogaidd fu gweision y gwasanaeth erioed, yn ennill llid a dicter y bobl yn rhwydd iawn. Yn y blynyddoedd cynnar roedd gan y gwasanaeth yng Nghymru dair brif swyddfa – Cas-gwent, Caerdydd ac Aberdaugleddau, gyda swyddfa Caer yn gyfrifol am ogledd Cymru. Heblaw'r rhain, roedd is-swyddfeydd tollau yng Nghastell-nedd, Abertawe, Penfro, Aberteifi, Aberystwyth, Caerfyrddin, Caernarfon, Biwmares a Chonwy. Roedd swyddogion tollau yn byw mewn nifer fawr o bentrefi glan môr, yn estroniaid di-Gymraeg a enillodd iddynt eu hunain gasineb y rhan fwyaf o'r trigolion. *Riding Officers* a elwid yr ecseismyn hyn ac fe sefydlwyd y gwasanaeth yn 1698 pan oedd smyglo yn lledu'n gyflym i bob rhan o'r wlad. Roedd y swyddogion hyn yn gyfrifol am ddarn penodedig o'r arfordir. Cawsant ganrif gythryblus a phrysur ac yn 1809 penderfynwyd ychwanegu atynt – grŵp a elwid yn *Preventative Water Guard* a oedd i warchod yr arfordir mewn cychod cyflym, y *Revenue Cutters*. Goruchwylwyr ac arolygwyr yr holl swyddogion – yr *Inspection Captains* a oedd yn gyfrifol.

Y gosb arferol i smyglwr, os nad oedd i'w anfon i Awstralia, oedd treulio cyfnod yn y Llynges Frenhinol. Wedi'r cwbl, roedd llawer ohonynt yn forwyr mentrus a phrofiadol ac yn werth y byd i lynges a oedd yn y rheng flaen i ymladd Ffrancod ac unrhyw elyn arall. Roedd recriwtio digon o forwyr yn anhepgor a chyflogwyd dynion i weithredu fel aelodau o'r Minteioedd Gorfodi – y *Press Gangs* a brofodd gymaint o boen i fechgyn ieuanc y cymunedau glan môr. Nid oedd neb yn rhydd o berygl – delid gweision fferm a chrefftwyr, er enghraifft, a fyddai efallai yn mwynhau diwrnod o hamdden mewn ffair neu farchnad. Ond morwyr yn hwylio mewn llongau masnach oedd y ffefrynnau ganddynt – yn enwedig y rhai hynny â phrofiad o hwylio. Yn aml iawn byddai meistr llong yn talu arian amddiffynnol – *Protection Money* yn fath o yswiriant yn erbyn recriwtio i'r llynges. Gallai'r swm a delid fod cyn lleied â hanner coron y morwr i 11 swllt a 6 cheiniog am forwyr mwy profiadol.

Wrth gwrs yn hanes torri cyfraith y môr, bychan iawn oedd cyfraniad smyglwyr a môr-ladron ynysoedd Prydain o'u cymharu â gwrhydri môr-ladron y Caribi – pobl fel Harri Morgan o Went a Bartholomew Roberts *(Barti Ddu)* o Gasnewydd-bach ym Mhenfro:

'Barti Ddu o Gasnewy' Bach
Y morwr tal â'r chwerthiniad iach
   Efô fydd y llyw
   Ar y llong o'r criw
Barti Ddu o Gasnewy' Bach.'

Mae'n amheus iawn a oedd y darlun rhamantus o'r môr-leidr gan I.D. Hooson yn hollol gywir. Yn sicr, roedd yn ddigon parchus a chreulon ymysg y criw i ddilyn ei ragflaenydd y Capten Hywel Davies a laddwyd mewn brwydr yn y Caribi fel meistr y *Royal Rover*. Ganwyd Roberts yn 1682 a aeth i'r môr yn dair ar ddeg oed gan wasanaethu ar longau'r llynges ac yna ar gyfres o longau cario caethweision o Orllewin Affrica i'r Caribi. Wedi dod yn feistr y Caribi cyfrifid ef yn fentrus ac yn forwr tan gamp, yn enwedig pan gipiodd long y *Sagrada Familia* a honno ynghanol deugain o longau rhyfel Portiwgal a oedd yno i'w hamddiffyn rhag y môr-ladron niferus oedd yn bla ym Môr y Caribi. Dywedir iddo ddychwelyd i Brydain ar ôl un fordaith lwyddiannus yn 1721 gyda gwerth £80 miliwn o drysorau. Erbyn 1722 er hynny, daeth y diwedd pan y'i lladdwyd ger Ynys Parrot gan griw yr *HMS Swallow* o dan ei chapten, Challoner Ogle. Lladdwyd Barti Ddu a chipiwyd y criw a chrogwyd llawer ohonynt am eu gweithredoedd.

Yn ôl un hanesydd:

'Bu Barti yn swyddog ar long herw Capten Hywel Davies ac ar ei farwolaeth ef dewiswyd Barti yn llywydd ac ef ar y pryd yn 37 oed. Dywedir mai dyn tal tywyll ydoedd yn hoffi ymwisgo mewn dillad lliwgar. Yr oedd ganddo gadwyn o aur am ei wddf, breichledau o aur am ei arddyrnau, a chap melyn a phluen goch ar ei ben. Dyn hynod iawn mewn llawer ystyr ydoedd Barti. Er yn forleidr dywedir ei fod yn llwyrymwrthodwr, yn hynod barchus o'r Saboth ac y cynhaliai wasanaeth crefyddol ar ei long i'r morwyr bob Sul. Ymhyfrydai hefyd mewn barddoniaeth a cherddoriaeth. Daliwyd ef yn sydyn a'i long wrth angor ger Ynys Parrot gan *HMS Swallow* ar y 10fed Chwefror 1722 a chafodd Barti ergyd farwol yn ei wddf a thaflwyd ef i'r môr yn ôl arfer y dyddiau hynny. Bu farw yn ddeugain oed ac yn ystod cyfnod byr ei herwriaeth daliodd a gorthrechodd dros 400 o longau.'

Nid rhyfedd i'r dewraf a'r mwyaf beiddgar o holl fôr-ladron y Caribi ddweud wrth farw:

'Bywyd llawen ond un byr.'

Cymeriad hollol wahanol i'r gwerinwr o Gasnewydd-bach

oedd un o fôr-ladron enwog arall Cymru, sef Henry Morgan (tua 1635-1688). Roedd hwn o waed aristocrataidd bonheddig o ardal Llanrhymni ym Mynwy. Roedd yn berthynas i deulu enwog Morgan o Dredegar. Ymfudodd i India'r Gorllewin a sefydlu yn Port Royal yn Jamaica. Roedd gan y porthladd hwnnw yr enw o fod y mwyaf garw o holl borthladdoedd India'r Gorllewin ac yn gysgodfan i garfan helaeth o ladron. Yr enwocaf a'r garwaf ohonynt oll oedd Henry Morgan a ymosododd ar longau Sbaenaidd wrth y cannoedd ac ar ganolfannau masnach a chartrefi moethus Sbaenwyr yn y Caribi. Enillodd filoedd er budd Coron Prydain ac fe'i gwnaed yn farchog ac yn Ddirprwy Lywodraethwr Jamaica, ar waethaf ei hanes fel môr-leidr hynod o greulon.

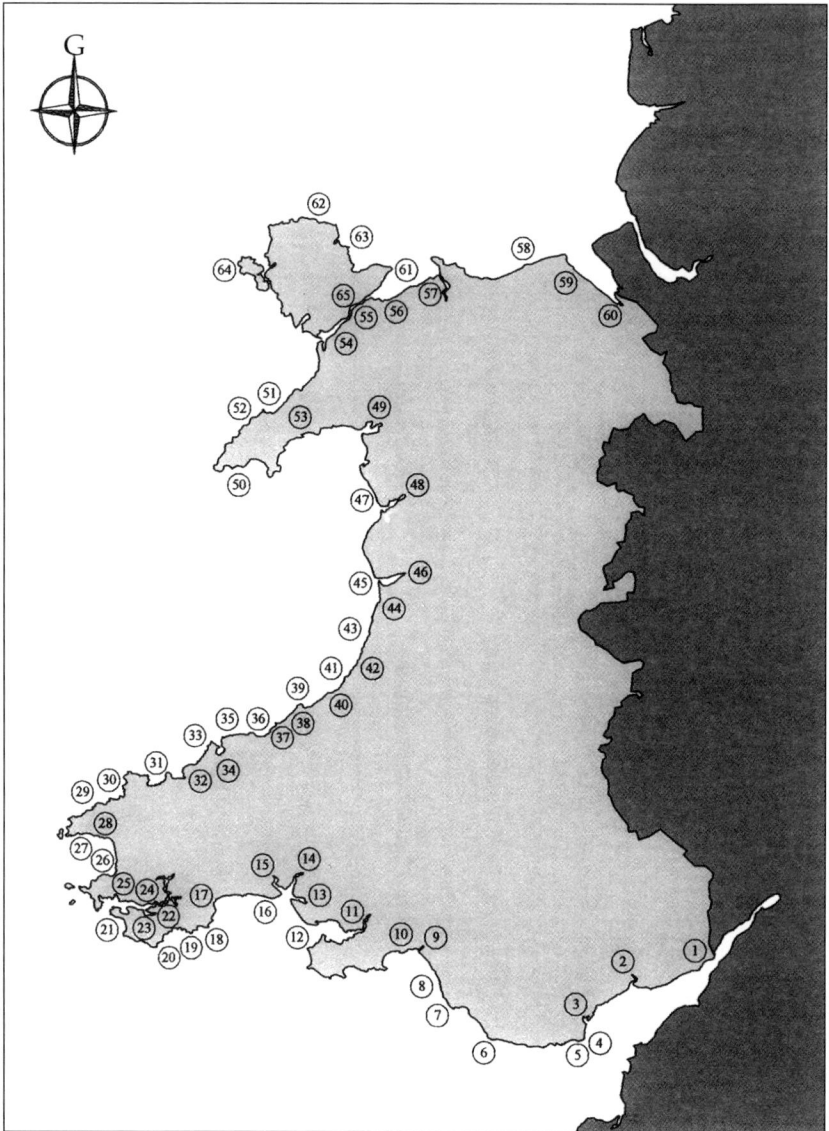

PORTHLADDOEDD CYMRU

1. CAS-GWENT
2. CASNEWYDD
3. CAERDYDD
4. PENARTH
5. Y BARRI
6. PORTHCAWL
7. PORT TALBOT
8. LLANSAWEL
9. CASTELL-NEDD
10. ABERTAWE
11. LLANELLI
12. PORTH TYWYN
13. CYDWELI
14. CAERFYRDDIN
15. SANCLÊR
16. TALACHARN
17. SAUNDERSFOOT
18. DINBYCH-Y-PYSGOD
19. MAENORBŶR
20. LYDSTEP
21. ABERDAUGLEDDAU
22. PENFRO
23. DOC PENFRO
24. NEYLAND
25. HWLFFORDD
26. BROAD HAVEN
27. NOLTON
28. SOLFACH
29. ABEREIDDI
30. PORTH-GAIN
31. ABERGWAUN AC WDIG
32. TREFDRAETH
33. TREWYDDEL
34. ABERTEIFI
35. LLANDUDOCH
36. ABER-PORTH
37. TRE-SAITH
38. LLANGRANNOG
39. CEINEWYDD
40. ABERAERON
41. ABER-ARTH
42. LLANSANFFRAID
43. ABERYSTWYTH
44. BORTH
45. ABERDYFI
46. DERWEN-LAS
47. Y BERMO
48. LLANELLTYD (DOLGELLAU)
49. PORTHMADOG
50. ABERDARON
51. NEFYN
52. PORTHDINLLAEN
53. PWLLHELI
54. CAERNARFON
55. BANGOR (PORTH PENRHYN)
56. Y FELINHELI
57. CONWY
58. Y RHYL
59. MOSTYN
60. CEI CONNA
61. BIWMARES
62. AMLWCH
63. MOELFRE
64. CAERGYBI
65. PORTHAETHWY

RHAN II – Y MÔR A'I LONGAU

1. MÔR HAFREN

i) Cas-gwent

Mae i'r dref hynafol ar lannau afon Gwy hanes hir iawn fel porthladd. Byddai llongau yn dod yno yn yr Oesoedd Canol i ddod ag angenrheidiau i'r garfan helaeth o filwyr a fyddai'n goruchwylio'r ffin rhwng Cymru a Lloegr yn eu castell enfawr uwch afon Gwy. Dros y canrifoedd roedd Fforest y Ddena yn siroedd Mynwy a Chaerloyw yn un o ardaloedd pwysica'r deyrnas. Yma y cynhyrchid glo a haearn, cynnyrch coediog megis golosg a rhisgl derw i'r diwydiant lledr, ar wahân i'r coed o bob math yr oedd galw amdanynt. Yn bwysicach na'r cwbl oedd y coed derw a ddefnyddid yn gyffredinol i adeiladu llongau rhyfel y Llynges Brydeinig. Cas-gwent ger aber yr afon oedd y porthladd naturiol i allforio cynnyrch y fforest. Yma roedd yr afon yn ddwfn iawn a'r gwahaniaeth rhwng trai a llanw yn enfawr. Ar wahân i'r diwydiant pysgota eogiaid mewn cychod fflat wedi'u hangori yng nghanol yr afon a'r trapiau pysgota ar y lan, roedd afon Gwy yn un o'r pwysicaf ym Mhrydain fel prif-ffordd drafnidiaeth. Roedd yn bosibl hwylio mor bell i fyny'r afon â Henffordd. Ar lan yr afon roedd nifer fawr o ddiwydiannau pwysig dros ben gyda ffwrneisi haearn yn ardal Tintern yn arbennig. Wedi i'r mwyn haearn lleol orffen, dibynnai Tintern ar fwyn wedi'i fewnforio o ardal Whitehaven yng ngogledd-orllewin Lloegr. Allforiwyd yr haearn mewn bariau i bob rhan o'r wlad. Yn nechrau'r 19eg ganrif pan oedd gwaith alcam yn gweithio yn ardal Llechryd ar afon Teifi, er enghraifft, roedd trafnidiaeth gyson rhwng Cas-gwent ac Aberteifi ac er fod yna dystiolaeth fod Cas-gwent yn borthladd digon pwysig yn yr Oesoedd Canol, yn yr 17eg ganrif y daeth i'w lawn dwf gyda chynnydd mewn masnach a diwydiant. Roedd yn ddigon pwysig i gael statws Porthladd Cofrestru *(Port of Registry)* i nifer fawr o longau. Roedd i fwynhau'r statws honno tan 1882 pan y'i disodlwyd gan Gaerloyw.

Heblaw yr allforion a'r mewnforion a ddôi trwy y porthladd, yr oedd hefyd yn hynod bwysig lle y byddai llwythi o dramor yn cael eu trosglwyddo i'r *trows* – llongau cymharol fach a fyddai'n hwylio yn bell i fyny'r Gwy i Henffordd.

Cyn adeiladu pont y rheilffordd yn 1852 a Thwnnel Hafren yn 1886, yr oedd gwasanaeth fferi yn groes yr Hafren, ac i Fryste ac un arall o Beachley i Aust. Rhedai hon yn gyson hyd y 1960au, pan y'i disodlwyd gan Bont Hafren.

Er na wnaeth Cas-gwent barhau i fod yn borthladd o bwys fel Casnewydd a Bryste, roedd yn bwysig fel canolfan adeiladu llongau. Er fod yna hanes o adeiladu llongau hwyliau mawr mor bell yn ôl â'r 18fed ganrif, daeth Cas-gwent i enwogrwydd ar ôl 1874 pan sefydlwyd cwmni adeiladu gan James Rowe o Ddyfnaint; cwmni a enwyd yn Fairfield Shipbuilders. Rhwng 1870 a 1914 adeiladwyd cymaint â 47 llong, rhai gymaint â 6,600 tunnell mewn maint. Yn 1915, gyda'r galw aruthrol am longau yn ystod y rhyfel, adeiladwyd tair *slip* newydd i gynhyrchu nifer o longau i'r llynges fasnach. Erbyn 1922 roedd popeth ar ben er bod yna adfywiad yn ystod yr Ail Ryfel Byd, gyda chwmni Fairfield yn cynhyrchu dwsinau o longau glanio tanciau – *Tank Landing Craft* – a oedd mor bwysig yn yr ymosodiad ar Normandi yn 1944.

ii) Casnewydd

Dywedir mai afon Wysg yw'r ddyfnaf o holl afonydd Cymru ac fel afonydd Gwy, Taf a Rhymni, mae yna wahaniaeth mawr rhwng trai a llanw. Mae Casnewydd, wrth geg yr afon, yn dal i fod yn un o'r porthladdoedd prysuraf yng Nghymru, yn allforio pob math o nwyddau a gynhyrchir yng nghymoedd Dwyrain Gwent ac yn mewnforio pob math o lwythau, o haearn crai (tan 2002) i fananas.

Mae Casnewydd yn dipyn hŷn na Chaerdydd sydd tua deuddeng milltir i ffwrdd i'r gorllewin ac fel y soniwyd yn 1877:

'For fifty seven days or a sixth of the year on which vessels drawing 20 ft 10 inches of water would have been neaped at Cardiff, they could have left the Alexandra Dock in Newport on the same day.'

Gan fod amodau hwylio mor dda ar afon Wysg, datblygodd masnach yn yr 16eg ganrif rai milltiroedd o aber yr afon yng Nghaerlleon ar Wysg, un o brif sefydliadau y fyddin Rufeinig yng Nghymru. Yn sicr, defnyddid yr afon gan y concwerwyr Rhufeinig i fynd a dod o'u caer ysblennydd yno. Gyda threiglad amser daeth Cwm Wysg yn bwysig dros ben fel un o ardaloedd diwydiannol pwysicaf ynysoedd Prydain. Yn rhyfedd iawn ni chyfrifid rhagolygon Casnewydd yn arbennig o dda yn niwedd y 18fed ganrif. Medd un o swyddogion y tollau yn y fro yn 1775:

'No coal can ever be raised in this part in order to be shipped for exportation or to be carried coastwise; its distance from the water rendering it too expensive for such sales.'

Ychydig a wyddai'r proffwyd o Gasnewydd fod pethau mawr i ddigwydd wrth geg afon Wysg. Yn 1797 prin ugain mlynedd ar ôl y broffwydoliaeth, allforiwyd cymaint â 6939 tunnell o lo o Gasnewydd a'r glanfeydd ar lannau Wysg a hynny wrth weld agor y gamlas i Grymlyn, Pontnewydd a Phont-y-pŵl o galon maes glo Mynwy. Gydag agoriad y dramffordd i Gwm Sirhywi yn 1805, un arall i Basaleg a Chwm Rhymni yn 1826 a rheilffordd yr *Eastern Valleys Railway* i Blaenafon yn 1852 roedd pethau ar i fyny yn y rhanbarth. Dim ond 65 tunnell o lo a allforid o lanfeydd glannau'r afon yn flynyddol cyn 1800, o fewn deng mlynedd, allforid cymaint â 500,800 tunnell o lo a 40,000 tunnell o haearn. Buan iawn y sylweddolwyd nad oedd y glanfeydd ar lannau Wysg yn addas i'r fasnach gynyddol a ddôi i'r rhanbarth. Heblaw am y pyllau glo cyfoethog, roedd gweithfeydd haearn mewn lleoedd fel Nantyglo, Blaenafon a Glyn Ebwy yn gweiddi'n groch am well cyfleusterau i allforio'u cynnyrch. Roedd gweithfeydd alcam *Japan Ware* ac eraill o bwysigrwydd aruthrol yn economi'r rhanbarth. Felly, yn 1858, agorwyd y doc caeëdig cyntaf – y *Town Dock* (yn ddiweddarach y *North Dock*) yng Nghasnewydd yn cael ei ddilyn gan yr *Alexandra Dock* (y *South Dock* yn ddiweddarach) yn 1875. Yn y flwyddyn honno allforiwyd cymaint â 943,474 tunnell o lo a mewnforiwyd 18,700 tunnell o fwyn haearn. Erbyn 1880 allforiwyd cymaint â 2 filiwn tunnell o lo a mewnforiwyd 481,249 tunnell o fwyn haearn. Daeth penllanw'r allforio glo fel yng Nghaerdydd pan allforiwyd gymaint â 5.9 miliwn tunnell o lo trwy'r porthladd yn 1913. Gyda thri doc sych i drafod llongau mawr, roedd Casnewydd yn un o borthladdoedd mwyaf Prydain, a chyda datblygiad aruthrol gwaith haearn Llanwern yn chwarter olaf yr 20fed ganrif roedd cynnydd aruthrol ym masnach Casnewydd. Gyda'r crebachu enbyd yn y diwydiant haearn a chau y rhan fwyaf o weithfeydd haearn Cymru yn 2000-2001, roedd diwedd llawer o weithgarwch Casnewydd yn agosáu.

iii) Caerdydd

Pan fo dyn yn edrych ar ysblander ardal dociau Caerdydd heddiw, llawer ohoni dan adeiladau di-chwaeth a welir eu tebyg ymhob rhan o'r byd, mae'n anodd credu fod Caerdydd yn un o borthladdoedd pwysica' Prydain lai na chan mlynedd yn ôl. Ychydig sydd gan y *'Cardiff Bay'* presennol i'w wneud â disgrifiad o'r ardal lai na chan mlynedd yn ôl fel:

> *'the most undesirable port in the United Kingdom, the dumping ground of Europe.'*

Mae afon Taf, a oedd mor allweddol yn natblygiad diwydiannol de Cymru, yn llifo i'r môr ym Mae Caerdydd. Mae holl ddatblygiad prifddinas Cymru ynghlwm wrth weithgarwch aruthrol dyffryn Taf a'i changhennau. Pe bai cymoedd y de wedi aros yn eu hunfan fel ardaloedd amaethyddol, mae'n amheus a fyddai Caerdydd wedi datblygu lawer mwy na thre farchnad arall fel y Bont-faen neu'r Fenni.

Mae Caerdydd yn lwcus yn ei lleoliad. Wrth adael cymer afonydd Rhondda a Thaf ym Mhontypridd, llifa'r afon trwy gilfach gul Tongwynlais, gyda'r llethrau yn codi'n serth ar bob ochr y cwm. Nid oes yma braidd le i afon, ffordd a rheilffordd ac mae'r gilfach yn dipyn o rwystr i drafnidiaeth. I'r de, mae'r dyffryn yn agor i wastatir yr arfordir ac yn y basin eang hwn, gyda'r Wenallt a Mynydd Caerffili yn ffurfio gwrthglawdd i'r gogledd, y tyfodd dinas fawr. Yn llifo hefyd i orllewin Bae Caerdydd mae afon Elai – llifa'n hamddenol trwy ran o ardal fendigedig Bro Morgannwg, gyda phentrefi destlus a thir amaethyddol o'r radd flaenaf, gan arwain at ardal dra gwahanol ei tharddle. Dyma ardal lofaol Tonyrefail lle roedd gwelyau glo o'r radd flaenaf. Yn nwyrain Bae Caerdydd mae afon Rhymni yn cyrraedd y môr. Mae hon eto yn llifo trwy un o rannau cyfoethocaf y maes glo yn nwyrain Morgannwg a Gwent.

Felly y darn tir o gwmpas y bae, gyda thair afon yn treiddio fel gwythiennau i galon Morgannwg, oedd llwyfan i'r ddrama fawr a ddigwyddodd yn niwedd y 18fed ganrif a'r 19eg ganrif. Roedd yn anochel i fae cysgodol, gyda llinellau naturiol yn treiddio i galon un o ranbarthau diwydiannol mawr y byd ddatblygu i fod yn un o borthladdoedd pwysica'r deyrnas, yn gyfrifol am allforio cyfoeth anhygoel cymoedd y de. Ar waethaf y ffaith fod anawsterau dybryd yn y bae yn llesteirio pob datblygiad, datblygu wnaeth Caerdydd, yn sydyn ac yn syfrdanol. I raddau, hen le digon annymunol i forwr oedd y bae. Roedd gwahaniaeth enfawr rhwng lefel y môr ar y trai a'r llanw, a dywedir mai Bae Caerdydd gyda Bae Fundy yng Nghanada sydd â'r gwahaniaeth mwyaf rhwng y trai a'r llanw yn y byd. Am oriau lawer, mae'n amhosibl i long ddod yn agos i'r lan trwy'r môr o fwd a ddadorchuddir am gyfnod hir yn ddyddiol. Ar waethaf hyn oll, Caerdydd oedd y llecyn agosaf a'r mwyaf cyfleus i baratoi cyfleustra allforio i gyfoeth anhygoel y cymoedd diwydiannol.

Yn niwedd y ddeunawfed ganrif nid oedd Caerdydd yn fawr o dref. Roedd yn ganolfan marchnad i ardal amaethyddol; roedd yno ychydig dai yng nghysgod y castell ac roedd afon Taf yn weddol gyfoethog mewn pysgod, yn enwedig sewin. Roedd yn borthladd bychan, anodd ei gyrraedd o'r môr yng nghyffiniau'r castell, ac mae Stryd y Cei ger y Stadiwm Genedlaethol heddiw yn ein hatgoffa mai yno oedd y porthladd glan afon. Roedd y llongau bychain a fentrai i fyny cwrs troellog a lleidiog afon Taf am ryw filltir o'r môr agored yn cario grawn, anifeiliaid byw, menyn, gwlân a phob math o gynnyrch amaethyddol i Fryste a phorthladdoedd bychain Gwlad yr Haf a gogledd Dyfnaint. Nid oedd poblogaeth y dre ar droad y ddeunawfed ganrif yn rhagor na 1870 o bobl a'r Bont-faen oedd tref bwysicaf Morgannwg. Fel porthladd hefyd roedd Caerdydd yn dipyn llai pwysig na Sili, Aberddawan a'r Barri, ac nid oedd yno lawer o arwyddion fod datblygiadau chwyldroadol ar y gorwel.

Gyda datblygiad enfawr y diwydiant haearn yn ardal Merthyr, 24 milltir o'r môr, roedd cynnydd yn y diwydiant hwnnw yn cael ei lesteirio gan bellter o'r môr. Yr unig ffordd i gario cynnyrch y ffwrneisi i'r arfordir ac i'r farchnad oedd ar gefnau ceffylau a droediai'r llwybrau anodd o Ferthyr i'r pwynt glan môr agosaf, sef Caerdydd. Roedd pob ceffyl yn cario llwyth o tua 130 pwys ac yn aml iawn roedd y ceffylau dan ofal gwragedd a phlant a oedd yn gyfrifol am yrru'r anifeiliaid o'r gweithfeydd i'r porthladd. Gydag un person yn gyfrifol am ofalu am dri neu bedwar ceffyl pwn, roedd y sefyllfa yn amhosibl ac yn 1767, i geisio datrys problem diwydiant a ddibynnai yn gyfangwbl ar allforio, adeiladwyd ffordd o Ferthyr i Gaerdydd. Ar waethaf natur arw'r ffordd newydd, roedd yn bosibl yn awr i gario cynnyrch y diwydiant haearn i Gaerdydd mewn wagenni. Wedi cyrraedd yno roedd trafferthion dychrynllyd ym mhorthladd glan afon Caerdydd. Llongau bychain yn unig a allai fentro i fyny'r afon a dim ond am awr neu ddwy y dydd oedd y llanw yn ddigon uchel i longau deithio i fyny'r afon. Yn gyflym iawn sylweddolodd y meistri haearn nad oedd y ffordd gert a cheffyl na'r porthladd cyntefig yn ateb eu gofynion a phenderfynwyd mai'r unig obaith oedd adeiladu camlas o Ferthyr i geg afon Taf yng Nghaerdydd. Yn 1798 agorwyd y *Glamorganshire Ship Canal* gan ddefnyddio cyfalaf y meistri haearn i gyllido'r gwaith. Nid oedd trafnidiaeth ar hyd y gamlas yn hawdd iawn a bu'n rhaid adeiladu hanner cant o lifddorau i oddiweddyd y broblem o newid lefelau ar hyd y 24 milltir o Ferthyr i Gaerdydd. Felly araf a thrafferthus oedd y siwrnai o'r gweithfeydd haearn i'r porthladd hollbwysig. Er fod glanfeydd wedi'u paratoi wrth geg y gamlas, lle digon anodd ac anghyfleus oedd hwnnw hefyd. Roedd ddwy filltir o farc isaf y llanw ac roedd yn amhosibl defnyddio'r *Sea Lock* am lawer o oriau bob dydd. Roedd llaid a phob math o fudreddi yn achosi trafferthion di-rif ac wedi agor y gamlas i Aberdâr yn 1812 roedd y wasgfa ym mhorthladd Caerdydd yn annioddefol. Yn fuan iawn roedd meistri diwydiant y cymoedd yn achwyn yn ddi-baid am y sefyllfa annerbyniol yn eu prif borthladd allforio. Nid oedd dim amdani ond ceisio adeiladu doc newydd ger aber Taf.

Erbyn 1820 roedd 50,000 tunnell o nwyddau yn pasio trwy borthladd Caerdydd ac roedd y cyfanswm yn cynyddu yn flynyddol i 350,000 tunnell yn 1839. Roedd pethau yn amhosibl ger mynedfa'r gamlas:

> '*The largest vessel that could be accommodated was only one of 200 tons burthen. The sill of the sea lock was level with the water at high tide. The level of the highest water on the sill in ordinary spring tides was 18 feet 10 inches. At the flood of low neap tides, only from 6 ft to 8ft of water could flow over it. At times therefore many vessels were held up for 6 to 8 days before they could pass in or out of the sea lock. Large three-masted vessels could not enter it at all, and had to be loaded outside by means of lighters, a method which was expensive, both became of the double handling of the cargoer and the deficiency of loading on the mud.*'

Ond roedd y Meseia ym mherson Ail Ardalydd Bute ar gyrraedd. Er mai'n achlysurol yr oedd yr Arglwydd yn ymweld â Chaerdydd, roedd yn berchen ar erwau lawer o dir yn y cymoedd ac ar yr arfordir ym Mae Caerdydd. Yn 1828, paratowyd adroddiad ar y porthladd ac wrth gwrs roedd hwn yn feirniadol dros ben o adnoddau'r porthladd a oedd i raddau helaeth yn ran o ymherodraeth enfawr y meistri haearn – y Guests a'r Crawshays a ddaeth yn gyfoethog dros ben trwy ymdrechion eu gweithwyr ym Mlaenau Morgannwg a Gwent. Ail Ardalydd Bute, yn sicr a greodd y ddinas canys gwariodd ef o'i boced ei hun £400,000 i adeiladu y *West Bute Dock* i'r dwyrain o afon Taf. Yn ei ddydd y doc hwn a estynnai i ryw 19½ erw oedd y mwyaf o holl ddociau Cymru. Agorwyd y doc newydd yn 1839 a hynny ar waethaf gwrthwynebiad ffyrnig y meistri haearn a oedd efallai yn anfodlon i weld llwyddiant unrhyw un arall. Bu'r *West Bute Dock* yn hynod lwyddiannus; efallai yn rhy llwyddiannus gan fod yr hen broblem o or-ddefnydd o'r doc yn ailymddangos o fewn dim o amser. Mewn ymgais i dorri crib yr Ardalydd Bute, penderfynodd y Crawshays a'r meistri haearn eraill a oedd yn berchen ar yr hen gamlas fod angen rheilffordd – y *Taff Vale Railway* – o'r cymoedd i Gaerdydd. Gwelodd yr Arglwydd Bute ei gyfle ac roedd yn benderfynol o fod yn rhan o'r prosiect newydd, ar waethaf gwrthwynebiad y Crawshays. Wrth gwrs, yr Arglwydd oedd perchennog y doc newydd ac roedd yn rhaid i bawb a ddefnyddiai'r doc dalu i ystad y Bute am yr hawl. Yn 1841 agorwyd y rheilffordd newydd a bu llewyrch arbennig ar y porthladd. Yn ôl un gohebydd:

> *'a General admiration for an immense public work completed for the benefit of mankind.'*

Mae'n amheus ai cariad at ei gyd-ddyn oedd prif symbyliad Ardalydd Bute; roedd yn cael ei dalu am bob llong a ddoi i'r porthladd; roedd yn ennill rhenti sylweddol o'i dir a ddefnyddid i adeiladu stryd ar ôl stryd o dai i'r gweithwyr. Ar ben y cwbl roedd yr Ardalydd yn ennill yn sylweddol o ddatblygiad ei faes glo yng nghrombil de Cymru. Elw ac nid cariad at gyd-ddyn oedd y symbyliad. Erbyn 1850 yr oedd 900,000 tunnell yn pasio trwy'r *West Bute Dock*, ac yn fuan iawn darganfyddwyd fod y doc yn llawer rhy fach, yn enwedig gan fod llongau yn cynyddu mewn maint.

Er mai ond am ychydig wythnosau mewn blwyddyn y gwelid yr Ardalydd Bute yn ne Cymru, bu ei farwolaeth yn 1848 yn siom i bobl y dref canys ef oedd ei harglwydd a'u cymwynaswr mwyaf:

> *'and in their momentous changes, the second Marquis of Bute played a significant role. To initiate, to influence or to obstruct change, he built up a structure of power and influence in Glamorgan, in fulfilment of his concept of the land-owning aristocrat as the natural leader of society.'*

Nid oedd y Trydydd Ardalydd yn cymryd llawer o ddiddordeb yn uchelgais ei dad; wedi'r cwbl dim ond blwydd oed oedd ef pan fu ei dad farw. Ond roedd cyfeillion yr Ail Ardalydd, Onesipherous Tyndell Bruce a James McNabb yn barod i wasanaethu ac i hyrwyddo buddiannau'r baban ac elwa eu hunain, ac yn 1855 agorwyd ail ddoc Caerdydd – y *Bute East Dock*. Erbyn hyn glo oedd y brenin a bu llewyrch arbennig ar Gaerdydd:

> *'Oft times, 200 or 300 vessels were anchored in Penarth Roads, either on steam waiting their turn to come into the dock or hoping for a fair wind to proceed on their outward voyage.'*

Roedd y galw am gyfleusterau dociau yn ddiddiwedd; yn awr roedd llongau ager yn disodli'r hen longau hwyliau ar foroedd y byd ac yn fuan roedd y *Bute East Dock*, yn rhy fychan eto i ateb gofynion masnach oedd ar gynnydd yn aruthrol. Yn 1874 agorwyd doc newydd eto – y *Roath Basin* – ac yn 1887 agorwyd doc enfawr arall – y *Roath*. Yn 1907, gydag agoriad y *Queen Alexandra Dock* a adeiladwyd trwy adennill 320 erw o dir o'r môr, roedd y porthladd enfawr yn gyflawn.

Roedd tyfiant Caerdydd rhwng 1850 a dechrau'r Rhyfel Byd Cyntaf yn aruthrol a phan fyddai'r gwybodusion yn sôn am dyfiant, yr unig le a gymharai â Chaerdydd oedd dinas gythryblus Chicago. Caerdydd oedd tref fwyaf egnïol Ewrop – Klondyke neu Kuwait Prydain Oes Fictoria – ac i'r ddinas gythryblus y daeth y miloedd, yn ddu ac yn wyn, i geisio cyfrannu o'r cyfoeth anhygoel a oedd ar gael. Am ychydig flynyddoedd cyn 1914, roedd porthladd Caerdydd yn trafod mwy o nwyddau na phorthladdoedd mawr Lerpwl a Llundain. Yn 1913 yn unig, allforiwyd dros 13 miliwn tunnell o lo gorau'r cymoedd o Gaerdydd i bob rhan o'r byd. Dyma 'Coal Metropolis' yr holl fyd. Yn sydyn roedd llifddorau cyfoeth ar agor ac roedd y ddinas yn denu gwŷr busnes o bob rhan o'r byd i gyfranogi o'r golud.

Yno, yn ardal Butetown, roedd swyddfeydd tua dau gant o berchnogion llongau ac roedd dros bum cant o longau a grwydrai'r moroedd yn hanu o Gaerdydd. Roedd yno rhyw gyffro a phrysurdeb anhygoel. Ar ddiwrnod hollol gyffredin fel 1af Mehefin 1904, er enghraifft, roedd 150 o longau yn nociau Caerdydd, y rhan fwyaf yn llwytho glo; roedd 58 yn y Barri a 20 ym Mhenarth. Roedd nifer fawr o rai eraill wrth angor yn y bae yn disgwyl safle wrth y glanfeydd. Roedd datblygiad tref fechan o amgylch castell Normanaidd gydag ychydig o lanfeydd ar lan afon fwdlyd a throellog i fod yn un o borthladdoedd mawr y byd yn syfrdanol.

> *'There is no more interesting study in town growth than Cardiff,'* meddai Adroddiad ym 1908. *'At the census of 1851 it was a place of 20000 inhabitants with no influence and no reputation. Now it is one of the most thriving cities in the country, a centre of trade and commerce. In every respect the development has been remarkable.'*

Ond roedd dyddiau blin i ddod i'r ddinas ar lannau Taf. Gyda gostyngiad aruthrol yn y galw byd-eang am lo fel roedd olew yn disodli glo fel tanwydd, roedd y porthladd mewn trafferthion. Roedd Caerdydd yn or-ddibynnol ar yr un eitem i'w allforio a chyda'r trafferthion ofnadwy yn y maes glo ac yn y cymoedd, roedd yn anochel fod dyddiau blin i ddod i'w prif borthladd yn ogystal. Yn 1964 llwythwyd y cargo olaf o lo'r Rhondda yng Nghaerdydd ac erbyn heddiw dim ond dau gwmni perchen llongau a erys yn y ddinas. Mae yna adfywiad ar lannau Taf erbyn heddiw a'r gobaith yw y gall Caerdydd ein prifddinas wynebu cyfnod euraidd arall tra gwahanol i'r hen oes aur.

iv) Penarth

Erbyn heddiw mae doc Penarth yn farina i longau hamdden. Lle gynt roedd offer llwytho glo bob ochr i'r porthladd, mae yna heddiw fflatiau moethus a thai bwyta uchel ael. Roedd un fantais gan Benarth dros Gaerdydd, yn groes i'r bae – roedd yn agosach at ddŵr dwfn Môr Hafren. Tra oedd holl ddatblygiad Caerdydd yn nwylo Ardalydd Bute, teulu y Windsor Clive – perchnogion Castell Sain Ffagan – oedd meistri tir Penarth. Rheilffordd y *Taff Vale* gafodd y dasg o ddatblygu doc Penarth ac roedd cysylltiadau rheilffordd da rhwng y porthladd a agorwyd yn 1865 a chymoedd glofaol Morgannwg. Ofnai cyfarwyddwyr dociau Caerdydd fod doc Penarth gyda'i gysylltiad rheilffordd â'r Rhondda yn mynd i ddisodli dociau Caerdydd, ond di-sail fu eu gofid gan fod y

Rhymney Railway a'i chysylltiadau â Mynwy wedi dewis Caerdydd yn hytrach na Chasnewydd fel prif ganolfan datblygiad morwriaethol.

Fel roedd maint llongau yn cynyddu gyda threiglad amser darganfyddwyd fod doc Penarth yn llawer rhy fach a bas i dderbyn y rhan fwyaf o longau glo Cymru. Er i'r doc fod ar agor tan chwarter olaf yr 20fed ganrif, ychydig iawn o longau masnach oedd yn ymweld â'r porthladd.

Yn ystod oes aur y diwydiant glo, roedd galw am bob math o lanfa i hybu allforion glo. Yn ogystal â Phenarth, datblygwyd glanfa ar fwd afon Elai i allforio glo heb dalu gormod o dollau i rannau eraill o Brydain.

v) Y Barri a Bro Morgannwg

Erbyn chwarter olaf y 19eg ganrif roedd perchnogion pyllau glo Morgannwg wedi cael hen ddigon ar y gorlenwad yn nociau Caerdydd. Er ymestyn y dociau yn helaeth ers eu hagor am y tro cyntaf, erbyn 1870 mi allai gymryd rai wythnosau i wagenni glo'r Rhondda gyrraedd dociau Caerdydd. Roedd y dociau hynny yn orlawn, gyda dwsinau o longau wrth angor yn Rhodfa'r Barri yn disgwyl mynediad. Ar ben y cwbl, roedd teulu Bute yn codi swm sylweddol am bob tunnell o lo oedd yn cael ei hallforio o'r dociau. Pan benderfynodd y Marquis godi'r doll o ddimai y dunnell gyda dimai y dunnell arall am symud y wagenni glo yn y dociau, teimlai nifer fel David Davies, yr Ocean, yr Arglwydd Windsor ac eraill fod yn rhaid rhyddhau o grafangau Bute a sefydlu porthladd yn rhywle arall. Edrych rhyw saith milltir i'r gorllewin o Gaerdydd a wnaethant, ohewydd er fod traeth agored tua'r gorllewin i Ynys y Barri yn cael ei ddefnyddio fel porthladd agored ers canrifoedd cyn hynny, roedd yn rhaid i'r diwydianwyr feddwl am safle hollol newydd.

Yn 1881, disgrifiwyd y Barri fel pentref bychan glân a deniadol ar lan y môr gyda phoblogaeth o lai na chant o bobl. Ar waethaf pob protest gan Ardalydd Bute a'i gyfeillion, cafwyd caniatâd i adeiladu doc newydd wrth geg yr afonig fechan, y Cadoxton.

Roedd cwmni o dirfeddianwyr lleol fel yr Arglwydd Romilly a'r Arglwydd Windsor, ynghyd â pherchnogion pyllau glo fel David Davies, yr *Ocean Coal Company*, brodor o Landinam, Sir Drefaldwyn, yn benderfynol yn eu hymgais i greu dociau newydd a oedd i ddisodli Caerdydd ac ymherodraeth yr Arglwydd Bute. Yn wir, roedd Davies, yr *Ocean* yn barod i broffwydo nad oedd yna ddyfodol i Gaerdydd ac y byddai:

'grass will grow in the streets of Cardiff.'

Bu'n frwydr hir a chaled a chymerodd ddwy flynedd yn y Nhŷ'r Cyffredin i gael caniatâd i adeiladu dociau newydd. Nid oedd lawer o gariad rhwng Bute a'i gyfeillion a David Davies a'i gyfoedion. Bu dadlau am 89 niwrnod yn y Senedd cyn sicrhau'r caniatâd a gorfu i'r cwmni newydd dalu £160,000 cyn bod tywarchen yn cael ei thorri yn y Barri. Ym mis Gorffennaf 1889, agorwyd y cyntaf o ddociau newydd y Barri. Yng nghwmni Arglwydd Windsor o Sain Ffagan, Arglwydd Romilly o Borthceri, R.F.L. Jenner o Wenfô a Lewis Williams o Gaerdydd, roedd y bachgen o Landinam wedi cyrraedd brig yr ysgol. Ei gerflun ef a welir uwchben y dociau, ac yn sicr ei greadigaeth ef oedd dociau'r Barri. Gyda rhwydwaith o reilffyrdd yn arwain i galon y Rhondda, roedd tyfiant y Barri yn syfrdanol. Cafwyd ail ddoc yn 1898 ac erbyn hyn roedd poblogaeth ardal y Barri yn 30,000. Yn sicr David Davies, Methodist a dirwestwr, a greodd y Barri fel y creodd Arglwydd Bute Gaerdydd flynyddoedd cyn hynny. Cafodd agoriad y dociau newydd effaith andwyol ar Benarth – lawer mwy nag ar Gaerdydd, er fod allforion o lo o'r porthladd hwnnw hefyd wedi lleihau cryn dipyn ar ôl agoriad y Barri. Ond yn fuan iawn, fel roedd maes glo de Cymru yn tyfu'n aruthrol, roedd galw am adnoddau llawn pob porthladd. Dengys y ffigurau canlynol pa mor bwysig oedd y Barri yn hanes diwydiant glo y Rhondda:

Yn 1889 allforiwyd 1 miliwn tunnell
Yn 1900 allforiwyd 7½ miliwn tunnell
Yn 1913 allforiwyd 11¾ miliwn tunnell

Llwyddiant y Barri a orfododd i gwmni Bute edrych ar eu buddsoddiad yng Nghaerdydd. Er nad oedd yr Arglwydd yn rhyw barod iawn i fuddsoddi rhagor yng Nghaerdydd, bu'n rhaid iddo wneud hynny. Yn waeth na dim roedd yn rhaid talu £2.25 miliwn i gwblhau y gwaith. Yn 1907, agorwyd doc y Frenhines Alexandra ac yn ei anerchiad yn yr agoriad dywedodd y Brenin Edward VII:

> 'In the shipping trade of my Kingdom, Cardiff holds an important place.'

Wrth gwrs, erbyn 1913 allforiwyd tunelli syfrdanol o Gaerdydd i bob rhan o'r byd; yn wir Caerdydd a'r Barri oedd Saudi Arabia dechrau'r ugeinfed ganrif.

Yn ei ddydd cyfrifid y Barri yn un o'r porthladdoedd mwyaf modern yn ne Cymru. Roedd yno dau ddoc sych lle byddid yn atgyweirio llongau; yn y ddau ddoc gwlyb roedd cymaint â 41 o dipiau llwytho glo, a 56 craen. Cyfrifid docwyr y Barri fel gweithwyr cyflym a chydwybodol a fedrai lwytho llong yn gyflymach na neb arall yn nociau de Cymru. Wrth gwrs, roedd gan dref y Barri bob math o dafarn a thŷ bwyta ac adnoddau hamdden.

Roedd llawer i draeth yng nghyffiniau'r Barri yn ganolfannau cynnar i'r fasnach o allforio cynnyrch fferm i Ddyfnaint a Gwlad yr Haf ac yn gyfrifol am fewnforio pob math o nwyddau i'w dosbarthu ym Mro Morgannwg. Y pwysicaf o'r porthladdoedd hynny oedd Aberddawan (Aberthaw). Roedd Ynys Sili rhwng Caerdydd a'r Barri yn enwog am fasnach tra gwahanol – roedd yn ganolfan smyglwyr a môr-ladron a fanteisiai ar y llongau llwythog a chyfoethog oedd ar eu ffordd i Fryste o'r Caribi a rhannau eraill o'r byd. Mor gynnar â'r 12fed ganrif roedd Ynys Sili yn ganolfan i ddrwgweithredwyr; yr enwocaf oedd y Norman De Marisco a ddisgrifiwyd fel 'The Night Hawk of the Bristol Channel'. Yn ddiweddarach, efallai mai'r enwocaf oedd John Callice a oedd yn brysur iawn yn chwarter olaf yr 16eg ganrif – câi ei gyfri yn un o'r dihirod gwaethaf a welwyd erioed. Byddai'r nwyddau a gaed trwy drais o longau Bryste yn cael eu gwerthu yn agored ar strydoedd Caerdydd. Treuliai Callice a'i gyfeillion ran o'r flwyddyn yn ardal Aberdaugleddau gan sefydlu eu hunain mewn tafarn yn Angle uwchben aber y Cleddau. Y cynhaeaf bryd hynny fyddai'r llongau a hwyliai ym Môr Iwerddon.

Daeth rhywfaint o enwogrwydd i'r arfordir rhwng y Barri a Llanilltud Fawr gan ei bod yn arfer i bobl yr ardal gynnau tân ar y creigiau uchel er mwyn denu llongau i'r lan a'u hysbeilio.

2. BAE ABERTAWE

i) Porth-cawl

Erbyn heddiw mae'n anodd meddwl am Borth-cawl fel dim ond canolfan wyliau a phob math o adloniant. Heddiw ffair enfawr a maes parcio a welir ar hen safle'r dociau a oedd unwaith yn bwysig dros ben i allforio glo a haearn o ardal Maesteg a Thon-du. Roedd cymoedd Ogwr, Llynfi a Garw yn hynod gyfoethog mewn glo, haearn a mwynau eraill, ond roedd yn broblem aruthrol i'w hallforio o'r ardal. Tua 1818 cafwyd cynllun uchelgeisiol i adeiladu porthladd wrth aber afon Ogwr ond buan y darganfyddwyd nad oedd y safle yma yn addas o gwbl. O fewn ychydig flynyddoedd edrychwyd ar safle a alwyd yn *Pwll Cawl Point* fel lle posibl i adeiladu harbwr. Nid oedd y safle hon, yn wahanol i eraill yn ne Cymru wrth geg afon oedd yn arwain i galon Morgannwg a'r maes glo. Yn 1825 penderfynwyd adeiladu ffordd dramiau:

> *An Act of Parliament from a place called Dyffryn Llynfi in the parish of Llangynwyd to a bay called Pwll Cawl otherwise Porth Cawl in the parish of Newton-Nottage and to the improving of the bay by the erection of a jetty.'*

Roedd hyd yn oed Benjamin Disraeli yn gyfranddalwr yn y prosiect ac erbyn 1828 roedd y gwaith yn gyflawn. Yn anffodus, nid adeiladwyd llifddorau yn y porthladd a bregus iawn fu blynyddoedd cynnar Porth-cawl. O'r ffordd dram o wagenni a dynnwyd gan geffylau daeth cwmni rheilffordd *Dyffryn Llynvi and Porthcawl Railway Company* i fodolaeth. Er i'r cwmni hwnnw weld cyfnod anodd wedi'i sefydlu, erbyn 1833 – gyda datblygiad gweithfeydd haearn Maesteg a Bryn-du, gwaith sinc Coegnant a nifer o byllau glo cynhyrchiol – roedd yn rhaid gwella adnoddau allforio yn unig borthladd y rhanbarth. O 1840 ymlaen bu gwario helaeth ar y doc ym Mhorth-cawl.

Yn hanes llawer o borthladdoedd Cymru mae un person neu un teulu mwy mentrus nac eraill yn allweddol i ddatblygiad. Yn yr ardal hon, teulu'r Brogden o Fanceinion oedd yr arloeswyr. Wedi prynu gwaith haearn Ton-du, roedd cwmni John Brogden yn codi glo o nifer o byllau yng Nghwm Ogwr ac erbyn 1865 roedd rheilffordd o Nantymoel a Thon-du, ac o Gwm Ogwr yn cario cynnyrch aruthrol o'r cymoedd i lan y môr ym Mhorth-cawl. Buan y sylweddolodd James Brogden fod rhaid ymestyn a moderneiddio yr harbwr. Ger traeth 'Coney Beach' adeiladwyd dau ddoc – yr un allanol a'r un mewnol ac ym mis Gorffennaf 1867 hwyliodd y llong stêm y *John Brogden* i'r porthladd i'w agor yn swyddogol.

Tan ddiwedd y 19eg ganrif roedd Porth-cawl yn ddigon llewyrchus ond gyda chystadleuaeth y Barri i'r dwyrain a Phort Talbot i'r gorllewin, bu'n rhaid cau'r porthladd – a fwynhaodd brin ddeugain mlynedd o lewyrch – yn 1906.

ii) Port Talbot

Mae Port Talbot rhyw chwe milltir o Abertawe yn un o ganolfannau pwysicaf Ewrop am gynhyrchu dur ac mae'r gweithfeydd enfawr ar lan y don yn ymestyn am rai milltiroedd i'r dwyrain o afon Afan. Wrth gwrs, cyn adeiladu'r gwaith dur enfawr roedd yna nifer o weithfeydd dur ac alcam yn y fro. Yn wir y diwydiannau trymion hynny a greodd tre Port Talbot ac ymestyniad yr hen bentrefi Aberafan a Margam.

Gan fod digonedd o lo yng nghyffiniau Aberafan datblygodd y fasnach o'i allforio yn gynnar a hyd ganol y 19eg ganrif byddai llongau wedi'u clymu wrth nifer fawr o lanfeydd bob ochr i afon Afan. Wrth yr aber, roedd porthladd naturiol bychan a elwid yn *Port Afan*. Yn 1834 rhoddwyd caniatâd i Emily Charlotte Talbot a *The Company of Copper Miners*, Cwmafan i adeiladu llif-ddor yn groes i'r afon ac yn 1837 agorwyd y doc cyntaf. Gyda chysylltiad rheilffordd â chymoedd Llynfi a Garw, daeth allforio glo yn bwysig i Bort Talbot.

Erbyn heddiw ychydig iawn o fasnach sydd yn y doc gwreiddiol ond ers mis Mai 1970 y mae yna ddoc enfawr – y *Tidal Harbour* – lle mewnforir haearn crai i waith enfawr Margam.

iii) Castell-nedd a Llansawel *(Briton Ferry)*

Roedd afon Nedd yn hynod bwysig ac roedd y diwydiannau glo, haearn ac alcam a oedd mor bwysig yn economi'r fro yn dibynnu i raddau helaeth ar y fasnach fôr. Bu cynlluniau uchelgeisiol i adeiladu dociau yng Nghastell-nedd ei hun ond ni wireddwyd y rheiny. Eto roedd y glanfeydd ar lannau Nedd yn brysur dros ben, er mai gorwedd ar y mwd yr oedd y llongau ar y trai. Er nad oes rhyw lawer o sôn am longau hwyliau yn cael eu hadeiladu ar yr afon, bu tipyn o weithgarwch ger Abaty Nedd i adeiladu llongau ager, a hynny yn gynnar iawn yn hanes stêm. Yn 1822, er enghraifft, adeiladwyd dwy long a ddisgrifir fel *Steam Packets* – y *Duke of Lancaster* a'r *Swansea*, y ddwy tua 100 tunnell. Rhwng 1822 ac 1855 adeiladwyd 22 llong ager – yn llongau padl a thynfadau haearn – yn Abaty Nedd.

Wrth gwrs, roedd glannau afon Nedd yn frith o weithfeydd haearn ac alcam a bu'n rhaid adeiladu porthladd ac iddo ddociau rhag cael tagfeydd ar yr afon. Roedd i'r doc ddwy ran – y basin a'r doc ei hun. Ar lannau'r doc roedd o leiaf 9 gwaith haearn neu alcam. Yn 1938, er enghraifft, roedd y canlynol ar lannau'r doc:

> *Briton Ferry Iron Works; Villiers Tinplate Work; Albion Steelworks; Wern Tinplate Works; Whitford Steel Sheet and Galvanizing Works; Gwalia Tinplate Works; Briton Ferry Steelworks; Baglan Bay Tinplate Works; Vernon Tinplate Work.*

Erbyn hyn, er fod yna ddiwydiannau o bwys yn Llansawel, segur yw'r porthladd a fu unwaith mor brysur. Pan symudwyd y llifddorau tua 1970, nid oedd dyfodol i'r doc a bellach mae wedi'i dagu â llaid, a phrin yw y llongau sy'n dod i fyny afon Nedd. Tan ddiwedd y ganrif ddiwethaf, roedd trafnidiaeth cyson o longau – llawer ohonynt o gyfandir Ewrop – yn cario glo i lanfa a elwid yn *Giant's Causeway*. Rhyfedd o fyd: gwelir mewnforio glo o rannau eraill o'r byd i galon maes glo Morgannwg erbyn hyn. Am rai blynyddoedd ar ôl yr Ail Ryfel Byd defnyddid y *Giant's Causeway* i ddatgymalu llongau a'r dur a'r haearn yn cael ei ailgylchu.

iv) Abertawe

Ar ei daith trwy Brydain sonia Daniel Defoe am Abertawe fel *'a very considerable town for trade and a good harbour. Here is also a great trade for coals and culm while they export to all the ports of Somerset, Devon and Cornwall and also to Ireland itself, so that one sees hundred sail of ships at a time loading coal here'*.

Ymhell cyn adeiladu unrhyw ddoc wrth geg afon Tawe, roedd traethau cysgodol Bae Abertawe yn brysur dros ben. Roedd gan y dre fantais gan fod pyllau glo yn britho'r cwm a'r cyffiniau hyd rhyw dair milltir o'r arfordir ac erbyn dechrau'r 18fed ganrif roedd llongau glo yn hwylio yn gyson o Abertawe i bob rhan o orllewin Prydain, i Ffrainc, Iwerddon ac Ynysoedd y Sianel, Sbaen a Phortiwgal.

Gan fod gan ardal Abertawe ddigonedd o lo i danio ffwrneisi, y diwydiant pwysica' a sefydlodd yn yr ardal honno a Chastell-nedd oedd y diwydiant copr. Roedd rhaid mewnforio'r mwyn copr – yn gyntaf o Gernyw ac yna o Fynydd Parys ym Môn ac yn ddiweddarach o Chile. Erbyn diwedd y 19eg ganrif dywedir bod 90% o'r copr a gynhyrchid ym Mhrydain yn dod o ardal Abertawe a Nedd. Roedd 75% o holl alcam *(tinplate)* Cymru yn cael ei gynhyrchu o fewn rhyw bymtheg milltir i Abertawe. Gyda thyfiant arbennig y diwydiannau metel roedd rhaid paratoi porthladd addas i holl fewnforion ac allforion tref fyd-enwog ym maes cynhyrchu metalau. Er fod yn bosibl i longau bychain i fyny i 60 tunnell hwylio i fyny afon Tawe am rhyw ddwy filltir i ardal Glan-dŵr, annigonol oedd y sefyllfa ym Mae Abertawe. Tra oedd gan Lanelli ei doc yn 1828, Caerdydd yn 1839 a Casnewydd yn 1844, gorwedd ar fwd yr aber, wrth un o'r glanfeydd neu allan yn y bae oedd tynged llongau Abertawe am beth amser eto. Medd yr enwog Thomas Telford wrth ymddiriedolwyr yr harbwr yn 1827:

'The harbour of Swansea is in my opinion singularly well situated for being rendered capacious, convenient and safe: but that this can only be effectually accomplished by converting both the river and the harbour into floats, totally independent of each other and yet so as to be occasionally connected.'

Wedi dadlau am flynyddoedd, agorwyd y doc cyntaf ar Ddydd Calan 1852. Hwn oedd y *North Dock* (lle saif archfarchnad heddiw) ac wedi blynyddoedd pellach o gweryla ymysg yr ymddiriedolwyr cafwyd ail ddoc – y *South Dock* (safle *Marina* Abertawe yn awr) yn 1859.

Gyda thrafnidiaeth brysur dros ben fel roedd diwydiannau'r rhanbarth yn ffrwydro, buan y darganfyddwyd nad oedd y ddau ddoc i'r gorllewin yn ddigon a penderfynwyd adeiladu dociau helaeth i'r dwyrain o afon Tawe. Yn 1881, cafwyd y *Prince of Wales Dock*; y *King Edward VII Dock* yn 1909 a'r *Queen's Dock* yn 1920. Doc olew yn gysylltiedig â gwaith olew BP yn Llandarcy ger Castell-nedd oedd hwn. Gyda'r holl drafnidiaeth mewn metelau a glo caled, pysgota a llu o ddiwydiannau eraill roedd Abertawe yn un o borthladdoedd pwysicaf y deyrnas:

> 'Thanks to the growth of the copper smelting, zinc spelter, steel, iron, tinplate and other works,' medd W.J. Jones yn 1922, 'there was probably no other harbour in the kingdom worked by docks where such an amount of traffic was carried on a given water space as in Swansea.'

Er fod rhywfaint o adeiladu llongau pren ar lannau Tawe, ni ddatblygodd y porthladd yn ganolfan bwysig i'r diwydiant hwnnw. Gwell gan berchnogion llongau Abertawe fuddsoddi mewn llongau rhad o Ynys Prince Edward yng Nghanada. Nid derw Cymreig a ddefnyddid yn y llongau hynny ond coed meddal. Gyda William Richards o Abertawe yn adeiladu llongau wrth y cannoedd ar y cŷd â'i deulu yng nghyfraith – yr Yeos, a'i frawd Thomas Picton Richards yn gweithredu fel ei asiant – roedd pethau'n llewyrchus arnynt.

Yn 1876-7, o'r 263 llong a restrwyd fel llongau Abertawe roedd 112 ohonynt wedi'u hadeiladu ar Ynys Prince Edward: 37 o ogledd-ddwyrain Lloegr; 34 yng ngogledd Dyfnaint, 14 yn Glasgow ac 11 yn unig o Abertawe. Llongau araf wedi'u cynllunio i gario llwythi trymion glo a chopr oedd y rhain; llongau araf a wynebai foroedd mwyaf garw'r byd. Yn wahanol i berchnogion llongau Caerdydd, glynodd perchnogion Abertawe wrth longau hwyliau gan nad oedd angen nac anogaeth i fuddsoddi mewn

BRISTOL & CARDIGAN TRADING CO.
LIMITED.

STEAM COMMUNICATION
BETWEEN

BRISTOL AND CARDIGAN.

1914. 1914.

S.S.ST.TUDWAL

Dinbych-y-pysgod, gyda llongau pysgota yn y bae.
Mae'r cets yn un o'r 'Tenby Luggers' enwog, tua 1910.

Llwytho llechi yn y Felinheli.
(Archifau Gwynedd)

Llongau'r diwydiant copr yn Abertawe tua 1905.
(Amgueddfa Abertawe)

Porthladd Aberaeron 1910.

Dociau'r Barri tua 1908, gyda'r S.S. Italiana *yn y Doc.*

Porthladd Aberystwyth yn niwedd y 19eg ganrif.

Llwytho glo yn nociau Casnewydd.

Porthladd Penfro islaw'r castell tua 1890.

Hen borthladd Abergwaun – 'Y Cwm'.

Doc Penarth 1883 (o Welsh Sail *S. Campbell Jones 1979.*

Cei llechi Caernarfon yn 2003.

Wrth y Cei yng Ngheinewydd.

27932F. LOWER FISHGUARD HARBOUR.

Harbwr Abergwaun.

Llongau ger yr odynau calch ar lannau Teifi tua 1870. Mae'n debygol mai'r enwog Triton, *llong ymfudwyr i America yw'r un fwyaf o'r llongau ar y dde.*

Un o longau Bryste yn llwytho gwenithfaen ym Mhorth-gain, Penfro.

Llongau wrth aber afon Nyfer
yn y Parrog, Trefdraeth, Sir Benfro.

Dociau Port Talbot gyda llongau yn llwytho glo tua 1930.

Casglwyr cregyn gleision Conwy tua 1938.

Porth Penrhyn Bangor 2003.

Porth Penrhyn a'r tŷ bach i'r gweithwyr 2003.

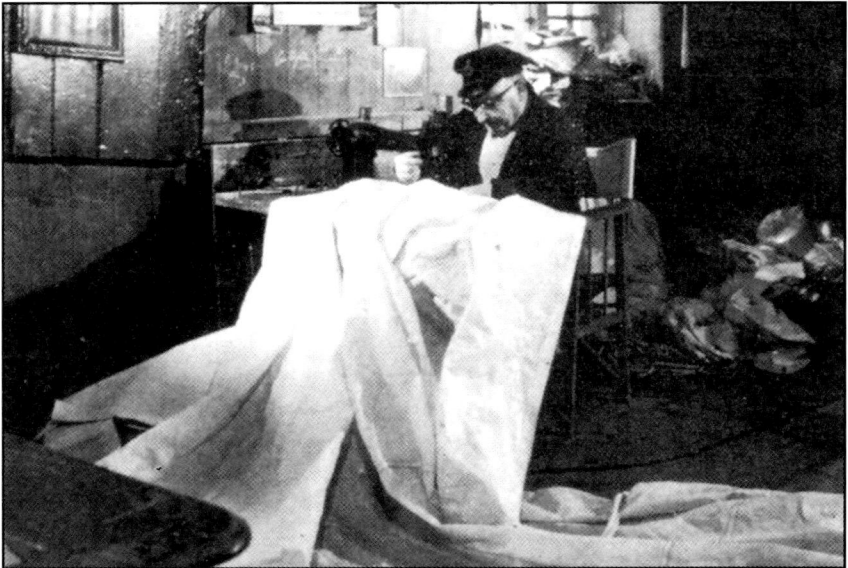

*Gwneuthurwr hwyliau – Dafydd Cale – wrth ei waith
ym Mangor tua 1975.*

Porthladd Aberdyfi yn ei anterth tua 1890.

Porth Amlwch yn ei anterth.

*Traeth y Dyffryn (Traeth y Llongau) Aber-porth
gyda phrysurdeb dadlwytho i geirt.*

*Doc Alexandra Caerdydd gyda nifer o longau yn 'gorwedd fyny' mewn cyfnod
gwael yn hanes masnach yn y 1930au.*

Porthladd Aberaeron tua 1895.

Y Cei yn Aberaeron.

*Porthladd mewnol Aberaeron – Pwll Cam gyda llongau
yn 'gorwedd' dros fisoedd yr hydref a'r gaeaf.*

*Adeiladu llongau yng Nghei Bach 1860.
(Llyfrgell Genedlaethol)*

Porthladd Porthmadog yn ei anterth yn nechrau'r 20fed ganrif.
(Archifau Gwynedd)

Doc Aberdaugleddau gyda'r farchnad
bysgod enfawr ar ochr y cei.

llongau haearn stêm. Roeddent yn dibynnu i raddau helaeth ar forwyr o orllewin Cymru i hwylio'u llongau: pobl fel Capten William Williams o Landudoch a aeth i'r môr yn dair ar ddeg ar y smac leol – yr *Hopewell* – yn 1869. Erbyn 1875, roedd ef a nifer o'i gyfoedion wedi ymuno â'r *Lord Clyde*, un o longau Tullocks yn Abertawe a oedd yn drwm yn y fasnach gopr.

Rhwng 1877 a 1900 sefydlwyd rhyw 32 o gwmnïau llongau yn Abertawe; cwmnïau fel Richards: Burgess a Shaddick, Richard Tullock a Henry Hoskin. Ar ôl tua 1880, lleihau wnaeth y fasnach gopr er i'r llongau hwyliau barhau hyd 1914. Cyfrifid perchnogion y barciau copr yn garfan ddi-hid a didostur yn barod i aberthu llawer er mwyn elw. O'r 200 llong a gollwyd yn chwarter olaf y 19eg ganrif, mae'r diweddar Aled Eames yn cofnodi mordaith un o longau Henry Hoskin o Abertawe, brodor o Gernyw a geisiodd ddisodli llongau hwyliau sgwâr traddodiadol gyda sgwneriaid mawr. Un o'r llongau hynny oedd y *Bride*:

'Ym mis Mai 1882 yn agos i'r Horn yr oedd y *Bride* o Abertawe ar ei ffordd i Valparaiso ac mewn trafferth mawr mewn tymestl dde-orllewinol nerth 10. Chwalwyd y rigin blaen dan straen y gwyntoedd a syrthiodd y mast blaen i fwrdd y llong. Tasg anferth i'r criw mewn moroedd mor dymhestlog oedd symud y llanastr ar ôl y trychineb hwn ond yr oedd gwaeth i ddilyn – collodd y prif fast ei rigin a rhyddhau'r estyll o'i gwmpas gan ollwng llawer o ddŵr dan y dec. Yna tagwyd y pympiau. Â'r prif fast yn gwegian yn hurt a'r llong yn suddo yn ddyfnach yn y moroedd tymhestlog hyrddiwyd mwy a mwy o ddŵr i mewn i'r llong nes methu o'r pympiau; llifeiriodd i'r howld lle y storiwyd 800 tunnell o lo de Cymru. Nid rhyfedd i'r capten a'r criw ei hel hi i'r badau achub. Y rhyfeddod oedd iddynt fyw i adrodd yr hanes.'

Bychan iawn yw masnach porthladd Abertawe o'i gymharu â'r hyn ydoedd hanner can mlynedd yn ôl. Bellach mae'r diwydiant pysgota wedi hen farw; nid oes glo nac alcam yn cael eu hallforio ac mae cau gwaith olew BP yn Llandarcy wedi sicrhau nad oes olew yn cael ei fewnforio na'i allforio. Mae'r gwasanaeth fferi i Corc yn dal i redeg o'r lanfa yn rheolaidd ers Ebrill 1987.

Amgueddfeydd a llongau pleser, tai bwyta a fflatiau ysblennydd sy'n britho glannau'r *South Dock* ac mae cynlluniau i ymestyn yr adnoddau hynny i'r dwyrain o afon Tawe, sydd bellach dan reolaeth argae.

3. BAE CAERFYRDDIN

i) Llanelli

Yn y 19eg ganrif – yn enwedig yn chwarter olaf y ganrif – gellir dweud fod Llanelli yn un o drefydd diwydiannol pwysicaf Cymru. Er fod gweithfeydd glo niferus a gwaith copr o bwys yn ardal Llanelli, yn sicr y diwydiant alcam a ddaeth â llewyrch i'r dref. Ar ôl 1870 roedd y diwydiant glo ar drai ond fe'i disodlwyd gan y diwydiant hollbwysig o gynhyrchu alcam *(tinplate)*. Nid rhyfedd i Lanelli ennill yr enw o fod yn 'Dre'r Sosban'. Erbyn diwedd y 19eg ganrif, gellir disgrifio Llanelli fel tref un diwydiant. Er fod y diwydiant hwnnw wedi'i sefydlu mor gynnar â 1737 yng Nghydweli, yn ail hanner y 19eg ganrif y daeth y diwydiant i'w lawn dwf ac roedd cymaint â 19 o weithfeydd alcam yn gweithio yn y fro ac yn cyflogi cyfran helaeth o ddynion y dref mewn diwydiant caled a thrwm.

Roedd datblygiad y diwydiant alcam yn gyfrifol am ddatblygiad porthladd Llanelli. I fewnforio haearn crai, lawer ohono o ogledd-orllewin Lloegr o borthladdoedd fel Millom a Whitehaven ac i allforio'r gwaith gorffenedig, roedd yn rhaid cael llongau. Roedd cyfyngiad ar faint y llongau a fedrai ddygymod â'r llwybrau troellog i Lanelli, a chan mai yng ngogledd America, a Chicago yn arbennig yr oedd y galw mwyaf am alcam i wneud tuniau bwyd a chig, roedd yn rhaid trosglwyddo cargo o longau bychain Llanelli i longau mawrion Lerpwl ac, i raddau llai, o Fryste. Buddsoddodd rhai cwmnïau o'r Unol Daleithiau mewn gweithfeydd alcam yn yr ardal – er enghraifft, asiant allforio alcam Llanelli oedd Phelps, James & Co. o Efrog Newydd. Y cwmni hwnnw gyda chyfalaf o £50,000 a sefydlodd waith alcam Llangennech *(The Llangennech Tinplate Co. Ltd)* yn 1867.

Yn yr 1860au roedd y fasnach allforio alcam yn nwylo cwmnïau lleol fel y *Llanelly Steam Navigation Company* (1862) a'r *Llanelly and Liverpool Steam Navigation Company* (1876). Byddai tair neu bedair o longau stêm yn hwylio'n wythnosol o'r *Liverpool Wharf* ger doc Neville i Lerpwl. Wrth gwrs, perchnogion gweithfeydd alcam yr ardal oedd prif gyfranddalwyr llongau Llanelli; pobl fel Henry

Rees a Thomas Stone o'r *Bury Port Tinplate Works* a David Samuel o'r *Ashburnham Tinplate Company.*

Er gwaethaf holl weithgarwch *Tinopolis* am ganrif a rhagor, roedd tranc y diwydiant yn anochel ac yn Chwefror 1951, caewyd y dociau yn gyfangwbl. Yn y dyddiau prysuraf roedd gan y dre nifer o ddociau: *Pemberton's Dock* (tua 1805), *Carmarthenshire Dock* (tua 1801), *Copperworks Dock* (1806) – a adnewyddwyd gyda llifddorau yn 1825 – a'r *North Dock* yn 1903. Er gwaethaf yr holl drafferthion – fel y dywedodd J.K. Brunel yn 1857, *'Nature has not done much to fit Llanelli for a port'* – bu yno gyfnod llewyrchus.

ii) Pen-bre a Porth Tywyn

Y syndod mwyaf yw fod unrhyw fath o borthladd wedi'i sefydlu yng ngogledd Bae Caerfyrddin, gan mai llaid a banciau o dywod symudol a pheryglus sy'n nodweddiadol o'r fro. Efallai fod y traethau yn addas i gasglwyr cocos Llan-saint, ond brwydr go arw yn erbyn elfennau naturiol oedd ceisio cadw unrhyw fath o harbwr yn agored. Roedd yn rhaid cael rhywle i allforio glo Cwm Gwendraeth, a gyfrifid o ansawdd arbennig iawn. Y glo caled hwn wedi'i falu a chymysgu â chlai i wneud cwlwm oedd prif danwydd ardaloedd helaeth ym Mhenfro a Cheredigion. Yn draddodiadol roedd tri math o gwlwm yn cael ei ddefnyddio – Cwlwm Hook o bentre ar lannau Cleddau yn Sir Benfro; Cwlwm Abertawe a Cwlwm Pen-bre. O borthladd bychan a adeiladwyd yn 1810 dôi y llongau o Geinewydd ac Aberteifi, Llangrannog ac Aber-porth i gasglu llwythi lawer a oedd i'w werthu i drigolion y gorllewin. Erbyn 1832, agorwyd porthladd Porth Tywyn *(Burry Port)* ac erbyn canol y 19eg ganrif y ddau borthladd yma oedd yn rheoli holl gyfoeth maes glo Cwm Gwendraeth. Gydag agoriad y rheilffordd y *Burry Port and Gwendraeth Valley Railway*, bu llewyrch arbennig ar y ddwy gymuned. Sefydlwyd diwydiannau o bwys – o waith alcam i waith copr – yn yr ardal a chyda'r galw aruthrol am adnoddau allforio glo, bu'n rhaid ehangu doc Porth Tywyn yn 1888. Yn anffodus oherwydd natur symudol y bae ni ddatblygwyd porthladdau afonydd Gwendraeth yn iawn ac fel roedd maint y llongau'n cynyddu, nid oedd lawer o ddyfodol i Borth Tywyn nac yn wir i Lanelli gerllaw.

Yn hanes pobl cylch Pen-bre a Porth Tywyn, y mae yna straeon digon cythryblus. Roeddent yn enwog am rai canrifoedd am ddenu llongau i draeth Cefn Sidan er mwyn ysbeilio'r llongau. Nid rhyfedd iddynt gael eu galw yn 'Bobl y Bwyelli Bach'.

iii) Cydweli

Fel llawer o drefi castell yng Nghymru, mae gan Gydweli hanes hir fel porthladd ac mor gynnar â 1229 mae sôn am y Brenin Henry III yn rhoddi'r hawl i 'Robert de Cadwely', *Magister Navis* (Meistr Llong) i fasnachu â Gascony yn Ffrainc i gario gwlân a chrwyn anifeiliaid i'r wlad honno a dychwelyd i Gydweli gyda gwin ac olew. Erbyn dechrau'r 16eg ganrif, roedd tipyn o fasnach rhwng Cydweli a Ffrainc ac Iwerddon, yn allforio gwenith a barlys, pysgod hallt a cwrw.

Yn anffodus, fel mewn sawl rhan o Fae Caerfyrddin, roedd aber afon Gwendraeth yn cael ei dagu gan laid ac anaml iawn byddai unrhyw long yn medru cyrraedd tre Cydweli. Gyda gwelyau tywod symudol fel Cefn Sidan gerllaw, roedd llongddrylliadau yn niferus yn y fro. Wedi darganfod maes glo caled cyfoethog iawn yn Nyffryn Gwendraeth, gwnaed ymgais i wella'r harbwr trwy weithgarwch diwydiannwr o Sir Benfro, Thomas Kymer. Yn 1766, adeiladwyd camlas i borthladd newydd yng Nghydweli. Ond oherwydd y trafferthion, ni fu rhyw lewyrch ar Gydweli fel porthladd. Am ychydig flynyddoedd bu diwydiant adeiladu llongau yno ond buan y bu'r llaid a'r tywod yn ormod i Gydweli ac fel y dywedodd hanesydd lleol yn 1907:

> 'the quality of coal exported from Kidwelly now is insignificant as most of it is taken to Burry Port and Swansea for shipment.'

Erbyn 1930 yr oedd bodolaeth porthladd Cydweli ar ben.

iv) Caerfyrddin

Anodd a throellog yw cwrs afon Tywi o dref hynafol Caerfyrddin i geg yr afon yn ardal Glan-y-fferi. Eto i gyd, er gwaethaf pob rhwystr, mae i'r afon hanes hir iawn fel un o'r rhai prysuraf yn ne-orllewin Cymru a bu i dref Caerfyrddin ei hun brysurdeb arbennig iawn, gyda chysylltiadau byd eang. Mor bell yn ôl a chyfnod y Rhufeiniaid roedd Caerfyrddin – sef *Moridunum*, (Caer y Môr) – yn mewnforio gwin a chrochenwaith, olew a gemwaith o Fôr y Canoldir i ateb gofynion poblogaeth niferus y gaer Rufeinig. Gydag adeiladu'r castell Normanaidd ar lan yr afon, dibynnai'r trigolion ar nwyddau a fewnforiwyd, ac yn y canrifoedd oedd i ddilyn datblygodd masnach yn aruthrol. Roedd cysylltiad rheolaidd â phorthladdoedd gorllewin Lloegr – Bryste yn fwyaf arbennig, ond hefyd Barnstable a Bideford. Heblaw'r fasnach bwysig mewn gwlân a chynnyrch amaeth yn fwyaf arbennig yn yr Oesoedd Canol, adeiladwyd perthynas agos â Ffrainc – gyda phorthladd La Rochelle yn fwyaf arbennig. Er mai llongau Ffrengig oedd y rhan fwyaf o'r rheiny a ddôi i Gaerfyrddin, erbyn y 16eg ganrif, roedd mwy a mwy o longau lleol yn defnyddio'r porthladd.

Tua 1566 noda Dr Moelwyn Williams fod 6 llong ym mherchnogaeth marsiandwyr Caerfyrddin:

i) *The Nyghtyngale* – 50 tunnell. Perchnogion: Richard Lewis Hopkyn a David Ieuan. Criw o 10 a dau hogyn a hwyliai fwyaf i Bryste a Ffrainc.

ii) *Angell:* Barc 28 tunnell. Perchnogion: Gr Pontin, Morris Hancok a Morris Thomas. Criw o 5. Masnachu â Bryste.

iii) *Mathew:* Barc 18 tunnell. Perchennog: Richard Lewys Hopkyn. Criw o 5. Masnachu â Bryste.

iv) *Nycholas:* Smac 8 tunnell. Perchennog: Richard Lewys Hopkyn. Criw o 3. Masnachu â Bryste.

v) *Mary David:* Smac 8 tunnell. Perchnogion: Richard Lewis a Nicholas Roche. Criw o 3. Masnachu â Bryste.

vi) *Trynytie Burley:* Smac 8 tunnell. Perchnogion: William Burley a John Phylip. Criw o 2. Masnachu â Bryste.

Nodir hefyd un llong – y *Mychaell,* 18 tunnell ym mherchnogaeth John Palmer a David Allan o Dalacharn. Gyda chriw o 5 roedd hon yn masnachu o orllewin Lloegr. Ychydig oedd y llongau lleol ym Mae Caerfyrddin yn y 16eg ganrif heblaw am Gaerfyrddin a Phort Tywyn, er fod gan ardal Porth Tywyn un llong fechan, y *Jesus,* o 8 tunnell, ym mherchnogaeth Owen ap Jenkyn, a chriw o 3 a fasnachai rhwng Talacharn a Barnstable.

Un o fanteision mawr Caerfyrddin oedd ei fod cryn bellter o'r môr ac yn glir o ymosodiadau smyglwyr a môr-ladron a oedd mor gyffredin ym Mae Caerfyrddin am rai canrifoedd. Fel y dywedodd Dr Pococlle yn 1751:

'There is a good quay to which ships of 150 tons can come up as they have eleven feet of water. They have a great trade in butter to London and of wheat, barley and beans to all parts, mainly coastwise and they are famous for pickled salmon.'

Yn sicr, er gwaethaf trafferthion rhwng y dre a'r môr, gyda'r afon yn newid ei chwrs yn fynych, roedd Caerfyrddin yn ddigon pwysig fel porthladd. Yn 1831 er enghraifft noda Joyce a Victor Lodwick, haneswyr Caerfyrddin, fod gan y porthladd 51 o longau wedi'u cofrestru yn nhollfa Caerfyrddin. Bu 420 o longau arfordirol yn ymweld â'r porthladd. Yn ychwanegol bu 13 o longau o wledydd tramor yno, yn eu mysg llongau oedd yn ymwneud â'r diwydiant pysgota yn Newfoundland a Nova Scotia. Bu rhywfaint o ymfudo oddi yno hefyd, er nad oedd y fasnach honno yn llwyddiannus bob amser. Yn 1795, er enghraifft, sonnir am garfan o bobl o Sir Drefaldwyn a oedd i ymadael am Fryste ac yna i America ar fwrdd llong o'r enw y *Maria.* Yn anffodus i'r Cymry, gwrthododd meistr y *Maria* fentro i fyny afon Tywi a bu'n rhaid i'r anffodusion o Bowys gerdded bob cam i Fryste i ddal y llong.

Er gwaethaf pob trafferth, roedd Caerfyrddin yn ddigon llewyrchus. Wedi'r cwbl, ers 1547 roedd maer Caerfyrddin yn defnyddio'r teitl *'Admiral of the River Towy from the bridge at Carmarthen to the bar of the said river.* Ar wahân i fasnach, bu adeiladu llongau hwyliau yn ddiwydiant ar yr afon. Rhwng 1805 a 1850, lansiwyd nifer o frigiau o faintioli gweddol o tua 200 tunnell a rhagor o'r dre. Y prif longau oedd:

Mary Anne (1805); *Priscilla* (1806); *Albion* (1813); *Hero* (1814); *Margaret* (1834); *Naiad* (1838); *Princess Royal* (1841).

Ymysg llongau llai a adeiladwyd roedd y *Carmarthen Packet* a'r *Bristol Packet*, ond erbyn 1860au roedd y diwydiant adeiladu llongau yng Nghaerfyrddin wedi gorffen.

Yn 1830, dechreuwyd gwasanaeth llong ager rhwng Caerfyrddin a Bryste ac er gwaethaf pob hyder am lwyddiant y gwasanaeth, ofer fu. Daeth y *Frolic* i Gaerfyrddin am y tro cyntaf yn Nhachwedd 1830, ond erbyn 1831, mewn storom Fawrth, drylliwyd y llong ar Bwynt Nash ger Porth-cawl gyda cholledion mawr ymysg y criw a'r teithwyr. Eto i gyd, roedd gobaith ymysg marsiandwr Caerfyrddin a phrynwyd llong badl arall – y *County of Pembroke* – a redai'n rheolaidd o'r cei yng Nghaerfyrddin i Bryste. Yr 1820au oedd oes aur y porthladd er fod yr afon yn newid ei chwrs ac yn llanw a llaid yn aml. Yn 1847, suddodd un o longau Aberystwyth, y *Bodallog*, gyda chargo o rawn yn yr aber gan fod yn berygl i longau eraill am flynyddoedd.

Yn ystod chwarter olaf y 19eg ganrif roedd gwasanaeth cyson rhwng Bryste a Chaerfyrddin (y llongau stêm *Cambria* a *Neath Abbey*; i Lerpwl (y llongau *Ibis* a *Lady Kate*). Er hynny, gyda dyfodiad y rheilffordd yn 1852 ac estyniad y rheilffyrdd i Landeilo a Hendy-gwyn ar Daf ac i Landysul roedd tranc y porthladd yn anorfod. Erbyn 1938, roedd y fasnach fôr o Gaerfyrddin ar ben a phorthladd un o drefydd pwysica'r Oesoedd Canol wedi gorffen.

v) Sanclêr a Thalacharn

Afon fer yn llifo o'r Preseli ger Pentregalar i'r môr ym Mae Caerfyrddin ger tref hynafol Talacharn, yw afon Taf. Er byrred yw hi, mae i'w dyffryn le pwysig iawn yn hanes Cymru. Dyna lle'r oedd llys Hywel Dda; yma yn Llanddowror y bu Gruffydd Jones yn rheithor am flynyddoedd lawer, ac yn wir yma y bu'r bardd

Dylan Thomas yn byw hefyd.

Heblaw am gysylltiadau llenyddol a diwylliannol Dyffryn Taf, roedd hefyd ddiwydiannau o bwys yno. Yn Llanfyrnach, er enghraifft, roedd un o fwyngloddiau pwysicaf de Cymru yn cynhyrchu plwm ac arian a allforid o borthladd Sanclêr, rhyw filltir o Dalacharn ac aber yr afon. Roedd gan feistri gwaith plwm Llanfyrnach gynlluniau uchelgeisiol tua diwedd y 18fed ganrif i ddyfnhau'r afon o Lanfyrnach i Sanclêr, fel bod llongau sylweddol yn medru hwylio'r holl ffordd i Lanfyrnach. Ni wireddwyd y freuddwyd er gwaethaf yr holl obeithion am y pwll. Meddid yn 1764:

'Taking the whole together, it is very plain that the adventurers can not lose by this field if well managed.'

Gyda datblygiad chwareli enfawr y Glôg yn y 19eg ganrif, roedd dyffryn Taf yn hynod bwysig fel canolfan diwydiant ac roedd porthladd Sanclêr yn adlewyrchu prysurdeb y dyffryn. Mae'r dref fechan gryn filltir o geg yr afon yn borthladd lled bwysig. Fel y dywedwyd yn nechrau'r 19eg ganrif, *'The town is always busy either with the exports of corn and general produce or with imports of coal, limestone and simple groceries and draperies.'*

Er mor anodd oedd cwrs troellog afon Taf, parhaodd y llongau i ddod i Sanclêr tan yr 1850au pan ddaeth y rheilffordd o dde Cymru i'r fro.

Roedd pethau'n wahanol yn Nhalacharn ger ceg afon Taf. Ni chyrhaeddodd y rheilffordd y dref hynafol honno ac oherwydd hynny parhaodd Talacharn yn borthladd tan y Rhyfel Byd Cyntaf. Wrth gwrs, fel lleoliad castell Normanaidd a ddibynnai ar drafnidiaeth môr i ateb gofynion y garsiwn, roedd y traddodiad o forwriaeth yn y dre yn hynafol iawn. Pan adeiladwyd y dref yng nghysgod y castell, yr afon oedd ffocws bywyd Talacharn a hyd y dydd heddiw *Port Reeve* a elwir maer y dref.

Dros y canrifoedd, roedd llewyrch a chyfoeth Talacharn wedi'i seilio ar fasnach môr a'r porthladd bychan a sefydlwyd islaw muriau'r castell. Yn yr 16eg a'r 17eg ganrif, er enghraifft roedd nifer o berchnogion llongau a marsiandwyr cyfoethog yn byw yn y dre. Nid yn unig roedd gan Dalacharn ei llongau ei hun ond dôi llongau o weddill ynysoedd Prydain ac o wledydd tramor i'r porthladd; y mwyaf cyson efallai oedd llongau Ffrainc a ddôi â gwinoedd y wlad honno i'r fwrdeistref. Yn anffodus, bu trafferthion i drafnidiaeth môr yn yr aber hon hefyd oherwydd bod yr afon yn llanw yn gyflym â llaid a thywod. Roedd yn frwydr gyson i geisio rheoli'r mwd, ond tagu fu hanes nifer o'r glanfeydd. Gwnaed ymgais gan nifer o berchnogion llongau, fel y brodyr Henry a John Butler, i ddefnyddio cychod bas a gwaelodion fflat i geisio goresgyn y broblem. Erbyn heddiw nid oes llawer i ddangos y prysurdeb a fu, oherwydd mae'r llaid wedi gorchuddio'r hen borthladd Normanaidd bron yn gyfangwbl.

4. SIR BENFRO

i) Saundersfoot

Pan oedd diwydiant glo Sir Benfro yn ei anterth, yn cynhyrchu glo caled o'r radd flaenaf, prif borthladd ei allforio oedd pentre Saundersfoot. Tan y 1950au allforiwyd glo oddi yno ac roedd gwaith malu'r glo i wneud cwlwm nepell o lan y don. Cystal oedd ansawdd glo de Penfro fel bod bragdy enwog Guinness yn Nulyn yn rhoddi blaenoriaeth iddo o flaen pob glo arall. Felly yr oedd llongau o Ddulyn yn ymwelwyr cyson â Saundersfoot, tra oedd cynhyrchwyr brâg i wneud cwrw o Gaint ac East Anglia yn galw yn gyson am gynnyrch pyllau fel Stepaside a Bonville's Court, Reynalton a Grove ac yn cyfrif glo Penfro fel y gorau yn y gwaith gofalus o gynhesu yr adeiladau bragu.

Mae i faes glo de Penfro hanes hir yn mynd yn ôl i'r Oesoedd Canol a byddid yn allforio glo o draethau agored yr ardal. O 1806 ymlaen adeiladwyd rhwydwaith o dramffyrdd o'r pyllau glo i'r arfordir ac yn 1829 adeiladwyd porthladd newydd Saundersfoot a ddisgrifiwyd yn 1856 fel:

> *'its small but strong harbour built it of solid masonry. Several schooners were lying in it and an air of bustle and trade prevailed – tramroads lead to the harbour by which the culm and anthracite are brought down, whence they are emptied into the vessels alongside the wharves through large wooden shutes.*

Heddiw cychod pleser a dau neu dri cwch pysgota sy'n yr harbwr; mae pyllau glo yr ardal erbyn hyn yn feysydd carafanau ac erbyn heddiw nid oes dim a ddengys fod y pentre deniadol hwn unwaith wedi bod yn brif borthladd allforio glo caled.

ii) Dinbych-y-pysgod

Heddiw mae Dinbych-y-pysgod yn un o ganolfannau pwysicaf y diwydiant ymwelwyr yng Nghymru ac yn atyniad i filoedd i fwynhau'r traethau melyn, yr arfordir bendigedig a phob math o adloniant. Fel y dywedodd un o artistiaid pwysicaf y dre – Charles Norris yn 1812:

'Few places can be more productive of gratification than a happy assemblage which artists can seldom discover in any one spot.'

Ers diwedd y 18fed ganrif, dechreuodd y dref fod yn boblogaidd a datblygwyd nifer o dai ffasiynol, Neuadd Gyhoeddus (yr *Assembly Room*), gwestai a phyllau nofio trwy ddylanwad Sir William Paxton. Pan ddaeth y rheilffordd yno yn 1863, cyflymodd datblygiad yn gyflym dros ben gyda'r miloedd o bob rhan o'r wlad, yn enwedig o ardaloedd diwydiannol de Cymru, yn medru cyrraedd y dre yn gyflym a chyfleus.

Ond y mae i Ddinbych-y-pysgod hanes hir iawn, fel un o borthladdoedd pwysicaf Cymru yn yr Oesoedd Canol. Gyda chastell Normanaidd wedi'i leoli uwch harbwr naturiol datblygodd Dinbych fasnach gyson â Ffrainc. Yn 1328 adeiladwyd glanfa a ddaeth yn bwysig dros ben i lanio gwin Ffrengig yn arbennig ac i allforio glo caled y fro i Ffrainc, Sbaen a Phortiwgal. Yn sicr, roedd morwyr de Penfro yn ddigon mentrus i hwylio cryn bellter o'u cartref ac nid yw'n rhyfedd iddynt adeiladu eglwys Sant Julian ar lan yr harbwr er mwyn cynnal gwasanaeth o weddi cyn dechrau pob mordaith – a hynny mewn llongau bychain bregus nad oedd yn cario llawer mwy na 10 tunnell yr un. Gyda gwin ac olew o Ffrainc, halen o ardal Oporto yn Portiwgal, ffrwythau o Sbaen a chynnyrch amaethyddiaeth o Iwerddon, roedd porthladd Dinbych-y-pysgod yn mewnforio llawer. Heblaw glo caled a chwlwm, roedd gwlanenni o bob math a gynhyrchid gan wehyddion Penfro yn hynod bwysig gan mai'r sir honno oedd prif ganolfan y diwydiant gwlân yn yr Oesoedd Canol.

Gyda'r dref yn derbyn ei siartr yn nechrau'r 15fed ganrif, roedd Dinbych-y-pysgod yn eithriadol gyfoethog yn Oes y Tuduriaid. Roedd holl bŵer y dref yn nwylo nifer o farsiandwyr a enillodd iddynt eu hunain – nid bob amser yn onest – gyfoeth enfawr a adlewyrchir yn rhai o'r tai a welir o hyd ger yr harbwr. Roeddent yn drwm yng ngweithgareddau'r môr-ladron a'r smyglwyr a oedd yn barod i fewnforio pob math o nwyddau o Sbaen, a hynny pan oedd Sbaen a Phrydain yn rhyfela yn erbyn ei gilydd.

Dal i fod yn llewyrchus oedd hanes y porthladd tan ddiwedd y 18fed ganrif a sonia Daniel Defoe am y dre yn 1724 fel:

> 'a very good road for shipping and well frequented. Here is a great fishery for herring in its season, a great colliery, or rather export of coals and they drive a very considerable trade with Ireland.'

Erbyn diwedd y 18fed ganrif, gyda diflaniad nifer fawr o'r pyllau glo lleol, dirywio wnaeth masnach allforio glo Dinbych-y-pysgod. Er i'r diwydiant pysgota barhau bron hyd ddechrau'r 20fed ganrif, harbwr pleser a ddatblygwyd yno. Nid oedd budreddi llwch glo na drewdod pysgod yn hollol beth oedd ei angen ar dref glan môr, chwaethus ac felly daeth Saundersfoot gerllaw yn ganolfan allforio glo a chwlwm.

I'r gorllewin o Ddinbych-y-pysgod mae nifer o draethau megis Maenorbŷr, Lydstep a Stackpole. Yn 1566 disgrifiwyd yr olaf fel un o borthladdoedd pwysicaf Sir Benfro. Parhaodd yn borthladd i allforio calch i rannau eraill o Gymru tan diwedd y 19eg ganrif, fel y gwnaeth Lydstep gerllaw. Roedd yr arfordir yma o Ddinbych-y-pysgod i draeth Sant Govan yn enwog am lanio llwythi anghyfreithlon a gellir gweld Ogof Lladron yn Lydstep hyd y dydd heddiw.

iii) Aberdaugleddau a Neyland

Mae aber dwy afon Cleddau yn ymestyn am tua deng milltir i galon de Penfro. Yma roedd pysgodfeydd pwysig, pyllau glo yn cynhyrchu glo caled o'r radd flaenaf a phob math o weithgarwch diwydiannol. Er fod yna lanfeydd niferus bob ochr i'r aber, glanfeydd fel Hook a Lawrenny, Burton ac Angle, Dale a Cresswell, rhai ohonynt yn ymwneud ag allforion glo, Aberdaugleddau (Milford Haven) yn sicr oedd y mwyaf uchelgeisiol.

I'r Arglwydd Nelson a ddaeth i ymweld ag Aberdaugleddau yn 1802 dywedodd mai'r porthladd bychan dinod ym Mhenfro, gyda Trincomalee yn Sri Lanka, oedd y porthladd naturiol gorau yn y byd. Yng nghwmni sylfaenydd y dref, Syr William Hamilton, a'i wraig ifanc y daeth Nelson i Benfro. Bu'n siarad yn nhafarn y New Inn ac o ran parch iddo ailenwyd y dafarn yn *Lord Nelson Hotel.*

Mor ddiweddar â 1946 sonnir am Aberdaugleddau fel:

'The best and most foolishly neglected harbour in Europe.'

Yn ôl un o lawlyfrau'r Morlys sonnir am Aberdaugleddau fel hyn:

'It offers the only perfect and accessible shelter from all winds at all times and for all classes of vessels between Falmouth and Holyhead.

Trwy holl hanes yr aber, o sefydlu tre newydd yn Aberdaugleddau yn niwedd y 18fed ganrif, mae yna sawl stori fethiant: methiant i fanteisio ar elfennau naturiol yr harbwr perffaith. Wrth gwrs, dros y canrifoedd mae yna hanes o goncro a mewnfudo, o brosiectau uchelgeisiol a allasai fod wedi bod yn llwyddiant ysgubol ond y mae yno hanes hefyd o anlwc a methiant.

Ceir sôn am Aberdaugleddau o'r 9fed ganrif hyd tua 1100 fel canolfan i ymosodiadau'r Llychlynwyr ar rannau eraill o orllewin Prydain. Yma yn 878 O.C. roedd gymaint â 23 llong Norwyaidd yn treulio'r gaeaf ar afon Cleddau ac yn ymosod ar arfordir Dyfnaint. Mae olion y Llychlynwyr i'w canfod o hyd yn enwau lleoedd megis Skockholm a Skomer, Hubberston a Haverford sydd â'u gwreiddiau yn Scandinafia.

Er fod pethau yn gymharol dawel ar afon Cleddau ar ôl ymadawiad y Llychlynwyr – heblaw am y ffaith i Harri Tudur lanio yn Dale ar ei ffordd i Frwydr Bosworth – mi ddaeth yr ardal yn enwog fel canolfan smyglo a môr-ladrata. Wedi'r cwbwl brodor o Gasnewydd-bach, nepell o ddyffryn Cleddau oedd Bartholomew Roberts – Barti Ddu, brenin y môr-ladron. Yma hefyd yng nghilfachau'r aber y glaniwyd pob math o gargo anghyfreithlon ac roedd pob haenen o gymdeithas o'r sgweier yn ei blas i'r pysgotwr yn ei fwthyn glan môr, yn ymhyfrydu mewn smyglo a môr-ladrata. Un o arweinyddion y fasnach oedd George Clerk, swyddog tollau yn Aberdaugleddau a gadwai dafarn ym mhentre Angle. Er gwaethaf ei swydd fel casglwr tollau roedd ef yn drwm yn y fasnach o allforio nwyddau i Sbaen, prif elyn y llywodraeth

Brydeinig yn yr 16eg ganrif. Byddai ef yn croesawu môr-ladron eraill i dreulio rhai wythnosau os nad misoedd yn yr aber. Angle oedd canolfan enwogion y fasnach fel Fytiplace, John Callice o Sili a Robert Hicks o Saltash a wnaent fywoliaeth fras o ymosod ar longau ym Môr Iwerddon.

Tan ddiwedd y 18fed ganrif, pentref bach disylw oedd Aberdaugleddau. Pysgotwyr oedd y rhan fwyaf o'r trigolion a datblygodd y grefft o adeiladu cychod ar lan yr aber. Er hynny nid oedd fawr o lewyrch ar y lle nes i Syr William Hamilton, a briododd â merch leol, weld posibiliadau enfawr yr aber. Penderfynodd sefydlu tref newydd ar lan ogleddol yr aber. Apwyntiodd Syr William Hamilton ei nai, Charles Francis Greville fel ei asiant. Yn 1790 dechreuwyd adeiladu'r dref newydd a bu rhai datblygiadau economaidd pwysig ynghlwm wrth yr adeiladu. Perswadiwyd y Llynges Brydeinig i sefydlu iard adeiladu llongau rhyfel yn y dre newydd, a pherswadiwyd teuluoedd o Grynwyr o Ynys Nantucket yn yr Unol Daleithiau i ymfudo i Aberdaugleddau i ddilyn yr alwedigaeth o ddal morfilod. Roedd y datblygiad yma o gryn syndod gan fod Môr y De lle'r oedd y morfilod yn gyffredin, bellter anferthol o Aberdaugleddau. Nid rhyfedd fod y pysgotwyr wedi penderfynu dychwelyd i Nantucket yn 1810 ac nid rhyfedd hefyd fod y Llynges wedi penderfynu symud ei iard adeiladu llongau i Ddoc Penfro ar ochr ddeheuol yr aber. Dyma un o fethiannau cyntaf y cynllun uchelgeisiol i geisio sefydlu porthladd o'r radd flaenaf a chanolfan ddiwydiannol yn ne Penfro. Am flynyddoedd ar ôl diwedd y Rhyfel Napoleonaidd yn 1815, nid oedd fawr o lewyrch ar Aberdaugleddau. Roedd yno rywfaint o weithgarwch mewn adeiladu llongau ac roedd llongau teithwyr yn gadael yn ddyddiol am Waterford a Dulyn.

Ond nid oedd arweinyddion y gymdeithas yn Aberdaugleddau yn hapus ar sefyllfa'r dre fel porthladd bach dibwys ar lannau'r aber; roedd ganddynt freuddwyd o adeiladu porthladd a allai fod mor bwysig â Lerpwl a Southampton fel canolfan teithwyr i Ogledd America neu Awstralia. Roedd breuddwyd uchelgeisiol Syr William Hamilton yn dal yn fyw ddeugain mlynedd ar ôl ei farwolaeth. Yn 1845, roedd y gobeithion yn gryf yn sgil y cynllun o adeiladu'r *Manchester and Milford Railway*, a oedd i sicrhau fod Aberdaugleddau yn wynebu cyfnod euraidd fel canolfan teithio traws-Iwerydd. Yn anffodus, ni orffennwyd y rheilffordd ac ni ddaeth ymhellach nac ardal Llanidloes. Yn y cyfamser, roedd cynllun arall ar y gweill i adeiladu rheilffordd de Cymru, *The South Wales Railway* o Lundain a Chaerloyw i Aberdaugleddau. Yn anffodus, Abergwaun ac nid Aberdaugleddau a ddewiswyd fel prif orsaf y rheilffordd. Yn waeth na'r cwbl, er gwaethaf pob perswâd, penderfynodd Isambard Kingdom Brunel greu 'tre reilffordd' newydd yn Neyland, rhyw bum milltir o Aberdaugleddau.

Erbyn 1856, roedd Aberdaugleddau wedi colli'r frwydr a'r gwasanaeth llongau i Waterford o Cork yn hwylio yn ddyddiol o Neyland. Yn waeth na'r cwbl ac i roi halen ar y briw, galwyd porthladd a thre newydd Neyland yn 'New Milford'. Hyd y dydd heddiw, nid oes llawer o gariad rhwng trigolion y ddwy dref ar lannau Cleddau.

Ond er methu â pherswadio'r awdurdodau i greu porthladd o'r radd flaenaf yn Aberdaugleddau, nid oedd y breuddwydion mawreddog wedi diflannu ac yn 1874 sefydlwyd y *Milford Docks Company* gyda'r pwrpas o greu *Trans Atlantic Port*. Erbyn 1888, roedd y doc newydd yn gyflawn:

> *'The natural advantages of Milford Haven are very great and with the improvement in docks, railway and pier. It will inevitably become a formidable rival to Liverpool,'*

meddai'r papur lleol yn 1882. Yn anffodus, ni wireddwyd y freuddwyd unwaith eto. Er i'r *City of Rome* alw yno unwaith ar ei mordaith o Lerpwl i Efrog Newydd a'r *Gaspesia* ar ei ffordd i Ganada, ni sefydlwyd unrhyw fath o wasanaeth rheolaidd ac erbyn 1900, roedd y freuddwyd honno ar ben.

Yna daeth posibilrwydd arall – y diwydiant pysgota môr. Ond yn sicr, nid oedd perchnogion y dociau yn awyddus i weld y datblygiad – roedd yn rhywbeth a gyfrifent yn israddol:

> *'The Docks Company have not built their great docks to attract fishing smacks they will not look askance in the great possible development of the fish trade.'*

Yn 1888 prynwyd y llong bysgota ager y *Sybil*: roedd llongau pysgota o Brixham yn Nyfnaint yn ymwelwyr cyson â'r dociau ac erbyn 1904 roedd gan Aberdaugleddau gymaint â 66 *trawler* i bysgota'r dyfnderoedd a 154 o *drifters* i bysgota'r glannau. Erbyn hyn Aberdaugleddau oedd y pedwerydd pwysicaf o borthladdoedd pysgota Prydain yn dilyn Grimsby, Hull a Fleetwood. Fel rhan o'r datblygiad, adeiladwyd marchnad bysgota enfawr ar y cei: adeilad yn mesur 950 troedfedd o hyd a rheilffordd yn rhedeg trwy'r adeilad. Oddi yno byddai'r trên pysgod yn gadael yn ddyddiol am farchnad Billinsgate ac roedd Aberdaugleddau, efallai am y tro cyntaf yn ei hanes, yn lle prysur a llewyrchus.

Ond roedd y freuddwyd yma eto i'w dileu oherwydd ers 1945, lleihau mae'r diwydiant pysgota a bellach mae'r diwydiant yn gyfangwbl ym meddiant pysgotwyr o Ffrainc, Sbaen a Gwlad Belg ac nid oes yno bellach un long bysgota sylweddol ym meddiant pobl y dre. Tybed ai methiant hefyd fydd y *Marina* newydd a sefydlwyd yn 1990-1992 i ateb gofynion y morwyr amatur?

iv) Hwlffordd

Mae'n anodd credu fod Hwlffordd, prif dref Sir Benfro, unwaith yn un o borthladdoedd pwysicaf y gorllewin o feddwl am natur droellog afon Cleddau Wen sy'n llifo trwy ganol y dref ar ei ffordd i'r môr. Sefydlwyd y dref tua 1100 O.C. a sylweddolwyd fod y bryncyn uwchben dŵr Cleddau yn lle delfrydol i adeiladu castell fel amddiffynfa yn erbyn y Cymry o'r gogledd a oedd mor barod i amddiffyn eu tir rhag y coloneiddwyr oedd wedi sefydlu yn ne Penfro. Gydag amser, tyfodd tref fechan yng nghysgod y castell gan fewnforio ei holl angenrheidiau o'r môr.

Ond i'r Ffleminiaid a ddaeth i'r fro yn yr Oesoedd Canol y mae'r diolch am ddatblygu tref bwysig ar lan afon Cleddau. Hwy a ddatblygodd Hwlffordd fel canolfan diwydiant a masnach. Cynhyrchid gwlân, lledr a brag yn y dref ac roedd glo yn cael ei allforio o'r cei. Roedd y Ffleminiaid a fu gymaint dylanwad ar ddiwydiant a masnach yng ngorllewin Cymru yn y 14eg a'r 15fed ganrif yn ddrwgdybus iawn o'r Cymry, ac oherwydd hynny roeddent yn awyddus i ddatblygu trafnidiaeth rhwng Hwlffordd a chyfandir Ewrop. Mewnforiwyd gwin, halen, ffrwythau a nwyddau haearn i afon Cleddau o Ffrainc, Sbaen a Phortiwgal ac roedd yna brysurdeb arbennig yn Hwlffordd. Tan canol y 19eg ganrif a chystadleuaeth y rheilffordd, roedd gwasanaeth wythnosol o'r cei yn Hwlffordd â dinas Bryste a hyd y dydd heddiw mae tafarn y 'Bristol Trader' yn ein hatgoffa o hyd am bwysigrwydd y fasnach honno.

Ar wahân i fod yn dre farchnad yn gwasanaethu ardal helaeth, roedd Hwlffordd hefyd yn gartref i nifer fawr o grefftau a atebai ofynion ardal wledig. Yma ceid cyfrwywyr a bragwyr, seiri olwynion a gofaint ond efallai mai'r enwocaf o holl ddiwydiannau'r dref oedd y *Llewellyn Churn Works* a gynhyrchai fuddeiau ymenyn, llestri caws ac angenrheidiau eraill i'r llaethdy. Dechrau yn ddigon bychan fel gweithdy cwper wnaeth ffatri Llewellyn, ond yn gyflym iawn roedd y gweithdy yn ateb gofynion am lestri'r llaethdy o bob rhan o wledydd Prydain ac roedd hynny'n cael ei adlewyrchu yn allforion y porthladd.

v) Penfro a Doc Penfro

Ym Mhenfro y mae'r godidocaf o holl gestyll Normanaidd de Cymru wedi'i leoli ar fryncyn uwch cangen afon Cleddau. Er i'r dref a dyfodd yng nghysgod y castell ddatblygu fel canolfan morwriaeth, yn anad dim fel lle i fewnforio angenrheidiau'r fyddin Normanaidd, nid oedd natur yr afon yno yn addas i ddatblygiad masnachol mawr gan fod llaid a mwd yn drafferth mawr i longau. Er hynny, yn y 12fed ganrif pan oedd y castell yn ei anterth roedd ym Mhenfro nifer o aristocratiaid cyfoethog – y mwyaf dylanwadol efallai oedd Iarll Gilbert de Clare a basiodd ddeddf fod rhaid i bob llong a oedd yn cario cargo ddadlwytho wrth y cei ym Mhenfro. Mewn amser, collodd Penfro ei monopoli er, ar un cyfnod, roedd dau gant o longau ym mherchnogaeth y dref yn allforio gwlân a lledr, menyn a physgod ac yn mewnforio gwin, halen, tybaco ac, yn wir, llawer iawn o angenrheidiau beunyddiol y dre a'r rhanbarth. Gyda threiglad amser, cyfrifid y dŵr i'r lan y castell yn rhy fas i dderbyn ond y lleiaf o longau ac yn araf collodd y dre ei phwysigrwydd.

Mor wahanol oedd pethau rhyw filltir i ffwrdd i lawr yr afon oherwydd yno datblygwyd tref unigryw sef Doc Penfro. Nid porthladd i chwarae ei ran yn y fasnach o fewnforio ac allforio nwyddau oedd hwn; ni ddaeth yn borthladd fferi tan canol yr 20fed ganrif; nid oedd yn borthladd pysgota fel Aberdaugleddau yr ochr arall i afon Cleddau. Porthladd a adeiladwyd yn arbennig i un pwrpas, sef adeiladu llongau i'r Llynges Brydeinig – y *Royal Navy* – yw Doc Penfro.

Lle hollol wahanol i bobman arall yng Nghymru yw Doc Penfro, oherwydd creadigaeth un diwydiant ac un sefydliad cenedlaethol yw'r dref ddiflas hon. Bwrdd y Llynges a greodd y lle ac roedd ei holl weithgarwch ynghlwm wrth adeiladu llongau rhyfel. O 1814, pan benderfynwyd symud yr iard adeiladu llongau o Aberdaugleddau i Ddoc Penfro, hyd 1926, pan gaewyd yr iard, adeiladwyd 269 o longau. Roedd datblygiad a ffyniant Doc Penfro yn syndod, gan nad oedd yn y fro unrhyw ddeunydd crai a fyddai yn ddefnyddiol. Nid oedd yno na gwaith haearn na chopr na fforestydd helaeth i gynhyrchu coed derw. Roedd trafnidiaeth rhwng y gornel yma o Gymru a'r gweddill o ynysoedd Prydain yn amhosibl ac nid oedd yma chwaith bwll diwaelod o weithwyr profiadol. Yn wir, isel iawn oedd poblogaeth y fro a'r unig ffordd i gael digon o weithwyr i weithio yn yr iardiau oedd trwy berswadio pobl o ardaloedd eraill i ymfudo i Benfro. Daethant o bob man ac adeiladwyd nifer fawr o fythynnod syml, llawer ohonynt yn unllawr, yn gartrefi i'r mewnfudwyr. Gyda'r holl estroniaid yn y dref, nid rhyfedd i Ddoc Penfro gael ei chyfrif yn un o drefydd mwyaf anystywallt Cymru.

Am tua thrigain mlynedd, cyfrifid Doc Penfro fel y pwysicaf o holl borthladdoedd adeiladu llongau rhyfel Prydain ac er mwyn amddiffyn y safle hollbwysig hon, adeiladwyd nifer fawr o amddiffynfeydd – Y *Palmerston Forts* – ar hyd a lled yr aber o Ddoc Penfro i'r môr. Cyn gynted ag y mabwysiadwyd haearn i adeiladu llongau – yr *Iron Clads*, fel y'u gelwid – roedd iard adeiladu llongau Doc Penfro yn anabl i fanteisio ar y dechnoleg newydd o adeiladu. Nid oedd yno weithwyr haearn na ffwrneisi haearn o fewn can milltir. Nid oedd galw bellach ar y porthladd i gyflenwi anghenion y llynges am longau *Cruisers* a *Battleships* fel cynt. Er hynny bu ychydig fwy o lewyrch ar yr iard adeiladu llongau llai o faint a fyddai yn addas i ymladd mewn dyfroedd bas. Planciau pren ar fframiau haearn oedd y *gun ships* hyn ac roedd galw sylweddol amdanynt yn nyddiau euraidd yr Ymerodraeth Brydeinig. Adeiladwyd pum llong bleser i'r teulu brenhinol yma hefyd ond yn araf bach roedd yr holl weithgarwch a greodd Doc Penfro yn dirwyn i ben ac nid oes llawer o weithgarwch arall wedi cymryd ei le. Yn ystod y Rhyfel Byd Cyntaf adeiladwyd nifer o longau tanfor yno ond gyda lansio'r llong olew, yr *Oleander* yn 1926, roedd oes Doc Penfro fel canolfan adeiladu llongau drosodd.

Y datblygiad mwyaf rhyfedd yn Sir Benfro yn y 19eg ganrif oedd adeiladu nifer fawr o gaerau amddiffynnol rhwng 1850 ac 1870. Yn ôl yr Arglwydd Palmerston, roedd Prydain – ac yn enwedig sefydliad y llynges yn Noc Penfro – mewn perygl mawr oddi wrth lynges Ffrainc ac roedd rhaid paratoi amddiffynfeydd ar gost uchel i wrthsefyll y bygythiad. Adeiladwyd rhyw chwe caer ar arfordir de Penfro fel Ynys St Catherine yn Ninbych-y-pysgod, Lydstep ac Ynys Bŷr. Roedd naw arall – er mai un, Scaveston, yn unig, a adeiladwyd ar lannau Cleddau ac wyth caer arall a dau o dyrau Martello yng nghanol yr aber gyda dŵr yn eu amgylchynu. Gallai rhai cannoedd o filwyr fyw ymhob caer a phrif bwrpas y gwarchodleoedd oedd atal ymosodiadau o'r môr gan longau Ffrainc. Yn sicr gwastraff arian ac adnoddau fu'r holl gynlluniau rhyfedd ac uchelgeisiol hyn. Ond, dyna ni, mae aber afon Cleddau wedi gweld nifer go fawr o gynlluniau costus, hynod a di-werth dros y canrifoedd.

vi) Bae Sain Ffraid a Solfach

Mae arfordir Bae Sain Ffraid yn Sir Benfro ymysg y prydferthaf ym Mhrydain. Dyma un o atyniadau pennaf Parc Cenedlaethol Sir Benfro a chyda nifer o ynysoedd megis Ramsey a Skomer nepell o'r tir mawr a phentrefi bychain fel Marloes a Sain Ffraid, Little Haven a Broad Haven, Nolton, Newgate, Solfach a Porth Glais, mai gan Fae Sain Ffraid lawer i'w gynnig i'r ymwelwyr.

Yn y gorffennol roedd pentrefi glan môr a'r traethau bendigedig yn fannau glanio i'r llongau bychain ac i smyglwyr niferus a laniai bob math o nwyddau. Yn yr Oesoedd Tywyll, dôi llongau'r Llychlynwyr yma yn gyson, yn enwedig i Borth Glais i ymosod ar Dyddewi.

Erbyn diwedd y 18fed ganrif roedd maes glo Penfro yn cynhyrchu glo caled a hwnnw'n cael ei allforio ar hyd arfordir gorllewin Cymru ac i Iwerddon. Roedd rhai o'r pyllau glo fel Nolton Haven wedi'u lleoli'n agos at y môr ac roedd y gwaith o gloddio'r glo yn ymestyn dan y tonnau. Adeiladwyd tramffordd o bwll arall – y *Trefrân Cliff Colliery* – i ochr ddeheuol traeth godidog Newgale i'w lwytho i longau bychain. O draeth Newgale hefyd y dôi glo o Bwll Little Haven i'w allforio. Cyfrifid glo caled Penfro yn un o'r gorau ei ansawdd yn y wlad ond gyda phroblemau daearegol enfawr, daeth y diwedd cyn diwedd yr 19eg ganrif.

O holl borthladdoedd Bae Sain Ffraid, y pwysicaf oedd Solfach: lle anodd iawn i'w gyrraedd, rhyw hanner milltir igam-ogam i fyny afon Solfach i harbwr cysgodol a hawdd ei amddiffyn. Yn sicr, roedd y draethell gysgodol yn hafan i'r ymosodwyr o wledydd Llychlyn yn yr Oesoedd Tywyll. Erbyn diwedd yr 16eg roedd yno ddatblygiad gyda'r teithiwr John Leyland yn 1530 yn ei ddisgrifio fel *'a small creek for balingers and fishing boats'* a George Owen yn 1603 yn ei ddisgrifio fel *'portlet for small shipping'*. Masnach ag Iwerddon oedd bwysicaf yn yr 17eg ganrif ac erbyn dechrau'r 18fed ganrif, Solfach oedd prif borthladd y Bae. Yn 1756, sefydlwyd cwmni masnachol yn y pentref ac adeiladwyd naw adeilad mawr ar lan yr afon. Prynwyd saith *slŵp* gan y cwmni a mewnforiwyd pob math o gargo i'r warws. Erbyn 1840 roedd llewyrch arbennig ar y cwmni masnachol a phrynwyd pedair brig,

200 tunnell yr un, i gario nwyddau o Solfach i Fôr Hafren a Bryste yn fwyaf arbennig. Ar lan y don roedd cymaint â 12 odyn galch ac adeiladwyd nifer o longau bychain a chychod yma. Er gwaethaf llewyrch masnachol y pentre yn y 19eg ganrif – gyda phoblogaeth o 1252 yn 1851 – erbyn 1901, roedd y boblogaeth wedi disgyn i 730 a chyda suddo yr olaf o longau stêm Solfach gan dorpedo llong danfor yn 1915, daeth diwedd ar harbwr a fu unwaith mor brysur.

vii) Porth Glais ac Aber-mawr

Rhwng Tyddewi ac Abergwaun mae nifer o bentrefi bychain glan môr ag iddynt hanes hir fel canolfannau morwriaeth. Dyma ardal Melin Trefin, Crwys a Pwllderi, Dewi Emrys – ardal ddiarffordd, ramantus ac awyrgylch hud a lledrith mewn llawer man. Ni ddaeth y rheilffordd i'r rhan hon o'r wlad, ac felly dros nifer o flynyddoedd o ddatblygiadau diwydiannol – yn enwedig yn niwydiant carreg Abereiddi a Phorth-gain – trafnidiaeth môr oedd yn hollbwysig. Yn nyddiau brwdfrydedd dros reilffyrdd yn ail hanner y 19eg ganrif, bu cynlluniau uchelgeisiol gan Brunel ac awdurdodau'r rheilffyrdd i adeiladu porthladd yn Aber-mawr lle byddai pentref bychan Abercastell yn cael ei drawsnewid i fod yn *Trans Atlantic Port,* cyn bwysiced â Southampton a Lerpwl. Yn 50au'r ganrif roedd gan ogledd Cymru ei phorthladd bwysig yng Nghaergybi a llongau fferi yn hwylio yn ddyddiol i Iwerddon. Ond nid felly de Cymru ac yn 1851, daeth llecyn unig yn Aber-mawr yn ganolfan o brysurdeb mawr gyda gweithwyr niferus yn paratoi harbwr a rheilffordd lydan a arweiniai i Aber-mawr. Ond er gwaethaf y gwariant, penderfynodd Brunel adael y safle ac adeiladu rheilffordd a phorthladd fferi ar lannau Cleddau yn Neyland.

Tan chanol y 19eg ganrif, dau borthladd bach digon dinod oedd Abereiddi a Phorth-gain gydag ambell i gargo o galch a glo at ddefnydd y boblogaeth leol yn cael eu glanio yno. Sonnir am Abereiddi fel un o brif draethau i smyglo pob math o nwyddau yn amrywio o win i halen. Roedd yn y fro ddigonedd o lechi a gwenithfaen ac yn 1849 daeth tri gŵr busnes o Lundain a chodi prydles ar yr holl adnoddau naturiol. Datblygwyd chwarel Abereiddi ac erbyn heddiw y chwarel honno a adwaenir fel y *Blue Lagoon* yw un o atyniadau'r porthladd. Ond gan fod Abereiddi wedi'i leoli yn nannedd y gwynt gorllewinol, buan yr adeiladwyd rheilffordd gul i Borth-gain rhyw filltir i ffwrdd lle datblygwyd porthladd cysgodol. Ar droad yr 20fed ganrif roedd yr ardal yn fwrlwm o weithgarwch ond darganfyddwyd nad oedd llechi'r fro yn cymharu yn ffafriol â llechi Cilgerran a rhai gogledd Cymru ac roedd diwedd y diwydiant yn agosáu yn gyflym. Yr hyn a achubodd y porthladd oedd darganfod gwely cyfoethog o wenithfaen ym Mhenclegyr. Adeiladwyd melinau i falu'r garreg ar y cei ym Mhorth-gain, a hoprannau enfawr gerllaw i storio'r cerrig mâl yn barod i'w hallforio. Gyda gwaith briciau gerllaw, roedd ardal Porth-gain hefyd yn cynhyrchu slabiau cerrig i adeiladu palmentydd a phontydd.

Er gwaethaf y mynediad cul i'r porthladd, roedd yn hynod brysur gyda llongau ager ran amlaf yn hwylio bron yn ddyddiol i Fryste a phorthladdoedd Môr Hafren yn fwyaf arbennig, ond hefyd i Iwerddon a gogledd-orllewin Lloegr. Ar ôl y Rhyfel Byd Cyntaf daeth dyddiau blin gyda chystadleuaeth oddi wrth chwareli mwy economaidd ar gyfandir Ewrop. Yn 1929 roedd perchnogion Porth-gain – yr *United Stone Firms* – yn fethdalwyr ac allforiwyd y cargo olaf oddi yno yn 1931.

viii) Abergwaun

Afon fer yn llifo yn gyflym o'r Preseli i fae cysgodol yw afon Gwaun ac yn wahanol i'r rhan fwyaf o afonydd gorllewin Cymru, nid oes unrhyw fath o far tywod wedi ffurfio wrth yr aber. Mae'r dyfroedd yn llifo'n gyflym drwy geunant cul gan arllwys i'r môr heb arafu. Oherwydd natur yr aber, ni ddatblygodd unrhyw fath o bysgota eogiaid yng ngenau afon Gwaun, fel yn amryw o afonydd eraill y gorllewin fel Teifi a Nyfer. Pan ddatblygodd rhyw fath o bysgota yn y fro, pysgota ysgadan yn y bae oedd y prif atyniad i'r trigolion ac yn ôl George Owen, hanesydd y sir, roedd Penfro yn y 17eg ganrif yn:

'inclosed with a sea of herrings.'

I Fae Abergwaun dôi y miliynau o bysgod yn yr hydref a phrif alwedigaeth trigolion y pentre a ddatblygodd ger aber yr afon oedd pysgota, halltu a mygu'r pysgod hyn er mwyn eu hallforio – yn enwedig i Iwerddon. Trafnidiaeth rhwng de Cymru ac Iwerddon oedd i reoli holl ddatblygiad Abergwaun yn y canrifoedd i ddod.

Pentre bychan ar lan afon gyda phont yn croesi'r dŵr oedd yr Abergwaun gwreiddiol; pentre y gellir ei olrhain yn ôl i gyfnod y Llychlynwyr yn y 9fed a'r 10fed ganrif. Pobl yn edrych allan i'r môr agored oedd trigolion y pentref; wedi'r cwbl roedd ceulan gul y cwm yn rhwystr i unrhyw drafnidiaeth i'r wlad o gwmpas. Yn wahanol i drigolion Aberteifi ddeunaw milltir i'r gogledd, nid oedd Abergwaun yn medru manteisio ar gynnyrch diwydiannol ac amaethyddol ardal eang a allai fod yn sylfaen i fasnach allforio. Gyda bae cysgodol i longau, datblygodd pentre Wdig yn y de a Chwm Abergwaun yn y gogledd *(Lower Fishguard)* fel canolfannau morwriaeth ac yn nechrau'r 19eg ganrif yn enwedig, cymunedau â'u holl fywyd wedi'i seilio ar y môr a geid yma. Iddynt hwy, dieithr ac estron oedd y cymunedau amaethyddol yn y wlad o amgylch Bae Abergwaun.

Yn y 17eg ganrif, dibynnai pysgotwyr ysgadan ar longau Gwyddelig i gario eu cynhaeaf i borthladdoedd eraill, ac yn wir sefydlodd nifer o farsiandwyr Gwyddelig yn y fro. Erbyn dechrau'r 18fed ganrif er hynny, roedd Abergwaun yn datblygu'n gyflym ac roedd yn ail i Hwlffordd fel porthladd pwysicaf Sir Benfro. Gwnaed ymgais i allforio llechi o chwareli gogledd y sir, er mai anodd dros ben oedd y broses o gario'r llechi o'r chwareli anghysbell i'r cei yn Abergwaun. Pysgod hallt a physgod wedi'u mygu oedd y prif allforion o'r fro ac fel y dywed y *Cambrian Travellers Guide* yn 1808:

'A small town, the rugged and dirty streets of which are contrasted by the cottages being whitewashed not only upon the sides but the roofs also. The port is small but if assisted by a pier would be of admirable advantage to the Irish trade, as its situation to the north of Milford is calculated to render it a safer haven for ships, unable in blowing

160

weather to get round St David's Head, and it is the only port on this coast not incommoded with shifting sands called a bar.'

Nid oedd Abergwaun, fel porthladd, yn medru manteisio ar adnoddau rhanbarth helaeth fel Aberteifi a Hwlffordd, eto mi ddatblygwyd diwydiant adeiladu llongau pwysig yn aber yr afon. Llongau bychain un mast oedd y rhan fwyaf o longau Abergwaun – smaciau fel y *Fidelity* (24 tunnell) a'r *William a Mary* (26 tunnell) a'r *Rose* (36 tunnell). Ond fel yn Nhrefdraeth nepell i ffwrdd, adeiladwyd nifer o sgwneri a brigiau a fwriadwyd i hwylio yn tipyn pellach na'r arfordir yn Abergwaun. Yma adeiladwyd sgwneri fel y *Maria and Martha* (96 tunnell) a'r *Gwaun Maid* (117 tunnell) a brigiau dau fast fel y *Gleaner* (133 tunnell), y *Martha* (156 tunnell) a'r *Fortitude* (125 tunnell). Y cyfnod rhwng 1780 a 1840 oedd cyfnod euraidd Abergwaun fel canolfan adeiladu llongau ac fe adeiladwyd o leiaf 45 llong ar lannau afon Gwaun. Ar ôl 1840 er hynny, dibynnai perchnogion llongau'r porthladd ar adeiladwyr llongau o borthladdoedd eraill yn cynnwys Trefdraeth ac Aberteifi, am longau addas i'w gofynion.

Wrth gwrs, nid canolfan allforio na mewnforio nwyddau oedd Abergwaun yn bennaf ond daeth i enwogrwydd fel porthladd teithwyr gyda chysylltiadau pwysig ag Iwerddon ac yn wir pe byddai rhai o fasnachwyr y fro wedi cael eu ffordd byddai Abergwaun, wedi datblygu fel porthladd teithwyr i'r Unol Daleithiau. Dyna oedd breuddwyd nifer o bobl yn niwedd y 19eg ganrif.

Un o'r problemau mawr a wynebai llywodraeth Prydain yn y 19eg ganrif oedd paratoi trafnidiaeth hawdd a chyflym o Brydain i Iwerddon. Roedd llywodraethu'r wlad gythryblus honno yn dipyn o boen i weinyddwyr cyfraith a threfn. Erbyn 1850 roedd yr Ynys Werdd wedi'i chysylltu â Phrydain gyda rheilffordd gogledd Cymru, ffordd yr A5 Telford a gwasanaeth llongau o Gaergybi i Ddulyn. Nid oedd gan dde Cymru unrhyw gysylltiad o'r fath ac yn yr 1840au, dan arweiniad yr enwog Isambard Kingdom Brunel, clustnodwyd Bae Abergwaun fel y lle mwyaf addas i adeiladu porthladd. Y cynllun oedd adeiladu rheilffordd o Lundain i Gaerloyw, i Gaerdydd ac yna i ganolfan reilffordd fawr ar lan y môr – yn Aber-mawr neu bae Abergwaun.

Ond er yr holl frwdtrydedd cynnar, ni wireddwyd breuddwyd Brunel ac yn 1851 rhoddwyd y gorau i'r cynllun ac yn 1856, porthladd Neyland – neu New Milford fel y'i gelwid ar y pryd – oedd terfyn y *South Wales Railway*. Roedd yn rhaid aros am flynyddoedd eto i wireddu'r freuddwyd o ddatblygu Abergwaun fel y lle delfrydol i adeiladu porthladd teithwyr. Yn gyntaf, dibynnai porthladd o'r fath ar reilffordd addas a chyfleus ac yn 1876 roedd Rheilffordd Maenclochog wedi cyrraedd cyn belled â phentre chwarel lechi Rhosybwlch *(Rosebush)* yn unigeddau'r Preseli. Adeiladwyd estyniad o'r rheilffordd cyn belled â Treletert a'r syniad oedd ymestyn y lein i Abergwaun. Yn anffodus, roedd y cyfalaf yn brin ac erbyn 1889 yr oedd y rheilffordd anorffenedig ar werth:

'*A line which though only short may ultimately become an important factor in Passenger and Goods Service between England and the South of Ireland. At the present time the whole of the north coast of Pembrokeshire from New Milford to Cardigan is unprovided with Railway Acommodation. The great importance of Fishguard in the character of a natural harbour and of Goodwich can hardly be exaggerated. The present local passage is from Milford to Waterford: a service if established between Fishguard and Waterford would be thirty five miles shorter.*'

Yn 1893, dan berchnogaeth dau ŵr busnes o Birmingham a grŵp o Wyddelod, adeiladwyd y rheilffordd o Rosebush i Dreletert a agorwyd yn 1895. Bedair blynedd yn ddiweddarach cwblhawyd y lein o Dreletert i Abergwaun. Nid oedd y lein newydd a ymdroellai yn araf drwy'r Preseli yn addas o gwbl i gyswllt cyflym rhwng Llundain ac Iwerddon. O fewn ychydig amser cymerodd rheilffordd y *Great Western* ddiddordeb yn y rheilffordd aflwyddiannus ond i'r cwmni hwnnw dim ond y darn o reilffordd rhwng Treletert ac Abergwaun oedd o ddiddordeb. Buddsoddwyd miliynau yn adeiladu rheilffordd newydd o Orsaf Heol Clarbeston i Abergwaun a miliynau'n rhagor i baratoi porthladd newydd yn Wdig. Ym mis Awst 1906, dechreuwyd gwasanaeth stemar rhwng Bae Abergwaun a Rosslare, gwasanaeth sy'n dal i ffynnu i'r dydd heddiw.

Oherwydd llwyddiant y porthladd newydd fel prif gyswllt rhwng Cymru ac Iwerddon, dechreuwyd meddwl o ddifrif y gallai Abergwaun ddatblygu fel Southampton a Lerpwl fel porthladd llongau a groesai'r Iwerydd. Wedi'r cwbl meddai'r optimistiaid, Abergwaun oedd y porthladd agosaf ym Mhrydain at Efrog Newydd. Yn Ebrill 1908, dechreuodd llongau'r *Booth Line* alw yn Abergwaun ar eu mordeithiau i Ogledd America ac ar y 30ain Awst, 1909 galwodd y *Mauritania* yn y bae. Yn eu tro daeth y *Lusitania* a'r *Aquitannia* yno ac fe barhaodd y cysylltiad rhwng Abergwaun ac Efrog Newydd tan 1914. Ond er gwario arian sylweddol ar yr *Ocean Quay* roedd y freuddwyd uchelgeisiol o adeiladu Southampton arall drosodd.

Er gwaethaf ymdrechion y mudiad dirwest yng Nghymru, Cwm Gwaun yw'r ardal bwysicaf yn ein gwlad am fragu cwrw cartref. Yno dethlir Gŵyl yr Hen Galan o hyd ac mae cwrw yn elfen hanfodol yn y dathliadau hynny. Yn y gorffennol roedd 'macsu cwrw' yn rhan hanfodol o orchwylion bron pob ffermwraig ac yn y cwm cul hwn y mae yna wragedd o hyd a gyfrifir yn arbenigwyr ar y grefft hynafol o facsu cwrw.

Er gwaethaf llu o ddatblygiadau modern a sefydliad nifer o estroniaid yn y fro, mae rhywbeth yn ddigyfnewid yng Nghwm Gwaun. Yma mae olion dyn o'r cynoesoedd; yma mae hen wyliau fel y Calan Hen yn ffynnu ac yma hefyd mae yna bobl sy'n dal i weithio crefftau llaw nad ydynt wedi newid llawer ers canrifoedd.

ix) Trefdraeth

Wrth geg afon Nyfer mae Trefdraeth yn un o fwrdeistrefi hynaf y gorllewin ac i'r dydd heddiw y mae aelodau o lys y dref (*Court Leet*) ac Arglwydd y Gororau *(Marcher Lord)* yn hynod bwysig yn seremonïaeth os nad yng ngweinyddiaeth y dref. Mae i'r bwrdeistref a adeiladwyd o amgylch castell draddodiad hir o forwriaeth ac nid yw'n rhyfedd fod Trefdraeth wedi'i gefeillio â phrif ganolfan Llynges yr Unol Daleithiau yn Annapolis. Ar ochr ddeheuol yr afon yn nhreflan fechan y Parrog rhyw hanner milltir o Drefdraeth y datblygwyd porthladd bychan a hwnnw yng nghysgod Pen Dinas. Yn yr 16eg ganrif, roedd Trefdraeth cyn bwysiced ag Abergwaun a sonia adroddiad o 1566 am y fasnach rhwng Trefdraeth a Bryste. Yn y 18fed ganrif, roedd llechi o ardal Mynachlog-ddu yn y Preseli yn cael eu hallforio oddi yno. Gydag amser adeiladwyd dwy odyn galch a nifer o ystordai ar y Parrog, ac yn nodweddiadol o borthladdoedd drwy'r byd, roedd cymaint â 27 o dafarndai yn y dref.

Yn rhyfedd iawn bu cryn weithgarwch adeiladu llongau ar yr afon, rhai o'r llongau yn weddol eu maint. Er enghraifft, y sgwner *Agenoria* a adeiladwyd yn 1834 yn 117 tunnell. Teulu Harvard oedd y prif adeiladwyr ac yn hanner cyntaf y 19eg ganrif roeddent yn hynod brysur. Y prif longau a adeiladwyd yma oedd:

Adroit (Sgwner 72 tunnell) – 1847
Agenoria (Sgwner a addaswyd yn brigantin) 1834
Alert (Slŵp 33 tunnell) 1835
Ann (Brig 161 tunnell) 1842
Ann & Betty (Smac 27 tunnell) 1837
Ann & Mary (Slŵp 22 tunnell) 1825
Ardent (Brig 120 tunnell) 1826
Betty (Slŵp 24 tunnell) 1777
Brothers (Sgwner 99 tunnell) 1828
Charlotte (Sgwner 81 tunnell) 1825
Claudia (Sgwner 135 tunnell) 1835
Culloden (Brig 83 tunnell) 1804
Diligence (Brig a addaswyd yn Sgwner 100 tunnell) 1814
Elice (Brig 145 tunnell) 1814
Elizabeth (Sgwner 108 tunnell) 1826
Elizabeth (Slŵp 27 tunnell) 1839
Elizabeth & Mary (Slŵp 60 tunnell) 1792
Ocean (Brig 120 tunnell) 1832
Victory (Brig 118 tunnell) 1811
Hope (Snow 182 tunnell) 1827
Fanny Ann (Brig 22 tunnell) 1801
Flora (Slŵp 28 tunnell) 1785
Harmony (Sgwner 95 tunnell) 1829
Hope (Slŵp 21 tunnell) 1805
Hope (Brig 150 tunnell) 1823

Jane (Sgwner 78 tunnell) 1837
Jupiter (Slŵp 64 tunnell) 1802
Mary (Slŵp 53 tunnell) 1819
Mary Ann (Slŵp 23 tunnell) 1810
Minerva (Brig 102 tunnell) 1842
Phoebe (Sgwner 123 tunnell) 1839
Reform (Slŵp 14 tunnell) 1831
Rose (Slŵp 25 tunnell) 1773
Swift (Slŵp 39 tunnell) 1825
Valiant (Brig 144 tunnell) 1812
Venerable (Brig 130 tunnell) 1815
William & Ann (Slŵp 88 tunnell) 1790

Roedd traddodiad morwriaethol yn gryf iawn yma hefyd a than canol yr 20fed ganrif roedd nifer helaeth o ddynion Trefdraeth yn forwyr, llawer ohonynt yn hwylio ar longau Caerdydd.

Ymysg y porthladdoedd bychain eraill yn y rhanbarth yma o ogledd Penfro oedd Pwll Gwaelod a Chwm yr Eglwys (lle difrodwyd rhan helaeth o'r eglwys gan storom fawr 1859). I'r gogledd rhwng afonydd Nyfer a Theifi mae'r creigiau'n uchel ac yn serth a'r unig lanfa yw Bae Ceibwr a phentre Trewyddel. Yno glaniwyd rhai llwythi, yn enwedig cwlwm a cerrig calch i'w llosgi yn yr odyn ger y traeth.

5. BAE CEREDIGION – Y DE

i) Aberteifi

Roedd porthladd Aberteifi yn hollbwysig yn natblygiad economaidd Dyffryn Teifi, a tan chwarter olaf y 19eg ganrif yr oedd trafnidiaeth ar yr afon yn holl bwysig nes i berchnogion dihidio Chwarel y Fforest atal pob trafnidiaeth trwy arllwys sbwriel i'r afon. Hyd yn oed yn 1878 yr oedd Lloyd Coedmor yn dal i gyfrif trafnidiaeth afon yn bwysig ac yr oedd wedi paratoi glanfa ger fferm Rosehill ac yr oedd yn defnyddio cychod:

> *'for the purpose of carrying sand, coal, slate slabs, pipes, manure and any other material from Cardigan to Pwllnewydd under Coedmore.'*

Yn sicr, diwedd cyfnod hir o ddatblygiad economaidd oedd hwn oherwydd unwaith y daeth rheilffordd 'Y Cardi Bach' i Aberteifi yn 1883, roedd tranc y porthladd hollbwysig yn anorfod. Hanner can mlynedd yn gynt roedd Aberteifi yn un o borthladdoedd pwysicaf Cymru ac roedd Swyddfa'r Tollau yn Stryd y Santes Fair yn rheoli'r holl borthladdoedd a llongau o Abergwaun yn y de i Landdewi Aber-arth yn y gogledd. Roedd y diwydiant adeiladu llongau o bwysigrwydd mawr yma ac adeiladwyd dros ddau gant o longau ar lannau Teifi yn Aberteifi ei hun ac yn Llandudoch. Yn 1815 roedd 314 llong wedi'u cofrestru yn y porthladd ac ar y pryd roedd gan Aberteifi saith gwaith mwy o longau na Chaerdydd a theirgwaith mwy nag Abertawe. Nid yn unig roedd llongau Aberteifi yn hwylio glannau Prydain ac yn groes i Iwerddon, ond roeddent hefyd yn hwylio ar led i America, Awstralia a chyfandir Ewrop. Roedd ymfudo i ogledd America o Aberteifi yn gyffredin iawn, yn enwedig yn y cyfnod rhwng 1820 ac 1845 a llongau enwog megis y *Triton*, yr *Albion* a'r *Active* yn cario cannoedd o ymfudwyr o orllewin Cymru i fywyd gwell yn yr Unol Daleithiau a Chanada. Dywedir mai ymfudwyr ar yr *Albion* oedd y rhai cyntaf o wledydd Prydain i sefydlu yng Nghanada ac mae ardal New Cardigan yn Fredericton, New Brunswick yn gofeb i'r gwerinwyr hynny a fentrodd ar draws yr Iwerydd mewn llong fregus i ddianc oddi wrth dlodi a gormes eu cartrefi yng Nghymru.

Hyd yn oed ar ôl i oes aur morwriaeth ddod i ben yn niwedd y 19eg ganrif, parhaodd y traddodiad yn Aberteifi, er mai prin oedd y llongau a fentrai rhwng y banciau tywod i'r dref ei hun. Roedd mynd i'r môr yn dal i ddenu ieuenctid y fro a hyd yn ddiweddar gallai peirianwyr ar longau mawrion y byd ymffrostio yn y ffaith eu bod wedi dysgu'u crefft yn un o ffowndrïau'r dre a sefydlwyd yn gyntaf yn gysylltiedig â'r diwydiant adeiladu a thrwsio llongau ar lannau Teifi.

Y darn llydan o afon islaw'r castell oedd i weld y datblygiad aruthrol a chreu porthladd oedd â chysylltiadau byd-eang. Yn yr Oesoedd Canol roedd tipyn o drafnidiaeth ar yr afon, er mai llongau estron oedd y rhan fwyaf o'r rheiny a ddôi i Aberteifi. Menter oedd hwylio ym Mae Ceredigion, gan fod môr-ladron yn heidio yno, ond yn araf bach roedd Aberteifi yn tyfu gan dderbyn Siarter yn 1199.

Roedd pethau i wella ac ar ôl y Ddeddf Uno yn yr 16eg ganrif a daeth bywyd yn fwy sefydlog. Pasiwyd nifer o Ddeddfau Morgludo, *Navigation Acts*, mewn ymgais i gynyddu masnach; gwnaed ymgais i goncro'r môr-ladron, a chefnogwyd pob ymgais i ddatblygu diwydiant pysgota'r glannau. Cafwyd dulliau newydd ac mwy effeithiol o gasglu tollau ac yn hyn o beth roedd Aberteifi yn allweddol. Roedd yr oes euraidd ar wawrio. Yn gyflym iawn datblygodd pysgota ysgadan fel un o brif alwedigaethau'r fro ac yng nghyfnod y Tuduriaid roedd llongau o Iwerddon, Ffrainc, Lloegr a Sbaen yn ymwelwyr cyson ag Aberteifi i gario llwythi o sgadan hallt a sgadan coch i wledydd dros y môr. Sefydlodd rhai, yn enwedig marsiandwyr o Iwerddon yn y dre, a hwy oedd yn gyfrifol am drefnu allforion o'r porthladd. Yn raddol roedd nwyddau eraill megis llechi Cilgerran, menyn, grawn, cwrw, a gwlân yn cael eu hallforio yn ogystal â physgod. Gwelodd y Cardi ei gyfle, er gwaethaf nad oedd tan hynny yn forwr naturiol, er ei fod yn bysgotwr y glannau. Erbyn dechrau'r 18fed ganrif roedd prysurdeb anhygoel ar afon Teifi. Allforiwyd pysgod o bob math, cynnyrch amaethyddol, rhisgl derw i'r diwydiant lledr a llechi, a mewnforiwyd pob math o gynnyrch, o orenau o Sbaen a llestri i lo a defnyddiau adeiladu. Erbyn diwedd y ganrif roedd llewyrch arbennig ar y porthladd gyda'i llongau yn hwylio dros y byd.

Nid yn unig yr oedd Aberteifi yn ganolfan marchnata i ranbarth eang, yn borthladd o'r radd flaenaf ond mi welodd hefyd ddatblygiad diwydiannol o bwys o fewn y dre. Roedd galw mawr am longau i gario nwyddau ac fel mewn llawer i le arall sefydlwyd diwydiant adeiladu llongau ar lannau Teifi i ateb y galw. Tan ddechrau'r 19eg ganrif coed lleol, yn enwedig o Stad y Coedmor ger Cilgerran a ddefnyddiwyd yn fwyaf arbennig yn y diwydiant ond ymhen amser roedd llongau o'r Baltig ac o Nova Scotia yn ymweld â'r porthladd yn rheolaidd ac yn fuan iawn roedd yr adeiladwyr yn dibynnu ar fewnforion yn hytrach na choed lleol. Yn 1839 gorfodwyd yr adeiladwyr llongau i dalu rhent i Gyngor y Dref, a'r adeg honno roedd y canlynol yn gweithio ar lan ogleddol y Teifi ac wrth geg Nant Mwldan – John Evans yn Llandudoch a David Owen, Evan Morgan, James James a William James. Erbyn 1850 yr oedd y diwydiant wedi'i ganoli mewn tair iard – Iard Uchaf, David Owen wrth geg afon Mwldan, Iard Ganol, Sam Evans ar safle maes parcio ac archfarchnad heddiw ac Iard Isaf, William Jones, blaenor a phregethwr Methodist yn is i lawr yr afon. Un o brentisiaid William Jones oedd John Williams, yr olaf o adeiladwyr llongau yr afon a orffennodd flynyddoedd o weithgarwch trwy lansio'r *Margaret Ann* i John Parry Tre-saith yn 1877.

ii) Aber-porth

Mae pentrefi bychain de Ceredigion fel Aber-porth, Tre-saith a Llangrannog wedi gweld cyfnod digon prysur fel canolfannau morwriaeth, a'r tri yn israddol i borthladd Aberteifi. Wedi'i leoli wrth geg dwy nant – Howni a'r Gilwen mae yno ddau draeth – Traeth Dolwen a Thraeth y Dyffryn, neu Traeth y Llongau. Mae tywod Traeth y Dyffryn yn ymestyn yn ddwfn ar hyd y cwm gan greu harbwr cysgodol iawn i longau. Yn wahanol i Langrannog, rhyw bedair milltir i ffwrdd, ni ddatblygodd y fasnach adeiladu llongau yn Aber-porth. Dim ond pedair llong fechan (*Jane* yn 1787, *Brittania* a'r *True Briton* yn 1793, a'r *Frances* yn 1808) a adeiladwyd yno. Fel canolfan masnach, er hynny, roedd Aber-porth yn ddigon pwysig ac roedd nifer o longau bychain ym mherchnogaeth y pentrefwyr: rhyw 48 llong rhwng 1800 a 1870. Slwpiau un mast oedd y rhan fwyaf o'r rhain yn dod â chwlwm a chalch i'w losgi ger y traeth. Yn nodweddiadol o longau Aber-porth, fel llongau holl bentrefi glan môr, oedd y smac *Elizabeth Ann* 40 tunnell a adeiladwyd yn iard John Williams, Aberteifi i John Thomas, morwr o'r Ddôl, Aber-porth yn 1875 tan ei dryllio ar draeth Aber-porth yn 1892. Heblaw John Thomas a oedd yn berchen 32 siâr (allan o'r 64 siâr draddodiadol ym mhob llong), roedd eraill fel y marsiandwr Thomas Thomas y Plas (gyda 24 siâr) a ffermwyr fel David Morgan Trefere Bella a Mrs Elizabeth Jones Troedyrhiw, yn berchen ar y gweddill o'r cyfranddaliadau. Tan gapteniaeth John Thomas, Y Ddôl, hwyliodd yr *Elizabeth Ann* yn gyson o Borthmadog a Chaernarfon gyda llechi ac o Borth-gain gyda cherrig i Gaerloyw ond yn fwy na dim i borthladdoedd de Penfro a Bae Caerfyrddin i gasglu cwlwm a chalch i Aber-porth. Pobl y pentref – yr *hobblers* – oedd yn gyfrifol am ddadlwytho'r llongau ar draeth Aber-porth, gan mai dim ond criw o dri oedd ar bob llong ac roedd yn bwysig fod pob llong yn cael ei dadlwytho yn gyflym i ddal y llanw nesaf.

Un o weithgareddau pwysica' traeth Aber-porth oedd y diwydiant pysgota ysgadan (penwaig), gwaith a barhaodd o leiaf tan 1914. Roedd sgadan yn bwysig dros ben i economi de Ceredigion ac roedd pysgod wedi'u halltu a'u mygu yn un o'r ychydig bethau a allforiwyd o'r rhanbarth. Ar y dechrau llongau Gwyddelig a ddôi yma i gasglu'r casgenni o bysgod a throsglwyddo halen ac offer pysgota o Iwerddon. Yn niwedd y 18fed ganrif, dechreuodd llongau lleol a morwyr lleol gymryd rhan yn y fasnach allforio sgadan, ac yn gyflym iawn tyfodd y traddodiad morwriaethol mewn pentrefi megis Aber-porth a Llangrannog. Nid dal 'sgadan Aber-porth' oedd bellach yn brif alwedigaeth y pentrefwyr ond hwylio'r moroedd. Y môr a'i drafnidiaeth oedd prif alwedigaeth y brodorion, ac er i'r fasnach fôr o Aber-porth farw allan yn chwarter olaf y 19eg ganrif, daeth hwylio ar led i bob rhan o'r byd yn ran o fywyd Aber-porth. Yn 1902, er enghraifft, roedd gan yr Hen Gapel, Addoldy'r Methodistiaid Calfinaidd 241 o aelodau, a dim llai na 27 o'r rheiny yn feistri llong, heb sôn am y peirianwyr môr a'r morwyr oedd yn dal aelodaeth yn y capel.

Nid rhyfedd fod nifer o gwmnïau mawr Caerdydd yn medru olrhain eu gwreiddiau i bentref bychan glan môr yng Ngheredigion.

Un o'r mwyaf llwyddiannus ohonynt i gyd oedd Evan Thomas, Dolwen, Aber-porth, mab Hezekiah Thomas, perchennog y cets fechan o 47 tunnell y *Pheasant* a oedd fel yr *Elizabeth Ann* yn teithio ar hyd glannau'r gorllewin gan drosglwyddo angenrheidiau bywyd i gymunedau glan môr. Ond mynd i'r môr mawr a phorthladd Caerdydd a dod yn feistr ar un o longau tramp Henry Anning, cwmni â'i wreiddiau yn Nyfnaint wnaeth Evan Thomas. Yn 1881 penderfynodd ef, ynghyd ag un o glercod Anning yng Nghaerdydd – Henry Radcliffe o Ferthyr – sefydlu cwmni llongau gan brynu eu llong gyntaf o iard Palmer yn Jarrow, y *Gwenllian Thomas*. Buan y dilynwyd hon gan longau eraill a phan fu Evan Thomas farw yn 49 oed yn 1891 roeddent yn berchen ar 15 llong. Erbyn 1913 roedd gan Evan Thomas Radcliffe gymaint â 28 llong. Dibynnai'r cwmni enfawr hwn a'i gysylltiadau byd-eang ar forwyr yn fwyaf arbennig o orllewin Cymru. Yn 1890, er enghraifft, roedd capteniaid 12 allan o'i 18 llong o dde Ceredigion a gogledd Penfro, ac yn wir roedd cyfran helaeth o fuddsoddwyr y cwmni yn bobl o dde-orllewin Cymru.

Ymysg y capteniaid a gyflogai Evan Thomas Radcliffe yn yr 1890au oedd y ddau gefnder o Aber-porth, James Jenkins, Frondeg a'i frawd-yng-nghyfraith David Jenkins, Bryntirion. Bu'r teulu'n brysur gyda llongau bychain yn hwylio o draeth Aber-porth ond i Gaerdydd yr aeth y ddau Jenkins gan sefydlu cwmni newydd y Jenkins Bros yn 1898-9, mewn partneriaeth â W.J. Williams o Fethesda, Gwynedd. Erbyn 1900 roedd gan y cwmni saith llong, a nifer sylweddol o bob criw o Geredigion, gan gynnwys cefnder iddynt, Capten Daniel Jenkins, Brynberwyn, Tre-saith. Chwaer James Jenkins, Frondeg, Miss Anne Jenkins oedd yn gyfrifol am recriwtio bechgyn ifanc o Aber-porth i wasanaethu'r cwmni ac nid oedd yn anarferol i'r bechgyn hynny gael eu cario yn Rolls Royce James i ymuno â llong yng Nghaerdydd. Y teulu Jenkins hefyd oedd yn gyfrifol am sefydlu 'Capel Split' Bryn Seion yn Aber-porth a hwy hefyd oedd yn cyfrannu fwyaf i'r addoldy hwnnw.

Mae amser addas i brynu a buddsoddi mewn llongau a bu Evan Thomas Radcliffe a'r Jenkins Bros yn ddigon lwcus i ddatblygu busnes mewn cyfnod euraidd yn nauddegau olaf y 19eg ganrif a blynyddoedd cynharaf yr 20fed. Erbyn 1903, er hynny, roedd pethau ar drai ac yn y flwyddyn honno sefydlwyd y *Glanhowny Steamship Company Ltd* gan Capten Thomas Owen, Glanhowny, Aber-porth a Henry Bartlett o Gaerdydd. Prynwyd y *Bala*, un o hen longau Radcliffe a'i hailenwi yn *Glanhowny*. Wedi marwolaeth Capten Owen yn 1906 prynwyd hen long arall y *Barto*, yr hen *Mary Thomas*. Bu tipyn o hanes drwg am y cwmni gan fod y *Glanhowny* wedi'i hyswirio am £13,126, tipyn mwy na'r £8000 a dalwyd amdani, a rhywle rhwng Carloforte ac Antwerp suddwyd y llong ym Mai 1907. Erbyn 1909 roedd y cwmni yn fethdalwyr *'absolutely without funds. There is not one penny with which to do anything'.*

Yr un oedd tranc un arall o gwmnïau Aber-porth, cwmni Capten Daniel Jenkins, brawd Capten David Jenkins o gwmni llwyddiannus y Jenkins Bros. Yn 1903, sefydlodd yr *Aber-porth Steamship Company* a phrynodd un arall o hen longau Ratcliffe y *W.I. Radcliffe* a'i hailenwi yn *Aberporth* yn 1903. Ni fu iddi oes hir canys ym Mehefin, fe'i suddwyd yn y Môr Du o fewn golwg i'r lan. Buan y darganfyddwyd ei bod wedi'i hyswirio am £5000 yn uwch na'i gwerth.

Dros y blynyddoedd roedd porthladd Aber-porth o gryn bwysigrwydd yn hanes morwriaeth Cymru. Am ganrifoedd bu ysgadan Aber-porth yn allweddol i ddatblygiad y fasnach fôr. Roedd llongau lleol i'w gweld ymhob rhan o Gymru ac wedi diflaniad y llongau bychain lleol roedd Aber-porth yn fagwrfa i genedlaethau o forwyr a meistri llongau a grwydrai'r moroedd. Yno hefyd yr oedd gwreiddiau cwmnïau llongau mwyaf Caerdydd a oedd yn enwog drwy'r byd. Yma hefyd yn nyddiau euraidd y llongau bychain y trefnwyd a gweinyddwyd holl weithgarwch yr *Aberporth Mutual Ship Insurance Company* a oedd yn gyfrifol am yswirio llongau o Aberteifi i Aberaeron.

iii) Tre-saith

Pentre bychan deniadol rhyw filltir i'r gogledd o Aber-porth yw Tre-saith ond yn wahanol i Aber-porth a Llangrannog i'r gogledd nid yw Tre-saith yn hen bentre. Tan ddiwedd yr 19eg ganrif, roedd yno felin flawd uwchben rhaeadr fendigedig afon Bern yn arllwys i'r môr ar y traeth ac roedd yno res o fythynnod a elwid yn *Barracks* – hen gartrefi gwarchodwyr yr arfordir. Roedd yno hefyd dafarn y *Ship*. Er fod Tre-saith – neu Traeth-saith fel y'i gelwid ambell dro – yn cynnal odyn galch ac iard cwlwm a glo, ychydig fu'r datblygiad yno tan ddiwedd y 19eg ganrif. Pan ddaeth un o newyddiadurwyr Aberteifi yno aeth mor bell â disgrifio Tre-saith fel *'a second Brighton'*. Yn negawd olaf y ganrif roedd adeiladu mawr yn Nhre-saith a datblygodd y pentre a'i gyffiniau yn ganolfan gwyliau i lawer. Bu'n rhaid adeiladu capel bychan Hermon i'r ymwelwyr, er na fu rhyw lawer o lewyrch ar y sefydliad hwnnw.

Ymhell cyn cyfnod y pentre gwyliau roedd traeth cysgodol Tre-saith yn gweithredu fel porthladd bychan a teulu Parry, y *Ship* yn berchen ar long a ddefnyddid i ddod ag angenrheidiau amaeth a chartref i'r fro.

Bu yma rywfaint o adeiladu llongau ac yn 1785 adeiladwyd y smac 20 tunnell *Nancy* ar y traeth. Yn 1827, adeiladodd John Parry, y *Ship* smac 25 tunnell – yr *Hope* a suddodd ger Ynys Dewi yn 1845. Wedi'r trychineb hwnnw prynwyd llong newydd o Geinewydd – y *Ruth*, ac am chwarter canrif bu honno yn masnachu ar hyd yr arfordir. Yr enwocaf o longau John Parry a'i fab Evan, oedd y *Margaret Ann* a adeiladwyd gan John Williams, Aberteifi yn 1877. Ar wahân i'r fasnach feunyddiol o gario calch a chwlwm i Dre-saith, defnyddid y llong unwaith y flwyddyn i fynd i Gei Connah ar afon Dyfrdwy i gasglu llwyth o lestri, brics a phibau dŵr o weithfeydd crochenwaith Bwcle, i'w gwerthu yn Storws Lestri Llangrannog (lle saif siop Glynafon yn awr). I bobl Llangrannog *Y Llong Lestri* oedd y *Margaret Ann* a hwyliodd yn gyson tan 1918 pan y'i collwyd ger Abergwaun.

iv) Penbryn

O edrych ar draeth melyn Penbryn, yn llawn o estroniaid ar ddiwrnod o haf, mae'n anodd credu fod yr ardal wedi gweld gweithgarwch hollol wahanol yn y gorffennol. Flynyddoedd maith yn ôl, Penbryn oedd hoff gyrchfan y smyglwyr halen a nwyddau eraill a laniai ar y traeth yn nhywyllwch y nos. Hyd y dydd heddiw, gelwir y cwm cul sy'n arwain o Lanborth i'r môr yn Gwm Lladron oherwydd ar hyd y ffordd gul teithiai ceirt llwythog y brodorion gyda nwyddau anghyfreithlon o Iwerddon. Heblaw halen, deuid â gwin o Bordeaux a gwirodydd o Ddulyn ac nid rhyfedd i Howell Harries ar ei ymweliadau â Llanborth ddisgrifio'r ardal fel '*A Dark Country*'. Pan ddaeth y gwron Methodistaidd i bregethu yn Llanborth yn Rhagfyr 1743 dywedodd: '*There terrible to them as the Inhabitants of ye Sea Side as they take Liberty of stealing wrecks and cheating ye King of things excised – of their inhuman behaviour towd poor shipwrecked seamen – that men better fall among Heathens than here*'. Pobl arw oedd fy nghyndeidiau ond iddynt hwy roedd y môr yn briffordd yn hytrach nac yn rhwystr.

O'r 16eg ganrif, prif alwedigaeth pobl y glannau oedd pysgota sgadan ac allforiwyd llawer o'r pysgod i Iwerddon. Am beth amser, llongau Gwyddelig a ddôi â'r casgenni a'r halen i halltu'r pysgod oherwydd nid oedd brodorion de Ceredigion yn fodlon iawn i hwylio ymhell o olwg y tir. Traeth Aber-porth a Thraeth Penbryn ynghyd ag Aberteifi oedd porthladdoedd hollbwysig y fasnach sgadan ac nid oedd sôn am Langrannog a Thre-saith, Cwmtydu a Cheinewydd. Ond yn araf bach dechreuodd brodorion yr ardal gymryd diddordeb mewn hwylio ymhellach nag o olwg y tir ac yn raddol bach dyma'r Cardi yn disodli'r Gwyddel yn y fasnach fôr. Er enghraifft, rhyw dyddynnwr bach digon dinod oedd Dafydd fy hen, hen dad-cu, yn ceisio gwneud rhyw fath o fywoliaeth allan o rhyw chwe erw o dir yn Plasbach ger Melin Llanborth. Roedd hefyd yn dipyn o bysgotwr sgadan ond rywbryd tua 1770 dechreuodd Dafi wlychu'i draed gan hwylio ym misoedd yr haf i Iwerddon i werthu sgadan hallt yn Wicklow. Ar un o'i fordeithiau daeth â gwraig, Hannah Christmas, yn ôl gydag ef i Blasbach. Morwr rhan amser oedd Dafydd, yn ffermio tipyn, yn pysgota tipyn ac yn hwylio yn achlysurol ar draws Môr Iwerddon. Tipyn gwahanol oedd ei fab Joseph; dyn y môr oedd hwnnw yn berchennog llawn ar slŵp fechan o'r enw *Rachel* a ddefnyddiai i ddod â chwlwm o Sir Benfro a chalch o Ynys Bŷr i Benbryn. Tua 1840, symudodd Joseph a'i deulu o Blasbach i bentre Llangrannog a oedd yn ei anterth fel porthladd yn y cyfnod hwnnw. Bu'n byw mewn bwthyn to gwellt *Y Rhip* tan iddo symud i'r Rock Terrace yn yr 1870au.

Gerllaw Traeth Penbryn roedd odyn galch a phentre bychan o amgylch y Felin yng nghysgod hen blasty Llanborth. Ar lecyn o dir ger Penllain Maesglas (Manorafon yn awr) adeiladwyd slŵp 24 tunnell o'r enw *Blessing* yn 1770 a nepell oddi yno roedd ffatri wlân yn cynhyrchu gwlanenni i'r boblogaeth. Nes ei hailadeiladu fel Ficerdy gan y Parch. John Hughes yn yr 1840au, bragdy oedd yn Nhroedyrhiw oherwydd yn y cyfnod hwnnw nid oedd sôn am fudiad dirwest. Gyda melin ac odyn, gweithdai pob math o grefftwr, eglwys ac ysgoldy roedd yr ardal o amgylch Traeth Penbryn yn ardal a oedd bron yn hunangynhaliol.

Ond y môr oedd yr elfen hollbwysig ym mywyd y trigolion. Ar nos olau leuad yn yr haf byddai minteioedd o bobl yn llymreita ar y traeth yn casglu'r llymriaid *(sand eels)* a guddiai yn y tywod. Cesglid llygaid meheryn *(limpets)* a chregyn gleision *(mussels)* ac roedd y dechneg o halltu a mygu sgadan yn wybyddus iawn i wragedd y fro. Ambell dro ceid cynhaeaf annisgwyl o'r môr fel ar y noson honno yn Rhagfyr 1816 pan drawodd llong Ffrengig a oedd yn cysgodi yn Aber-porth ar greigiau Traeth Gaerlwyd. Yn y llong honno roedd cargo o win Ffrengig a fu o fudd mawr i'r trigolion. Yn anffodus bu gor-yfed a bu farw saith o'r brodorion o wenwyn alcoholig.

Er i Benbryn edwino yn gyflym fel canolfan fasnach gyda datblygiad Aber-porth a Llangrannog erbyn 1830, roedd nifer o drigolion y fro yn dal i fod yn berchen llongau tan ddiwedd y ganrif honno. Teulu Treddafydd oedd yn berchen cyfran helaeth o'r sgwner *Jessie* (75 tunnell) ac un o'r teulu John Griffiths, Sarnau – y Capten Bach, oedd ei meistr. Teulu Ffynnonwen oedd yn berchen y sgwner *Cleddau Belle* (114 tunnell) a'r sgwner *Leander* (59 tunnell) ac roedd nifer o longau Aber-porth a Llangrannog ym mherchnogaeth pobl Penbryn.

v) Llangrannog

Pan fo dyn yn edrych ar bentre Llangrannog heddiw, mae'n cymryd yn ganiataol mai'r tai o amgylch y traeth yw'r gwir bentre. Ond tan canol y 18fed ganrif nid oedd sôn am unrhyw fath o bentre ar lan y don. Mae'n fwy na thebyg mai'r tŷ cyntaf i'w adeiladu ger y traeth oedd y *Ship and Anchor*, neu Eisteddfa House a adeiladwyd gan John Griffiths, mab ieuengaf fferm Eisteddfa tua 1760. Mi briododd ef â Catherine Davies o Benbryn ac yn wahanol i'r gweddill o'i deulu, y môr oedd yn ei ddenu ac o fewn ychydig flynyddoedd roedd yn berchen rhyw wyth llong fechan yn hwylio o draethell Llangrannog. Yn araf bach datblygodd clwstwr o dai o amgylch y traeth, pentre a alwyd yn 'Beach Village' neu'r 'Tra'th' tan canol y 19eg ganrif.

Ond mae yna Langrannog tipyn hŷn; pentre a sefydlwyd yn y chweched ganrif gan fynach teithiol a grwydrai arfordir gorllewin Ewrop yn sefydlu canolfannau crefyddol nepell o'r môr. Dywedir fod Carantoc yn ewythr i Dewi Sant ac yn byw tua 500 i 548 O.C. Sefydlodd gell grefyddol yn Leon yn Llydaw, yn Crantock yng Nghernyw ac yn Carhampton yng Ngwlad yr Haf. Roedd yn arweinydd nifer o seintiau eraill megis Cubert a Tenan a symudai o un lle i'r llall ar y môr yn hytrach na thros y tir. Mae pob eglwys a sefydlodd yn agos i'r môr ond eto heb fod yn weledig o'r môr ac roedd y llain lefel o dir uwchben y Gerwn yn lle perffaith iddo sefydlu'i eglwys. Efallai mai yn yr ogof uwchben y fynwent bresennol yr oedd lloches wreiddiol y sant ond o leiaf roedd yn weddol ddiogel rhag y lladron oedd yn crwydro arfordir de Ceredigion.

Mewn amser adeiladwyd eglwys ar y llain o dir ac yn raddol datblygodd pentref o amgylch y llan. Yma byddent yn chwarae gemau ac ar ddydd ei nawddsant, Mai'r 16eg, cynhaliwyd ffair ger muriau'r eglwys. Parhaodd y ffair tan ddechrau'r 19eg ganrif pan symudwyd hi i'r ffordd dyrpeg lle parhaodd tan rhyw ddeugain mlynedd yn ôl fel Ffair Glangaea New Inn. Yn sicr roedd i'r hen bentre eglwysig ei fywyd ei hun. Roedd yma felin flawd a thafarn yn Nolmeddyg. Y tafarnwr olaf oedd David Jones – Dafi Doctor – a gyflawnodd wrhydri yn ei ddydd trwy fynd â llond cwch o wyau o Langrannog i Lerpwl. Yn ôl yr hanes cyrhaeddwyd y porthladd hwnnw yn ddianaf heb dorri yr un wy. Islaw'r Gerwn yr oedd ffatri wlân a weithiai yn gyson tan 1912, yn cynhyrchu brethyn a charthenni i bobl y fro. Ailadeiladwyd hen eglwys Sant Carantoc yn 1885 a'm tad, David James Jenkins o Droedrhiwgam, oedd y cyntaf i'w fedyddio yno.

Mae gan yr eglwys un cysylltiad diddorol gan fod yr enwog Peter Williams, yr esboniwr ac un o arweinyddion y diwygiad Methodistaidd, wedi bod yn gurad yno am beth amser. Bu ymrafael rhyngddo ef a rheithor y plwyf un diwrnod ond dywed Peter Williams ei fod yn ddigon cryf bryd hynny i wrthsefyll y rheithor ac er gwaethaf y ffaith i hwnnw gydio yn ei goler a cheisio'i atal rhag mynd i'r pulpud, daeth Peter Williams i ben â phregethu pregeth gref. Yn anffodus bu'n rhaid iddo adael Llangrannog drannoeth. Daeth rheithor arall i drafferth yn ystod helyntion Beca a derbyniodd y Parch. Eleazer Evans lythyrau yn ei fygwth am iddo adeiladu ysgoldy eglwysig ger Llangrannog. 'Clywais amdanoch,' medd un llythyr, 'eich bod wedi bod yn anonest iawn ynglŷn â'r adeiladau, a'ch bod wedi ei ddarlunio fel ysgol rydd i'r bobl, a'ch bod wedi ei droi yn eglwys a'ch bod yn cael £80 yn y flwyddyn am wasanaeth. Os yw hyn yn wir rhaid i chi roi'r arian yn ôl bob dimau . . . dof fi a rhyw 500 neu 600 o'm merched i ymweld â chwi, a dinistriaf eich eiddo bum gwaith drosodd a gwnaf chwi yn destun gwaradwydd yr holl gymdogaeth. Yr wyf yn erbyn gormes, Yr eiddoch Rebecca a'i merched.'

Y syndod yw, mewn bro Fethodistaidd fel Llangrannog gyda seiadau cynnar yn cyfarfod yn y fro, nad agorwyd capel Bancyfelin tan 1863. Yr hen bentre eglwysig oedd cartref y capel hwn eto ac yn sicr 'Y Pentre' nid 'Y Traeth' oedd canolfan y gymdeithas tan tua chan mlynedd yn ôl.

Roedd pethau'n newid yn eithaf cyflym ar hyd arfordir de Ceredigion ychydig dros ddau gan mlynedd yn ôl. Tan hynny, ardal amaethyddol bur oedd y fro ond mi fyddai ambell aelod o'r gymdeithas yn ei mentro hi ym misoedd yr hydref i geisio dal sgadan a oedd mor gyffredin ym Mae Aberteifi. Cyn gynted ag y clywid llef aderyn a elwid yn 'Guto Gruglwyd' tua diwedd Awst neu ddechrau Medi, roedd yn bosibl dechrau sgadana. Pobl y tir oedd y pysgotwyr hyn yn mentro mewn cychod bregus o draethau'r fro i ddal y pysgod. Roedd cymaint ohonynt i'w cael fel nad oedd yn bosibl i'w defnyddio i gyd yn y fro ac yn raddol mi ddatblygodd masnach allforio sgadan wedi'u halltu neu eu mygu o draethau Ceredigion. Yn anffodus, nid oedd y Cardi yn rhyw lawer o forwr tan canol y ddeunawfed ganrif a llongau o Iwerddon a ddôi i'r ardal i gasglu cynhaeaf y môr. Dôi'r llongau ag angenrheidiau'r pysgotwyr megis rhwydi, casgenni a halen i'w glanio naill yn Aberteifi, Aber-porth neu draeth Penbryn. Nid oedd sôn am Langrannog fel unrhyw fath o lanfa tan canol y ddeunawfed ganrif a dim ond y pentre eglwysig oedd ar gael bryd hynny.

Daeth tro ar fyd; dechreuodd y Cardi gymryd diddordeb mewn morwriaeth yn ogystal â mewn pysgota ac mi welodd ei bod yn bosibl iddo yntau hefyd gyfrannu o'r fasnach fôr a oedd tan hynny yn fonopoli i'r Gwyddel. Cafwyd aelodau o deuluoedd amaethyddol yn ei mentro hi a phrynu llongau bychain a ddefnyddid nid yn unig i allforio sgadan ond i fewnforio angenrheidiau bywyd. Dyna John Griffiths, mab ieuengaf Eisteddfa yn adeiladu Eisteddfa House ger y traeth yn Llangrannog yn 1760 ac yn 1762 daeth Thomas Oliver o ogledd Sir Benfro gyda'i wraig Ann i'r pentre. Mi adeiladodd ef dŷ a rhoddi arno yr enw uchelgeisiol – *The Hall* er mai *Y Rhal* oedd yr enw ar lafar gwlad. Roedd Thomas Oliver hefyd yn forwr ac yn berchennog llongau ac yn berchennog ar dipyn o dir islaw rhaeadr y Gerwn yn Llangrannog. Morwr hefyd oedd y gŵr a adeiladodd dafarn y *Ship* a morwyr oedd y rhan helaeth o boblogaeth y pentre glan môr a dyfodd mor gyflym rhwng 1760 ac 1840.

Ar ddechrau'r 19eg ganrif roedd Llangrannog yn ei anterth a holl fywyd y pentre newydd wedi'i glymu wrth y môr a'i fasnach. Yma roedd pedair odyn galch (adeiladwyd y bumed a welir o hyd gan Morgan Jenkins, Morfa Uchaf mor ddiweddar ag 1887) ac i'r odynau hynny deuid â chalch o Ynys Bŷr, de Penfro a Bro Gŵyr, i'w losgi yn wrtaith i'r tir. Dôi llongau a llwythi o gwlwm o Hook, Penbre ac Abertawe ac yng Nglynafon roedd y warws lestri, lle gwerthid nwyddau pridd o Fwcle. Roedd yma hefyd iard adeiladu llongau o bwys a rhwng 1787 ac 1859 adeiladwyd cymaint â phymtheg llong, o'r *Linnet* fechan 7 tunnell i'r llong enfawr *Ann Catharine*, brig 211 tunnell.

Roedd pentre Llangrannog yn sicr yn atyniad i forwyr o ardaloedd eraill. Dyna er enghraifft, fy hen dad-cu Joseph Jenkins a anwyd yn nhyddyn Plasbach ger Melin Llanborth yn 1820. Morwr oedd Joseph a phan oedd yn rhyw ugain oed, mi brynodd long fechan – *Rachel* – a ddefnyddiai o draeth Penbryn. Cyn hir sylweddolodd Joseph nad oedd rhyw lawer o ddyfodol i hwylio o draeth agored Penbryn. Wedi iddo briodi, symudodd i bentre Llangrannog i fyw ym mwthyn to gwellt y *Rhip* ac o fewn ychydig flynyddoedd adeiladodd *Rock Terrace*, ger y traeth. Morwr o'r iawn ryw oedd Joseph, ac yn wahanol i'w dad nid oedd ganddo ddiddordeb o fath yn y byd mewn amaethyddiaeth ac nid oedd erw a buwch Plasbach ym Mhenbryn o unrhyw werth iddo ef. Treuliodd ei holl fywyd – yn biler Bancyfelin a'r *Pentre Arms* – yn hwylio'r glannau yn ei *Rachel* a'i *Mari Fach*.

Roedd y brig *Ann Catharine* yn llong fawr, yn fwy nag unrhyw long a ddôi i draeth Llangrannog i ddadlwytho calch a chwlwm. I ddweud y gwir dim ond unwaith welodd yr *Ann Catharine* draeth Llangrannog a hynny oedd pan y'i hadeiladwyd ar glos y *Ship* yn 1859. Brig dau fast gyda hwyliau sgwâr oedd y llong ac roedd yn 103 troedfedd o hyd, 25 troedfedd o led a 13½ troedfedd o uchder ac yn ôl rhestr Lloyds roedd yn 211 tunnell o faint. Nid yn unig hi oedd y fwyaf o'r llongau a adeiladwyd yn Llangrannog erioed, ond hi oedd y fwyaf ym mherchnogaeth meistri llongau'r pentre. Y coed gorau o stad Bronwydd a ddefnyddiwyd i'w hadeiladu ac roedd y gwaith haearn a'r angorion a'r hwyliau o gynnyrch crefftwyr yn y Ceinewydd. Wedi'i hadeiladu ar glos y *Ship*, bu'n rhaid ei thynnu i'r Cei i'w gorffen gan grefftwyr nodedig y pentre hwnnw. Ar y 6ed Awst 1859, hwyliodd y llong gyda chriw o naw ar ei mordaith gyntaf mewn balast o'r Cei i Gaerdydd.

Perchennog yr *Ann Catharine* oedd Capten James Lloyd y *Ship* a oedd hefyd yn berchennog ar long tipyn llai ei maint – y slŵp *Susannah Gwenllian*, a adeiladwyd yn y Cei yn 1854. Heb os nac oni bai, roedd James y *Ship* yn tipyn o foi ac yn barod i fuddsoddi'i holl arian ac arian ei gymdogion yn y fasnach longau. O'r 64 siâr draddodiadol mewn llong roedd James Lloyd yn berchen ar 14 siâr a'i frawd Evan ar un yn yr *Ann Catharine*. Roedd 21 o gyfranddalwyr eraill yn y busnes, y rhan fwyaf ohonynt yn ffermwyr yn ardal Pontgarreg. Yn y rhestr o berchnogion, roedd hefyd bobl fel Samuel Morris, barcer o Rydlewis a Josiah Jones, siop Pontgarreg. Ar y cychwyn nid oedd gan James Lloyd dystysgrif llong-feistr a oedd yn angenrheidiol i hwylio *deep sea* ar ôl pasio'r *Merchant Shipping Act 1854*, felly bu'n rhaid iddo apwyntio Capten Daniel Rees, Dolhawen fel meistr yr *Ann Catharine*. Disgrifiwyd Capten Rees fel *Sailing Master* a James Lloyd ei hun fel *Business Master* ac roedd yr holl griw yn dod o ardal Llangrannog. Yn eu mysg roedd Simon Jones, Evan Bowen, Evan Evans, David Evans, John Davies a dau grwt sef Thomas Evans (Capt. Evans, Blaenwaun yn ddiweddarach) a John Jones (Capt. Jones, Brynaeron yn ddiweddarach).

Ar y 14eg Medi 1859, hwyliodd yr *Ann Catharine* ar fordaith o Gaerdydd gyda chargo o lo i Alicante yn Sbaen, gan gyrraedd ar ôl mordaith dda o dair wythnos. Ar ôl tair wythnos yn Alicante hwyliwyd i Palermo ar Ynys Sicily ac er fod hon yn fordaith o dros saith can milltir medrodd yr *Ann Catharine* ei chyflawni mewn pedwar niwrnod. Oddi yno aeth y llong i Catania ac yna mordaith hir yn ôl i Glasgow gan gyrraedd afon Clyde ar 9fed Ionawr 1860.

Mae'n syndod meddwl fod llong a adeiladwyd gan grefftwyr gwlad ar glos y *Ship* ar draethell Llangrannog wedi hwylio mor bell â Môr y Canoldir ac yn fwy o syndod byth fod yn fy meddiant heddiw ddyddiadur o'r fordaith a gedwid gan Simon Jones, aelod o'r criw. Ar y fordaith honno, gwelodd ryfeddodau fel Mynydd Etna ac fel mab yr Ysgol Sul roedd yn ymwybodol ei fod yn dilyn un o deithiau'r Apostol Paul.

Ond hyd yn oed os oedd y fordaith gyntaf yn hawdd, tipyn gwahanol oedd yr ail, oherwydd y tro hwnnw roedd yr *Ann Catharine* yn mynd i groesi'r Iwerydd, cyn belled â Buenos Aires a Rosario yn Ne America. Roedd hon yn fordaith o bron wyth mis ac yn sicr roedd Simon Jones yn ddigon parod i dreulio diwrnod mewn eglwys genhadol yn Rosario ar y 5ed Awst 1860. Bu'r fordaith o Dde America i Lerpwl o'r 2il Hydref 1860 tan 22ain Ionawr 1862 yn un gythryblus dros ben ond cyrhaeddwyd yn ddiogel.

Yn ystod y blynyddoedd nesaf croesodd yr *Ann Catharine* yr Iwerydd nifer o weithiau gan gario glo o Gaerdydd a physgod o Newfoundland i Fôr y Canoldir. Yn 1873 er hynny roedd y llong o Langrannog i ymgymryd â mordaith faith o dair blynedd. Yn Abertawe llwythwyd cargo o reiliau a oedd i'w defnyddio ar reilffyrdd newydd Dwyrain Affrica ond yn anffodus wedi dadlwytho yn Lourenco Marques, nid oedd cargo i'r *Ann Catharine*. Felly dyma James Lloyd yn hwylio'n groes yr Iwerydd unwaith eto, mordaith o ryw bedwar mis, i gyrraedd Galveston yn yr Unol Daleithiau. Yno cafwyd cargo o gotwm i Lerpwl. Erbyn hynny, ar ôl dwy flynedd, roedd y criw ar eu ffordd adre ond yn anffodus ar noson arw yn Chwefror 1876, aeth y llong ar y creigiau ger Aberffraw ar arfordir gorllewin Môn a dyna ddiwedd yr olaf o'r llongau a adeiladwyd ar draeth Llangrannog. Yn ffodus, achubwyd holl aelodau'r criw.

vi) Cwmtydu

Rhwng Llangrannog a Cheinewydd mae'r creigiau yn codi yn serth o'r môr a heblaw am bentref bychan Cwmtydu, nid oes yma ddim ond adar y môr, morloi a dolffiniaid. Nid rhyfedd i'r rhan yma o arfordir Ceredigion gael ei ddynodi yn ardal o bwysigrwydd gwyddonol arbennig. Gerllaw Llangrannog, ar ran gysgodol o'r morfa, mae gan yr Urdd ei ganolfan o bwysigrwydd cenedlaethol yn denu cenedlaethau o Gymry i fwynhau adnoddau arbennig iawn y gwersyll.

Nepell o wersyll yr Urdd, ger Trwyn Croi gwnaed ymgais i ddarganfod a datblygu pyllau mwyngloddio plwm. Yn 1865 cafwyd llwyth o blwm o Bwll y Mwyn a'i allforio i Abertawe mewn smac 35 tunnell o Langrannog. Yn anffodus suddodd y llong cyn gadael Langrannog a dyna ddiwedd ar ddiwydiant a obeithiai criw bychan y byddai'n dod â chyfoeth iddynt.

Pentre bychan, anghysbell yw Cwmtydu a chyda thafarn Glanmorllyn ac ychydig o fythynnod, prin y gellir ei alw yn bentre. Mae'r mynediad iddo trwy ddyffryn cul a throellog o Lwyndafydd ac er mor ddiarffordd ydoedd roedd yno odyn galch a thipyn o drafnidiaeth o leiaf hyd tua 1900. Yma yr adeiladwyd un llong fechan, y *Ledney*, yn 1786 ac yn hanner olaf y 19eg ganrif yr oedd llongau megis yr *Antelope*, y *Martha Jane*, *Mari Fach*, y *Gwendolen* a'r *Christianna* yn dadlwytho'u llwythi o gwlwm a chalch ar y traeth cysgodol. Roedd fferm enwog y Cilie nepell o Gwmtydu a phan suddwyd yr *Antelope* ger y traeth ym Mehefin 1897, roedd Jeremiah Jones, yn barod â'i awen:

Yr *Antelope* druan enillodd ei chlod
Wrth ddwyn marsiandaeth i hafan ddi-nod,
Gorffennodd ei gyrfa mewn storom go gas
Aeth hithau yn yfflon ar drwyn Cafan Glas.

Dihangodd y morwyr o ddannedd yr aig
Gan ddringo fel cathod dros gribyn y graig,
Os methodd morwriaeth ni chollwyd y criw,
Aeth pawb yn ddihangol a'r capten yn fyw.

Bydd effaith y storom ar drêd Mari Fach
A chyll y gwerinwr ei gwlwm du bach,
Daw'r gaeaf cynddeiriog i fwthyn a phlas
Ar 'Ante' yn huno ym medd Cafan Glas.

Paham fu dathliadau a noson lawen ar draeth Cwmtydu wedi'r suddo, ni ŵyr neb ond yn sicr ni welwyd rhyw lawer o weithgarwch ar y traeth wedi'r ddamwain – os damwain hefyd. Tua 1908, er hynny, daeth rhywfaint o adfywiad i'r traeth, yn gymaint nes i fardd lleol ddatgan:

'Mae traethell fach Cwmtydu
Yn codi i'w ail fri
Trwy ddod â'r llong *Christianna*
A llwyth o gwlwm du.

Un o hanesion rhyfeddaf traethell unig Cwmtydu, yw fod llongau tanfor yr Almaen yn angori yno yn ystod y Rhyfel Byd Cyntaf. Mae sôn fod criwiau *submarines* yma yn cyfathrachu â nifer o drigolion y fro yn nhafarn Glanmorllyn ac yn cario dŵr glân i'w llong.

vii) Ceinewydd

Fel canolfan gwyliau haf i'r miloedd, gyda fforestydd enfawr o garafanau yn gorchuddio'r arfordir a'r llongau pleser yn y porthladd, mae'n anodd credu fod Ceinewydd, â'i holl fywyd bellach ynghlwm wrth dwristiaeth a phlesera, wedi bod unwaith yn un o ganolfannau pwysica'r diwydiant adeiladu llongau yng Nghymru. Yma yr adeiladwyd dros 250 o longau mawr a bach a hwyliai'r cefnfor i bob rhan o'r byd. Hwylio'r moroedd oedd prif alwedigaeth dynion y pentre ac roedd llynges fasnach Prydain yn cyflogi nifer fawr o 'fois y Cei', rhai ohonynt yn cyrraedd y pinacl yn eu gyrfaoedd.

Yn rhyfedd iawn, nid yw Ceinewydd yn hen le oherwydd tan tua 1835 nid oedd sôn amdano ar fap na siart. Yn sicr, roedd yno eglwys y plwyf yn Llanllwchaearn ac un arall i'r gogledd yn Llanina, ac roedd un neu ddau fwthyn ar lan y don lle trigai nifer o bysgotwyr. Ceid ychydig o gysgod rhag y gwynt yng nglanfa Penpolion, nad oedd yn ddim byd ond nifer o brennau yn y tywod gyda cherrig yn eu dal yn eu lle. Mor gynnar â 1700 disgrifiwyd y lanfa ddinod yma fel '*the New Key*' ond nid oedd yn ddim ond cysgodfa i gychod pysgota sgadan y fro. Erbyn diwedd y 18fed ganrif roedd nifer o bysgotwyr a ffermwyr y fro wedi buddsoddi mewn llongau fel y smaciau *Speedwell, Catherine, Saviour, Arthur, Marie* a *Hopewell* yn bennaf o borthladd Aberteifi. Erbyn diwedd y 18fed ganrif roedd ysbryd newydd yn y tir pan fu un o arloeswyr amaethyddiaeth yng Ngheredigion – Lewis Turnor, Wervilbrook, Pentregât – yn awyddus i ddatblygu harbwr er mwyn allforio cynnyrch amaethyddol de Ceredigion i bob rhan o'r wlad, ac yn enwedig i Iwerddon. Credai mai'r Cei oedd y lleoliad gorau i ddatblygu porthladd fferi i Iwerddon a chredai yn gydwybodol ei fod yn llawer gwell safle i ddatblygiad o'r fath na Chaergybi nac Aberdaugleddau. Methodd y cynllun a bu'n rhaid aros am ganrif arall cyn bod eraill yn hyrwyddo'r syniad o ddatblygu porthladd mawr. Roedd Capten Longcroft o Lanina yn awyddus dros ben i ddatblygu 'Trans-Atlantic Port' a bu ef a'i gyfeillion uchelgeisiol yn barod i fuddsoddi £30,000 mewn cynllun i adeiladu Southampton arall ger Carreg Ina, Cei-bach. Adlewyrchwyd yr uchelgais hon mewn darn o farddoniaeth gan Rees Jones (Amnon) o Landysul:

'Cei Newydd ddaw'n ariannog, cyn bo hir,
Ei borthladd fydd ardderchog, cyn bo hir,
Daw iddo'r llongau mwya'
Yn llwythog o Jamaica,
A ffrwythau rhandir India,
Hwn fydd gogoniant Gwalia
Cyn bo hir.

Ni wireddwyd breuddwyd y baledwr o Landysul mewn unrhyw fodd gan mai un o angenrheidiau porthladd mawr oedd sustem o ffyrdd a rheilffyrdd. Bu'n ddadl ffyrnig rhwng y bobl oedd am weld rheilffordd yn arwain i orsaf enfawr ger Cross Inn yn rhedeg o Gastell Newydd i Gogerddan a Brynhoffnant neu o Henllan i Rydlewis a Ffostrasol neu trwy ddyffryn Cletwr trwy Dalgarreg neu o Lanybydder i Mydroilyn a Llanarth. Yn 1885 penderfynwyd gofyn i ddau beiriannydd Stephen Evans o J.W. Szlumper i wneud astudiaeth o'r posibiliadau. Bu dau gynnig – un ar hyd Dyffryn Cerdin o Landysul, trwy Ffostrasol a'r llall ar hyd Dyffryn Cletwr trwy Talgarreg. Ar waethaf dadlau diddiwedd rhwng pobl Ffostrasol a phobl Talgarreg, y lein o Landysul i'r Cei trwy Ffostrasol a orfu. Bu apêl am gyfalaf o £36,000 i gwblhau'r gwaith ond nid oedd neb yn barod i fuddsoddi, ac felly roedd breuddwyd yr 'ocean liners' drosodd.

Yr hyn a roddodd fodolaeth i Ceinewydd oedd y New Quay Harbour Act o 1835 pan ganiatawyd adeiladu pier fel cysgodfan i longau. Roedd y rhan yma o arfordir Ceredigion i newid yn syfrdanol a bellach daeth yn llawer mwy na'r 'Resort of small fishing vessels' a ddisgrifiwyd gan Lewis Morris yn 1748. Daeth galw aruthrol am longau i allforio cynnyrch y Brydain ddiwydiannol i bob rhan o'r byd ac i fewnforio angenrheidiau bywyd hyd yn oed i'r ardaloedd mwyaf anghysbell. Roedd galw aruthrol am longau i gario'r nwyddau hynny. Erbyn degawd gyntaf y 19eg ganrif roedd y diwydiant adeiladu llongau wedi'i sefydlu ar draethau agored ac ym mhentrefi a bwrdeistrefi gorllewin Cymru. Rhwng 1780 a 1810 adeiladwyd 12 slŵp i ffermwyr a siopwyr ardal y Cei. Llongau bychain i ateb gofynion lleol oedd y rhan fwyaf o'r rhain. Gydag amser er hynny, ymestynnodd rhai o'r ffermwyr eu diddordebau ac arbenigo mewn perchnogi llongau. Er enghraifft, ffermio fferm y Cilie oedd John Owen ac yn defnyddio ei smac *Ellen* i fewnforio cwlwm a chalch i'r Cei. O fewn ychydig flynyddoedd roedd yn berchen ar yr *Ellen Owen* (132 tunnell), *Ellen* (68 tunnell), *Heather Bell* (258 tunnell), *Heedfull* (92 tunnell), *James & Mary* (86 tunnell) a'r *Owney Belle* (127 tunnell). Yn anffodus bu John Owen yn rhy uchelgeisiol ac erbyn 1880 roedd wedi methu a'r llongau'n cael eu gwerthu.

Yn ail hanner y 19eg roedd perchnogion llongau Ceinewydd yn niferus a llwyddiannus yn enwedig y rhai hynny a fuddsoddodd mewn llongau mawrion a hwyliai dros y byd ond na ddaeth erioed ar gyfyl y Cei. Er i nifer o longau ym mherchnogaeth pobl y Cei gael eu hadeiladu ar draethau'r fro, yn enwedig llongau a adeiladwyd gan Evan Daniel yn Cei-bach, gyda threiglad amser buddsoddodd y perchnogion mewn llongau rhad a adeiladwyd yng Nghanada. Nid oedd i'r rhai hyn rhyw oes hir er enghraifft:

Annie Ramsey, barc 407 tunnell a adeiladwyd yn 1863, a gollwyd yn 1867.

Maggie Cummins, brig 293 tunnell a adeiladwyd ar Prince Edward Island yn 1873, a gollwyd yn Gwlff Mecsico yn 1880.

Erbyn 1870 roedd Ceinewydd yn bentre morwrol o'r radd flaenaf gyda 37 teulu yn rheoli nifer fawr o longau bach a mawr yn hwylio i bob rhan o'r byd. Criwiau o'r Cei oedd ar y llongau hyn yn arferol. Efallai mai'r enwocaf o holl longau'r Cei oedd y brig *Hetty Ellen*, 189 tunnell a adeiladwyd yn Llanelli yn 1860. Prynwyd hi gan deulu David Davies a oedd yn berchen ar dair llong – yr *Hetty Mary, Nymph* a'r *Pacific* dan gapteniaeth David Davies a chriw o naw. Hwyliodd yr *Hetty Ellen* yn Awst 1861, dan asiantaeth asiant Dr David Livingstone, i dde Affrica gan gyrraedd yno ar ddydd Nadolig 1861. O Durban hwyliodd i'r Zambezi gan lanio angenrheidiau'r cenhadwr a'r teithiwr arloesol yno – gan gynnwys Mrs Livingstone. Oddi yno hwyliodd y llong i Mauritius gan ddychwelyd i Fryste gyda chargo o siwgr. Collwyd y llong heb sôn amdani ar fordaith o Nova Scotia yn 1881.

Fel ymhob pentre arall ar lannau Bae Ceredigion roedd masnach llongau lleol wedi diflannu bron yn gyfangwbl erbyn diwedd y 19eg ganrif. Er bod y rheilffordd a ffyrdd gwell wedi disodli'r llongau, roedd y traddodiad morwriaeth yn dal yn gryf yn y Ceinewydd. Roedd nifer helaeth o fechgyn y pentre yn dal i hwylio a chysylltiad y Cei â phorthladd Lerpwl yn enwedig o gryf. Heddiw, fel canolfan wyliau, mae olion yr hen weithgarwch i'w weld o hyd. Mae yna ddau neu dri warws, olion gwaith rhaffau a gweithdy gwneuthurwyr hwyliau a chanolfan y swyddogion toll – pob un erbyn hyn yn westy neu siop sglodion. Yma ac acw, mae enwau'r hen longau lleol i'w darganfod ar enwau'r tai – yr *Araminta* a'r *Ina Lass*, y *Renown* a'r *Albion* – yn ein hatgoffa o gyfnod euraidd yn hanes un o bentrefi glan môr Ceredigion.

viii) Cei-bach

Mae'n anodd credu heddiw fod traeth agored y Cei-bach sydd wedi'i amgylchu gan feysydd carafanau wedi bod yn lle tra gwahanol yn y 19eg ganrif. Ychydig iawn o dystiolaeth sydd yno i ddangos mai'r traeth anghysbell hwn oedd y pwysicaf o ganolfannau adeiladu llongau Bae Ceredigion. Wrth gwrs, gellid adeiladu llongau yn rhywle lle'r oedd tir cymharol fflat a rhyw ychydig o gysgod rhag rhyferthwy'r gwynt. Yn sicr roedd eisiau pwll llif i lifio coed derw i'w siâp a'u maintioli cywir ac roedd angen rhyw fath o adeilad i farcio'r coed ac efail i baratoi'r gwaith haearn, ond nid oedd angen unrhyw fath o ddoc sych cymhleth.

Yn rhyfedd iawn roedd cyhoeddiad blynyddol *Lloyds Register of Shipping*, sy'n cofnodi man adeiladu pob llong yn y byd yn gwahaniaethu rhwng 'New Quay' ar y naill law a 'Q Bach' ar y llaw arall. Roedd Cei-bach yn ddigon pwysig i'r *Registers* ei gofnodi fel canolfan adeiladu llongau. O 1814 tan 1882 roedd y traeth yn ferw o brysurdeb mawr ac roedd o leiaf bump o adeiladwyr yn gweithio yno yn ystod y cyfnod. Yr enwocaf efallai oedd Thomas James Thomas a weithiai rhwng 1850 tan ei farwolaeth yn 1866, oedd yn gyfrifol am adeiladu llongau deniadol dros ben a deithiai'n gyson i bellafoedd daear. Yn eu mysg oedd y sgwner *Maelota* a'r brig *Cambria* a hwyliai yn gyson ar draws Môr Iwerydd i Newfoundland i gario pysgod hallt i'r Eidal a Sbaen. Aent yn ôl i Ganada gyda llwythi o win ac olew yr olewydd.

Prentis i Thomas Thomas oedd Evan Daniel a ddatblygodd yn adeiladydd nodedig iawn. O 1855 tan ei farwolaeth yn 1890 roedd Evan yn brysur iawn, yn enwog trwy Gymru am adeiladu llongau mawr a hwyliai dros y byd. Er enghraifft, yn 1872 adeiladodd y barcentin 180 tunnell *Nymph* a ddrylliwyd ger Bordeaux yn 1886; yn 1878 adeiladodd y *Maggie Phillips* brigantin 165 tunnell a ddrylliwyd ar draethell unig yn Brasil saith mlynedd yn ddiweddarach.

Rhwng y Cei a Cei-bach mae traeth agored Traeth-gwyn. Yno roedd pentref sylweddol cyn i'r môr erydu'r tir ac roedd y llecyn yma hefyd yn hynod bwysig fel man adeiladu llongau. Gweithiai o leiaf saith o adeiladwyr yno a phob un heblaw Owen Owens yn cario yr enw Davies. Rhwng 1835 ac 1866, er enghraifft, adeiladodd Thomas Davies a'i fab John nifer fawr o longau yn cynnwys yr *Hawendale,* un o longau mwyaf Llangrannog o'r sgwner *U. Larsing* a enwyd ar ôl brodor o'r India oedd â chysylltiad â chenhadwr. Heddiw maes carafanau enfawr sydd uwchlaw'r môr yn Nhraeth-gwyn a thybed faint o'r ymwelwyr a ddaw yn eu miloedd yn yr haf sy'n hidio am y *Sylph* a'r *Clarita,* y *Julianna* a'r *Melodia* a ddaeth ag enwogrwydd i draethell anghysbell ger y Cei.

ix) Aberaeron

Aberaeron yw prif swyddfa Cyngor Sir Ceredigion erbyn heddiw. Mae'n dref hyfryd gyda'i strydoedd o dai Siorsaidd wedi'u cynllunio yn ofalus yn gofadail teilwng i un person. Y Parch. Alban Thomas Jones Gwynne a greodd borthladd newydd yno rhwng 1807 ac 1811 a phe na bai hynny'n ddigon, ef oedd yn gyfrifol am ddatblygu'r Ceinewydd prin bedair blynedd ar ôl hynny yn 1815. Cyflogwyd saer maen o'r enw William Green, yn brif adeiladwr yr harbwr newydd a bu ef a'i deulu yn flaenllaw iawn ym mywyd cyhoeddus y dref.

Tan 1811 lle digon annifyr oedd aber afon Aeron. Roedd yno far symudol o dywod a cherrig yn creu rhwystr aruthrol i unrhyw drafnidiaeth a gallai llong gael ei dal am wythnosau lawer y tu ôl i'r banc ger yr aber. Er fod yna rwystredigaeth aruthrol ar fasnach, roedd llongau yn dod yn gyson i Aberaeron ers y 18fed ganrif, roedd yn rhaid gwneud rhywbeth. Arglwydd y Faenor, Y Parch. Alban Thomas Jones Gwynne o blas Tŷ Glyn ac yna o Mynachdy, oedd yr arloeswr. Fel y dywed y ddogfen a gyflwynwyd i'r Senedd yn 1807:

'The quay within the harbour of Aberaeron has become ruinous and insufficient fôr the Accommodation and Protection of the ships and vessels resorting to the said harbour. And whereas Alban Thomas Jones Gwynne, Clerk, Lord of the Manor . . . is willing and desirous at his own Expense to rebuild, enlarge, improve and maintain the said quay and pier and also to improve the said harbour.'

Dyma gymwynaswr mawr y fro gyda'r enw wedi ei anfarwoli yn Sgwâr Alban, prif sgwâr y dref. Roedd y Parchedig Gwynne hefyd yn awyddus i gynllunio tref ddeniadol a chyfleus gyda strydoedd o dai chwaethus o amgylch yr harbwr a'r prif sgwâr. Dywed traddodiad mai'r enwog John Nash o Aberteifi, un o benseiri enwog y cyfnod Siorsaidd a gynlluniodd Aberaeron, ond er fod Nash yn gyfeillgar â theulu'r Gwynne, mae'n debygol nad ef ond y pensaer Edward Heycock o'r Amwythig oedd prif gynllunydd Aberaeron.

Wedi cwblhau muriau'r harbwr gyda doc agored ond cysgodol Pwll Cam bron yng nghanol y dref a'r Doc Bach ar ochr ddeheuol yr afon yn rhoddi cysgod i longau a fyddai'n angori yno, datblygodd Aberaeron yn gyflym. Datblygwyd ffatri wlân gymharol fawr ar lan yr afon, a nepell o'r fan honno sefydlwyd efail a ddaeth yn enwog am gynhyrchu offer llaw amaethyddol. Daeth rhaw coes hir Aberaeron yn enwog trwy Brydain – yn enwedig yn y gorllewin ac yn Iwerddon ac roedd llawer o gynnyrch sylweddol y mentrau hyn yn cael eu hallforio o harbwr Aberaeron. Er fod llongau hwyliau yn hwylio yn gyson o Aberaeron i Fryste a Lerpwl – llongau fel yr *Andes* a'r *Beryl* – yn gynnar iawn yn hanes llongau stêm, roedd gan Aberaeron longau felly yn yr 1860au. Yn 1863, sefydlwyd yr *Aberaeron Steam Navigation Company* gyda'r llong S.S. *Prince Cadwgan* yn cario pobl a nwyddau o borthladdoedd y gorllewin o Lerpwl i Fryste ac yn achlysurol i Iwerddon. Yn 1876, collwyd y *Prince Cadwgan* ger Solfach yn Sir Benfro. Flwyddyn yn ddiweddarach yn 1877 sefydlwyd yr *Aberayron Steam Packet Company* gan Thomas Davies. Prynwyd y llong 87 tunnell yr S.S. *Ianthe* a werthwyd yn 1895 i feistr llong o Ayr yn yr Alban. Yn 1894 roedd y cwmni wedi prynu llong tipyn mwy o faint – y *Norseman*, agerlong o 194 tunnell a adeiladwyd yn Paisley, yr Alban yn 1883. Bu honno yn hwylio tan 1918.

Yn rhyfedd iawn parhaodd y fasnach fôr yn hwyrach yn Aberaeron na bron un porthladd arall yng Ngheredigion. Y prif reswm am hynny yw fod y rheilffordd yn gymharol hwyr yn cyrraedd Aberaeron, a bu'n rhaid aros tan 1911 cyn fod y rheilffordd o Lambed mewn defnydd dyddiol. Medd un ysgrifennwr yn 1902:

'*Far removed from present day bustle and tumult, Aberaeron recalls an age before the transformation of the country by railways. It is only reached after a tedious journey by coach from Aberystwyth, Lampeter and Cardigan.*

Mi ddaeth y rheilffordd a lladdwyd yr harbwr fel canolfan fasnach.

Fel Ceinewydd i'r de a Llanddewi Aber-arth i'r gogledd, daeth y diwydiant adeiladu llongau o bwys mawr yn Aberaeron yn enwedig ym mlynyddoedd canol y 19eg ganrif. Cyn agoriad yr harbwr bu rhywfaint o adeiladu llongau bychain yn y fro yn aml ar dir ffermydd fel Cilfforch a Phengarreg ac hyd yn oed ar draethell unig Gilfach yr Halen i'r de o Aberaeron cyn y tyfodd y

188

gwaith o adeiladu yn yr harbwr ei hun. Wedi distrywio iard longau bwysig Evan Jones yn Aber-arth gan storom fawr 1844, symudodd Evan Jones i ochr ogleddol harbwr Aberaeron ger tafarn y *Neptune*. Yno bu ef a'i deulu yn hynod brysur tan 1883 yn adeiladu nifer o longau bach a mawr. Ar yr ochr arall i'r harbwr roedd John Harris (Siôn Harri) a'i deulu yn brysur dros ben yn adeiladu llongau ar yr iard o flaen ei dŷ tafarn *Y Dolphin* (Trelawey yn ddiweddarach a chartref y canwr byd-enwog – Syr Geraint Evans tan ei farwolaeth yn y 1990au cynnar). Adeiladwyd rhyw 23 o longau ar Iard y Dolphin a'r rheiny'n cael ei lansio i'r Doc Bach ger y fynedfa i'r harbwr.

Yn 1841, roedd 10 person yn disgrifio'u hunain fel adeiladwyr llongau yn Aberaeron; ddeng mlynedd yn ddiweddarach yr oedd y rhif wedi cynyddu i dri ar hugain. Roedd tipyn o gystadleuaeth rhwng y ddau deulu a oedd yn adeiladu llongau yn Aberaeron. Ar iard y Dolphin roedd John Harris (Siôn Harri) a'i feibion John (Siôn Harri Bach), Henry a Dafydd yn adeiladu cyfanswm o 23 o longau ac Evan Jones a'i fab Dafydd yn adeiladu ar iard y Neptune. Mae'n edrych yn debyg fod yna gystadleuaeth frwd rhwng y ddau deulu yn enwedig mewn adeiladu llongau gweddol eu maint. Yn 1855, er enghraifft, adeiladodd Evan Jones y sgwner 97 tunnell, y *Gambia*. Yn yr un flwyddyn lansiodd Siôn Harri Bach y *William & Mary*, brig 239 tunnell o iard Neptune. Yn 1858, adeiladodd Evan Jones y brig *Xanthippe* (225 tunnell) a'r sgwner *Condor* (114 tunnell) a'r smac *All Right* (39 tunnell). Yn y flwyddyn ganlynol dyma iard Harris yn cynhyrchu y *Leander* – sgwner 72 tunnell a'r brigantin 143 tunnell, y *Maria Anna*.

Adeiladwyd cymaint â 93 o longau yn Aberaeron, yr olaf oedd y cets *Cadwgan* (123 tunnell) a gofnodir yn nhafarn y Cadwgan ar y cei yn Pwll Cam.

Er i *Aberayron Steam Packet Company* brynu'r *S.S. Telephone* yn 1910 i deithio rhwng Aberaeron a Lerpwl yn arbennig, gyda gwerthiant y cwmni yn 1916 roedd popeth ar ben. Eto i gyd roedd rhywfaint o obaith am adfywiad oherwydd yn 1921 dechreuwyd gwasanaeth rheolaidd o Gaerdydd i Aberaeron gan gwmni Spillers yn dod â blawd i Aberaeron gan ddefnyddio llongau bychain y Capteniaid James a Davies o Langrannog – llongau fel y

Drumlough, yr *Enid Mary* a'r *West Coaster* i'r gwaith. Ambell dro byddai llwyth o gerrig a graean o Borth-gain a Threfor yn cyrraedd. Yn 1927 bu tua 20 o ymweliadau â'r harbwr ond erbyn 1934 derbyniwyd y cargo olaf o flawd o'r *S.S. Drumlough*.

x) Aber-arth

Rhyw filltir i'r gogledd o Aberaeron mae pentref bychan Llanddewi wedi'i leoli mewn dyffryn cul lle mae afon Arth yn arllwys i'r môr. Mae'r eglwys hynafol yn guddiedig o'r môr y tu ôl i fryncyn ac roedd y pentre bychan yma unwaith yn ferw o weithgarwch, gyda melin flawd a ffatri wlân bwysig yn gweithio yno tan ganol yr ugeinfed ganrif. Roedd hefyd yn borthladd o bwys, yn wir yn un o'r porthladdoedd hynaf rhwng Aberteifi ac Aberystwyth.

Y prif reswm am weithgarwch y porthladd oedd ei gysylltiad ag Abaty Ystrad Fflur. Am dair canrif a rhagor roedd Mynachlog Ystrad Fflur a'i thrigolion yn nerthol dros ben ym mywyd Cymru. Yn 1164 daeth mynachod i ardal ddiarffordd ym mlaenau Dyffryn Teifi i ffurfio abaty a oedd yn ddigon pell o'r dylanwadau a allai daflu ar reolau caeth a manwl yr Urdd Sistersaidd. Yma mewn ardal anghysbell yr adeiladodd y Myneich Gwyn eu mynachlog enfawr a fu'n gymaint o ddylanwad ar economi Cymru tan cau'r sefydliad yn 1539. Gwaith hir oedd y broses o adeiladu'r fynachlog enfawr – fe gymerodd hanner can mlynedd i'w chwblhau. Am ryw reswm nid oedd y Brodyr yn barod i ddefnyddio cerrig lleol ac aethant i'r drafferth o fewnforio cerrig o ardal Bryste i borthladd Llanddewi Aber-arth ac yna eu trosglwyddo ar hyd llwybrau anodd i unigeddau'r bryniau, rhyw ugain milltir i ffwrdd. Ar hyd oes abaty Ystrad Fflur, Aber-arth oedd y porthladd ac yn ogystal â phorthladd, datblygwyd yno nifer o bysgodlynnoedd a goredi i ddal y cyfoeth o bysgod oedd yn byw yn y bae. Gwelir olion y goredi yma ar yr arfordir rhwng Aberaeron ac Aber-arth.

Parhaodd Aber-arth yn ddigon prysur fel porthladd ar ôl diddymu'r mynachlogydd gan Harri'r Wythfed. Heblaw bod yn ganolfan mewnforio calch a thanwydd, datblygodd y diwydiant adeiladu llongau yma. Ac ar y llain o dir ger ceg afon Arth adeiladwyd cymaint â 25 llong, bychan o rif o'i gymharu â'r 93 llong a adeiladwyd yn Aberaeron gerllaw a'r 240 yn Ceinewydd a'r cyffiniau. Tan adeiladu porthladd Aberaeron yn ail ddegawd y 19eg ganrif, Aber-arth oedd y lle pwysig ac yma tan 1844 yr oedd Evan Jones a'i weithwyr yn adeiladu llongau. Yn anffodus yn 1844 cafwyd storom ddychrynllyd a'r 'llif mawr' a olchodd cynnwys y capel Methodist gan gynnwys y bwrdd cymun allan i'r môr mawr. Difrodwyd iard llongau Evan Jones a golchwyd y sgwner 72 tunnell yr *Adroit* allan i'r môr. Gorffennwyd adeiladu'r llong yn iard newydd Evan Jones ar ochr ogleddol harbwr Aberaeron. Y storom a'r llif mawr a laddodd holl weithgarwch y porthladd hynafol wrth aber afon Arth.

xi) Llansanffraid

Mae pentrefi Llan-non a Llanrhystud ar y ffordd fawr o Aberystwyth i Aberaeron dipyn o bellter o lan y môr a rhyngddynt a threflan a thraeth Llansanffraid y mae darn o dir llyfn lle, hyd y dydd heddiw, mae nifer o ffermwyr yn amaethu'r tir mewn stripiau hir yn gywir fel y gwnaent yn yr Oesoedd Canol. Er eu lleoli ymhell o'r traeth, mae i Lan-non a Llanrhystud hanes hir fel cartrefi morwyr. Yma fel yn Ceinewydd, Aberaeron a Llangrannog, gwelir tai cadarn a chymharol fawr y capteniaid llongau a oedd unwaith yn britho'r pentrefi hyn. Mae nifer o'r tai hynny yn cario enwau llongau. Er enghraifft, ym mynwent Llansanffraid gwelir cofgolofnau crand i bobl *Clarovina* a *Ceylon*, *Ontario* a *Montrose*, *Albion* a *Turtle Dove*. Yn yr un fynwent mae nifer fawr o forwyr wedi'u claddu, neu o leiaf wedi'u cofnodi ar garreg er efallai mai yn Rangoon neu Chile, Jamaica neu Sydney yr oedd eu gorffwysfa olaf.

Datblygodd traeth Llansanffraid, er gwaethaf y ffaith nad oedd yno gysgod arbennig o dda, fel porthladd bychan digon pwysig yn y 19eg ganrif. Fel pob porthladd bychan arall ar arfordir Ceredigion, mewnforiwyd calch a chwlwm a glo yn arbennig – glo o lofa Aberpergwm yn cael ei allforio trwy Gastell-nedd. Yn

Craiglas y pen uchaf i'r traeth roedd rhyw chwe odyn galch a glanfa i'r slwpiau a ddôi mor gyson i'r fro. Un o longau cynnar y fro oedd y *Spread Eagle*, oedd ym mherchnogaeth teulu Phillips o Geinewydd – teulu a adnabyddwyd fel 'Y Cadnoed'. Yn 1847, er enghraifft, daeth y *Spread Eagle* â llwyth o gwrw 'porter' o fragdy Guinness yn Nulyn i fragdy llewyrchus y *Felinfôr Brewery* ar lan y môr ger Llan-non. Oddi yno aeth i Gastell-nedd i gasglu cwlwm o lofa Aberpergwm, ac yna o dde Penfro i Craiglas gyda chargo o galch. Tan tua 1865, roedd traeth Llansanffraid yn brysur dros ben, ac yn ogystal â'r fasnach o fewnforio ac allforio ychydig, daeth adeiladu llongau yn hynod bwysig yma. Rhwng 1824 a 1864 adeiladwyd rhyw 25 o longau. Rhwng 1824 a 1845 adeiladodd Richard Williams 5 llong ac yn 1830 adeiladodd John Evans long iddo'i hun (yr *Enterprise*). Rhwng 1856 a 1864 adeiladodd Daniel Evans 6 llong, pob un o faintioli mawr – brig fel *Egertere* (203 tunnell), a sgwner fel y *Leander* (71 tunnell). Yn yr un cyfnod – o tua 1860 tan 1864 yn unig – adeiladodd Henry Harris, a oedd yn un o deulu enwog yr Harrisiaid o Aberaeron, 6 llong – y barcentin *Aretas* (124 tunnell), y brigiau *Convoy* (214 tunnell), y smac *Ann Eliza* (44 tunnell), y brigantin *Gwladys* (164 tunnell) a'r sgwner *Isabella* (69 tunnell) pob un i wasanaeth capteniaid Llan-non a Llanrhystud.

Dywed traddodiad mai afon Wyre yw'r ffin rhwng de Cymru a gogledd Cymru – y ffin rhwng gwlad 'nawr' a 'rŵan'. Ni fentrodd Dewi Sant i'r gogledd o Lanrhystud.

6. BAE CEREDIGION – Y GOGLEDD

i) Aberystwyth

Aberystwyth, cartref y Llyfrgell Genedlaethol a choleg hynaf Prifysgol Cymru, yw'r mwyaf o drefi glannau Bae Ceredigion. Mae'n dref hynafol wedi'i sefydlu gan Edward I yn y 13eg ganrif fel caer gadarn i amddiffyn ei sefydliad a'i gyfraith estron rhag Cymry yr ardal. Ar fryncyn uwchben aber Rheidol ac Ystwyth adeiladwyd castell o bwys. O amgylch y gaer hon roedd tir corsiog yn amddiffynfa gref rhag ymosodiadau o'r tir, a'r môr i'r gorllewin yn warchodfa effeithiol rhag ymosodiadau o'r cyfeiriad hwnnw. Yn ychwanegol, roedd gro o gerrig mân a llaid – Y Ro Fawr yn ymestyn i'r de o fryn y castell i roddi rhyw fath o gysgod i longau rhag rhyferthwy'r môr. Yn araf tyfodd tref fechan; tref a adnabyddwyd yn gyntaf fel 'Llanbadarn Gaerog' o amgylch y castell. Fel porthladd, nid oedd fawr o lewyrch ar y lle; roedd y bar yn groes i'r aber yn tyfu'n gyflym iawn, ac roedd yn rhaid aros am stormydd y gaeaf a llif yr afonydd i glirio rhywfaint o'r llaid a'r tywod a gasglai o amgylch y Ro Fawr. Gymaint oedd effaith y bar ar ddatblygiad Aberystwyth fel y'i disgrifiwyd yn 1561 fel:

'a barred haven of no value'

ac fe barhaodd y porthladd felly tan ddechrau'r 18fed ganrif. Er i fyddin Cromwell ddymchwel tipyn o'r castell roedd nifer o drigolion y dref glan môr ddigon diflas yn ymwneud â'r diwydiant pysgota ysgadan. Erbyn 1755, roedd gan Aberystwyth gymaint â 60 cwch pysgota, pob un yn cario criw o saith i gynaeafu'r pysgodfeydd mwyaf niferus a welwyd ym Mae Ceredigion erioed. Gorchwyl yr hydref a'r gaeaf oedd sgadana, ond yn ôl un sylwebydd:

Here was an industry which could have brought wealth to the town, but there was no one prepared to do the necessary organising. In 1702 1734 barrels of fish were sent to Ireland in English or Irish ships. By the middle of the century, the trade was almost entirely in the hands of merchants from Liverpool whose practice it was to send ships from the

Isle of Man to Aberystwyth then to purchase and salt fish ready for export.'

Yn araf bach yn ystod y 18fed ganrif dirywiodd y fasnach sgadana, yn enwedig gan fod y pysgod hynny wedi lleihau'n ddirfawr mewn nifer ac yn 1744 gellid dweud:

'The herring that occurred so profusely' [is now] 'a stranger to the coast.'

Yn y cyfamser, Aberdyfi ac nid Aberystwyth a gyfrifid yn brif borthladd y rhan yma o Fae Ceredigion ac yno yr oedd y gofrestrfa llongau i'r rhanbarth er mawr ofid i bysgotwyr a masnachwyr Aberystwyth. Wedi'r cwbl, dim ond rhyw hanner dwsin o fythynnod oedd yn Aberdyfi. Yn 1763, daeth pobl Aberystwyth i ben â symud y Gofrestrfa i Aberystwyth – i *Custom House Street*. Roedd pysgotwyr Aberystwyth yn hwylio'r glannau yn y gwanwyn a'r haf pan nad oeddent yn sgadana, gan allforio nwyddau fel rhisgl derw i'r diwydiant lledr, a rhywfaint o fwyn plwm. Byddent hefyd yn mewnforio calch, glo ac wrth gwrs llawer iawn o halen i'r pysgotwyr. Roedd problemau aruthrol gan y llongau a ddôi i Aberystwyth a sylweddolwyd yn gynnar fod yn rhaid buddsoddi mewn harbwr newydd os oedd unrhyw lewyrch masnachol i fod. Yn 1780 cafwyd deddfwriaeth i fwrw ymlaen i wella'r harbwr, ond digon cyndyn oedd Ymddiriedolwyr yr Harbwr i wario arian mawr. Yn anffodus, dihangodd yr harbwr-feistr newydd William Jolson gyda swm sylweddol o arian yr ymddiriedolwyr. Fel roedd y diwydiant plwm yn enwedig yn ehangu'n gyflym iawn yn negawd olaf y 18fed ganrif, roedd pob math o nwyddau yn cael eu mewnforio i dref oedd ar gynnydd. Yn 1792 roedd gan Aberystwyth gymaint â 90 o longau ar y gofrestr. Er gwaethaf popeth, datblygodd y diwydiant adeiladu llongau i bwysigrwydd mawr yno. Roedd gwasanaeth llongau cyson i Fryste a Lerpwl ac roedd yn glir fod yn rhaid gwneud rhywbeth i wella'r harbwr. Yn 1836 dechreuwyd ar gynllun llawer mwy uchelgeisiol na'r cynlluniau dros dro, mor rhad â phosibl a oedd yn nodweddiadol o farsiandwyr Aberystwyth yn y blynyddoedd cyn hynny. Yn awr roedd yn rhaid newid cwrs afonydd Ystwyth a Rheidol fel bod llif yr afonydd yn sgwrio'r harbwr. Yn ychwanegol adeiladwyd pier o gerrig nadd, 210 llathen o hyd ar ochr fewnol y Ro Fawr. Cryfhawyd y Ro Fawr gyda rhwydwaith o goed *(groynes)* a chyda pier arall ar yr ochr ddeheuol, roedd yr harbwr cysgodol yn gyflawn ac yn medru derbyn llongau gweddol fawr. Gydag adeiladu nifer o stordai ar y cei roedd Aberystwyth yn datblygu yn borthladd o bwys. Araf iawn fu'r broses o adeiladu ac o osod sylfeini i'r porthladd, a defnyddiwyd cerrig o chwarel Alltwen ger traeth Tan-y-bwlch i'r gwaith. Er mwyn cario'r cerrig i'r safle, adeiladwyd rheilffordd gul o'r chwarel.

Gydag adeiladu muriau cryf i amgylchu yr harbwr, daeth llewyrch arbennig i Aberystwyth yn yr 1840au, ac fel rhan o'r holl lewyrch daeth Aberystwyth yn gofrestrfa llongau yn 1847 gyda chyfrifoldeb am holl lanfeydd a thraethau Bae Ceredigion o Geinewydd yn y de i Tywyn yn y gogledd. Roedd hyn yn hollol groes i ddymuniadau pobl Aberteifi yn y de a phobl Aberdyfi yn y gogledd. Erbyn 1850 roedd Aberystwyth yn gyfrifol am 213 llong, cyfanswm o 12,458 tunnell, oedd wedi'u cofrestru yn Aberystwyth. Yn 1853 sefydlwyd cwmni yswiriant – *The Aberystwyth Mutual Ship Insurance Company* – i ymuno â chwmnïau tebyg yn Aber-porth, Ceinewydd ac Aberaeron nad oeddent bellach yn dibynnu ar gwmnïau o Lundain i yswirio llongau lleol.

Roedd Aberystwyth yn mewnforio pob math o nwyddau – calch a chwlwm o dde Cymru, cwrw o Ddulyn a choed o wledydd Llychlyn a'r Baltig, a hyd yn oed o Ogledd America o borthladdoedd fel Quebec, Dalhousie, Three Rivers a Miramichi. Ymhen amser, fel yn Ceinewydd, defnyddiwyd llongau rhad ac israddol eu gwneuthuriad a roddodd ergyd farwol i'r diwydiant adeiladu llongau yn Aberystwyth. Roedd allforion plwm o fwynfeydd cyfoethog gogledd-orllewin Ceredigion yn hanfodol bwysig i'r porthladd. O fryniau anghysbell y rhanbarth dôi plwm a sinc i'w allforio i burfeydd Bryste, Abertawe a phorthladdoedd afon Dyfrdwy.

Gyda'r rheilffordd o'r Amwythig yn cyrraedd y dref yn 1864 ac un arall o Gaerfyrddin yn 1867, lleihau wnaeth y fasnach fôr yn Aberystwyth, ac er i'r rheilffordd gul i Bontarfynach, oedd fod yn hwb i'r diwydiant plwm, agor yn 1902, nid oedd llawer o ddyfodol i'r diwydiant plwm. Erbyn 1939, ychydig iawn o drafnidiaeth oedd i Aberystwyth o'r môr a daeth twristiaeth yn brif atyniad y dre a welodd gymaint o weithgarwch am ychydig flynyddoedd.

Tan 1882, pan lansiwyd yr olaf o longau Aberystwyth – y sgwner 95 tunnell yr *Edith Eleanor* – roedd Aberystwyth yn enwog fel canolfan adeiladu llongau ac adeiladwyd cymaint â 224 o longau o'r iardiau ym mhorthladd Aberystwyth. Roedd llawer o'r rhain, o'r smac lleiaf fel yr *Urgent* (13 tunnell) i faint y brigantin fwyaf fel y *Rachel Lewis* (242 tunnell), o waith tair cenhedlaeth o'r teulu Evans: Faulk Evans, ei fab John a'i ŵyr John Faulk Evans. Yma, yng nghyffiniau'r harbwr, ceid gweithdai'r holl grefftwyr a oedd yn angenrheidiol i adeiladu llongau – gweithdai rhaffau, ffowndrïau metel, gweithdai hwyliau, a gweithdai blociau.

Heblaw am brysurdeb mewnforio ac allforio, roedd Aberystwyth – yn enwedig cyn dyddiau'r rheilffyrdd – yn brysur gyda gwasanaethau rheolaidd i Lerpwl a Bryste, gyda chwmnïau fel *The Aberystwyth and Aberdovey Steam Packet Company* yn rhedeg bron yn wythnosol. Er enghraifft, roedd y *Countess of Lisburne* yn hwylio i Fryste gyda tâl i deithwyr o:

'Cabin 5/-, Return 7/6, Fore Deck 3/-, Return 4.6'.

Ceid ambell fordaith i ymfudwyr fel ar y *Credo* yn yr 1840au. Daeth un o berchnogion llongau bychain Aberystwyth – John Mathias, groser o 7 Heol y Bont – i gryn enwogrwydd fel un o berchnogion llongau Caerdydd. Yn 1876 roedd ganddo ddwy long hwylio, y *Miss Evans* a'r *Solway*, yn dod â nwyddau o Lerpwl a Bryste i'w siop yn Aber. Yn 1883 sefydlodd y *Glanrheidol Steamship Company* gan brynu yr agerlong *Glanrheidol*, oedd yn 1005 tunnell ac yn llawer rhy fawr i hwylio o Aberystwyth. Prif waith y *Glanrheidol* a'r pum llong arall a brynodd oedd gweithio o Gaerdydd yn y fasnach lo. Roedd John Mathias yn flaenor yng nghapel Presbyteraidd y Tabernacl a pherswadiodd nifer o'i gyd-flaenoriaid, a'i gyd-aelodau a'r gweinidog, Y Parch. Thomas Levi, i fuddsoddi'n drwm yn ei fenter. Un arall o'i gefnogwyr ariannol oedd Thomas Charles Edwards, prifathro cyntaf y coleg yn Aberystwyth. Ym mis Hydref 1896 sefydlwyd cwmni y *Cambrian*

Steam Navigation Company. Erbyn hyn roedd Richard Mathias, ail fab John Mathias, yn rhedeg ail swyddfa i'r cwmni – yng Nghaerdydd yn ogystal â'r swyddfa yn Aberystwyth. Pam fod perchennog llongau o Aberystwyth yn enwi'i longau ar ôl ysgolion bonedd yn Lloegr, ni ŵyr neb, ond yn fuan iawn adnabyddid y cwmni fel y *College Line* gyda llongau fel *Harrovian, Etonian, Rugbeian* a'r *Breconian* yn disodli'r hen *Glanystwyth*, y *Glanhafren* ac eraill pob un o waith iard William Doxford yn Sunderland. Erbyn 1906 roedd gan y *College Line* gymaint ag 8 llong ager o fwy na 3000 tunnell yn crwydro'r byd ond yn enwedig o borthladdoedd glo de Cymru i Fôr y Canoldir a'r Môr Du. I bobl busnes Caerdydd 'Llongau Aberystwyth' oedd llynges John Mathias a'i fab, a dynion Aberystwyth a Borth oedd nifer fawr o gapteniaid a swyddogion y llongau. Gyda marwolaeth John Mathias yn 1912, dilynwyd ef gan ei fab (Syr) Richard Mathias a redodd y cwmni hyd 1922.

ii) Borth ac Ynys-las

Erbyn hyn rhyw stribyn hir o dai rhwng y môr a Chors Fochno yw Borth – pentre gwyliau yn cynnwys nifer o dai haf. Mae yma ran hŷn, hen bentre Aberleri i'r de o ardal gorsiog Cors Fochno. Yn y gorffennol roedd dyffryn Leri yn ganolfan i ddiwydiannau pwysig a dyfroedd yr afon yn gyrru nifer o felinau blawd ac o leiaf chwech o felinau gwlân.

   'The older part of the town is quaintly irregular'
meddai un hanesydd yn 1903 *'and the promenade here gives place to a street of varying width the houses on the seaward side facing the road and not the sea, so that from the sands the houses present a ruinous jumble of back premises and wooden boundaries.'*

   Yn sicr, pysgotwyr oedd trigolion yr hen Aberleri. Y datblygiad pwysicaf yn y fro oedd gweld rheilffordd yr *Aberystwyth and Welsh Coast Railway* yn cyrraedd yno yn 1863-64. Bron ar unwaith, lladdwyd y fasnach fôr yn y fro gydag ymadawiad y slŵp olaf, y *Prosperity*, yn 1863. Ar ben y cwbl arallgyfeiriwyd afon Leri i redeg yn uniongyrchol i afon Dyfi yn 1901, fel rhan o brosiect uchelgeisiol i draenio Cors Fochno. Ar wahân i deuluoedd megis y Bells, oedd yn rhedeg gwasanaeth fferi o Ynys-las i Aberdyfi, twristiaeth oedd prif ddiwydiant ardal y Borth. Mewn un lle yn unig ym mhen uchaf y Borth, ger Ynys-las, mae iard longau yn dal i adeiladu llongau a chychod, yn enwedig llongau pysgota dur. Yma hefyd rhwng 1842 a 1851 yr adeiladwyd rhyw 8 o slwpiau at ddefnydd morwyr lleol. Yn wir, adeiladwyd sgwner o 79 tunnell, y *Catherine & Ellen* yn yr hen Borth yn 1842 a smac y *Lerry* yn 1871.

iii) Aberdyfi a Derwen-las

Lle glan môr a'i holl weithgarwch wedi'i anelu at ofynion y diwydiant ymwelwyr yw Aberdyfi bellach. Mae yma westai a thai bwyta niferus, tai i ymwelwyr ac ail gartrefi i bobl y dinasoedd. Gyda chwrs golff a lle i angori cychod pleser mawr a bach, nid yw gweithgarwch y lle yr un fath erbyn heddiw. Unwaith bu'n bwysig, yn brysur yn allforio llechi a phlwm ac yn ganolfan adeiladu llongau am amser byr. Heddiw, prin y clywir yr iaith Gymraeg ar strydoedd Aberdyfi ac acenion fflat brodorion canolbarth Lloegr sydd yn llenwi pob tafarn a siop. Nid yw perthynas y dref glan môr yma â'r Canolbarth yn beth newydd. Wedi'r cwbl, dyma'r lle glan môr agosaf i frodorion Birmingham a Wolverhampton gael blas yr heli. Yn wir, un o fanteision mawr y lle – yn ôl pobl fusnes leol yn 1880 – oedd lleoliad Aberdyfi mor gyfleus i ganolbarth Lloegr. Sefydlwyd y *Waterford and Aberdovey Steamship Company* yn y flwyddyn honno gyda'r pwrpas o baratoi gwasanaeth rheolaidd rhwng Canolbarth Lloegr ac Iwerddon. Roedd rhai'n breuddwydio am wasanaeth o enau afon Dyfi i Efrog Newydd. Wedi'r cwbl, er fod dyfodiad y rheilffordd wedi bod yn ergyd farwol i'r iard adeiladu llongau yn Penhelig yn 1867:

> 'Many were thinking that this town would be broken up after the coming of the railway but now it is not the case. Trade is increasing and will continue to do so.'

Gydag adeiladu glanfa newydd a stordai ar lan yr afon yn 1882 ac adeiladu pier neu *jetty* a oedd yn ymestyn allan i'r afon, i bob ymddangosiad roedd Aberdyfi yn borthladd pwysig. Er mwyn hyrwyddo'r gwaith o fewnforio coed, ŷd, tanwydd a phob math o nwyddau ac allforio llechi Corris a chynnyrch amaeth, roedd y glanfeydd wedi'u cysylltu â rhwydwaith o reilffyrdd. Yn y porthladd hefyd ceid cyfres o gorlannau anifeiliaid lle y cedwid defaid, gwartheg a moch wedi'u mewnforio o Iwerddon a Lloegr cyn eu llwytho ar dryciau'r rheilffyrdd i'w dosbarth i bob rhan o'r wlad.

Mor bell yn ôl â'r 17eg ganrif, roedd pentre bychan ar lan afon Dyfi – a elwid bryd hynny yn 'Penhelyg' – yn brysur dros ben fel un o brif borthladdoedd pysgota sgadan ac yn cystadlu yn frwd ag Aberystwyth i'r de. Bu'r gystadleuaeth yma am statws yn un daer rhwng y ddau borthladd ac roedd yn fater o ofid i drigolion Aberdyfi pan gollasant yr hawl i gofrestru llongau yn 1847 gan wneud yr holl borthladdoedd o'r Ceinewydd yn y de i geg afon Dysynni yn y gogledd yn gyfrifoldeb i Aberystwyth yn hytrach nag i Aberdyfi. Heblaw'r genfigen rhwng Aberdyfi ac Aberystwyth, roedd yna hefyd gryn elyniaeth rhwng trigolion a marsiandwyr Aberdyfi a Bermo i'r gogledd. Roedd y ddau le'n anelu at fod yn brif borthladd Meirion. Eisoes roedd Bermo yn borthladd o bwys gyda'r diwydiant adeiladu llongau ar afon Mawddach yn un nodedig. Perswadiwyd nifer o adeiladwyr glannau Mawddach i symud i ardal Aberdyfi i weithio yn iardiau llongau Penhelyg. Y prif fath o long a adeiladwyd yn Aberdyfi oedd y sgwner, yn enwedig ar ôl 1840. Dywed D.W. Morgan yn ei lyfr *Brief Glory* fod cymaint â 55 sgwner wedi'u hadeiladu ar lannau Dyfi yn cynnwys canolfannau fel Aberdyfi, Penhelyg, Aberleri, Morben a Derwen-las. Ar ben hynny, adeiladwyd 1 barc, 2 brigantin, 3 brig a 14 slŵp.

Roedd adeiladwyr llongau fel Roger Lewis, a gyfrifid yn ŵr ecsentrig, yn adeiladu brigantinau a slwpiau a allai ddymchwel mewn stormydd a John Jones *(Jac y Traeth)* a gyfrifid yn athrylith, ar draeth Aberdyfi. Y mwyaf oll efallai oedd Thomas Richards a adeiladodd 14 llong ar ddarn sy'n barc cyhoeddus ynghanol Aberdyfi erbyn hyn.

Yn chwarter olaf y 19eg ganrif, daeth y diwydiant adeiladu llongau ar lannau Dyfi i ben gyda llongau mawr o Ganada a gogledd-ddwyrain Lloegr yn lladd diwydiant a oedd unwaith o bwys ar yr afon.

Tan tua chanol y 19eg ganrif roedd Derwen-las, brin ddwy filltir o dref Machynlleth, yn hynod bwysig fel porthladd; yn wir dyma unig borthladd Sir Drefaldwyn. Oddi yma allforiwyd llechi o Gorris yn fwyaf arbennig ac adeiladwyd tramffordd o'r pentre llechi hwnnw i lan afon Dyfi yn Nerwen-las. Allforiwyd mwyn plwm, llawer ohono o bentre diarffordd Dylife yn cael ei gario i'r porthladd mewn cart a cheffyl. Allforiwyd coed a rhisgl derw, gwlanenni a phob math o gynnyrch y gymdeithas wledig ac er na wireddwyd y cynllun uchelgeisiol i dorri camlas i Fachynlleth, roedd Derwen-las yn borthladd digon pwysig. Medd un sylwebydd, yn 1852:

> 'The river Dovey is navigable to Derwen-las and afford a facility of conveying the produce of the quarries and mines to their destination and of supplying the neighbourhood with various commodities. The average annual exports from the place are 500 tons of bark; 40,000 feet of oak timber; 150,000 yards of oak pole for collieries, 100 tons of lead ore and 1500 tons of slate. The average annual imports are 5000 quarters of rye and wheat, 1000 tons of coal, 500 tons of culm, 2000 tons of limestone, 11,000 English and foreign hides and groceries and other shop goods to the amount of £14,000 in value.'

Dyma ddarlun clir o borthladd glan afon llewyrchus a oedd o bwys mawr i drigolion dyffryn Dyfi a Maldwyn. Gyda'i bwysigrwydd masnachol, datblygwyd diwydiant adeiladu llongau yn Nerwen-las yn enwedig yn is i lawr yr afon ym Morben Isaf (maes carafanau erbyn hyn). Yno'r oedd teulu Rowland Evans o Ddinas Mawddwy a sefydlodd ym Morben yn 1845. Yn Annibynwyr selog, dechreuasant adeiladu llongau ym Morben – y gyntaf oedd y sgwner 76 tunnell, y *Sarah and Mary*. Dilynwyd hon gan nifer o rai eraill fel y smac *Seven Brothers* (46 tunnell) a'r sgwner *Miss Evans* (97 tunnell) yn 1855. Yn ogystal ag adeiladu sgwneriaid a gyfrifid yn rhai da dros ben, roedd gan deulu Evans o Morben enw da fel morwyr. Adeiladwyd sgwneriaid eraill fel y *Deborah* a'r *Idris* a smac fel y *Morben* a phob un yn cael eu hwylio yn enw teulu Evans o Morben Isaf, Derwen-las. Erbyn y 1860au roedd trafferth ar y gorwel gan fod y rheilffordd o Fachynlleth i Aberystwyth, nid yn unig yn mynd i gael effaith andwyol ar borthladd Dderwen-las ond hefyd drwy adeiladu pont reilffordd sylweddol ger Glandyfi a Chyffordd Dyfi, gwneid trafnidiaeth i fyny'r afon yn amhosibl. Felly gydag adeiladu yr olaf o longau Derwen-las – y *Catherine* (70 tunnell) yn 1869 – roedd bywyd yr unig borthladd yn Nhrefaldwyn ar ben.

Erbyn 1870 roedd prysurdeb morwrol ar lannau Dyfi wedi lleihau yn ddirfawr. Roedd y rheilffordd, a gyfrifid ar y dechrau fel iachawdwriaeth i ffortiynau'r harbwr a'r afon, wedi disodli'r fasnach fôr. Gorffennwyd cloddio plwm ym mryniau Maldwyn; bu lleihad aruthrol yn y diwydiant llechi a oedd unwaith mor bwysig yn Corris, Aberllefenni a llawer llecyn arall, a gwelwyd diwedd ar y diwydiant gwlân a fu unwaith mor bwysig ym Machynlleth a de Meirionnydd. Er i goed o bob math gael eu mewnforio; er i Felin Ardudwy – adeilad enfawr – barhau am dipyn o amser eto, erbyn 1914 roedd y llewyrch masnachol drosodd a dim ond y twristiaid ar ôl.

iv) Abermaw (Y Bermo)

Er i aber afon Dysynni ger Tywyn weld rhywfaint o weithgarwch gyda glanio rhai nwyddau angenrheidiol i ateb gofynion cymdeithas ac adeiladu rhyw ddwy neu dair llong fechan ar lannau'r afon, ni ddatblygodd unrhyw fath o borthladd rhwng afonydd Dyfi a Mawddach. Roedd y Bermo, a lleoedd fel Penmaen-pŵl a Maes-y-Garnedd ar gyffiniau Dolgellau, unwaith yn ferw o weithgarwch gyda'r diwydiant adeiladu llongau o bwys aruthrol ar lannau Mawddach. Rhwng 1750 ac 1865 adeiladwyd gymaint â 318 llong yn y Bermo, a'r rheiny yn gynnyrch tair iard yn y dref. Dyma, am rai blynyddoedd, oedd prif borthladd Meirionnydd ar waethaf blynyddoedd o gystadleuaeth rhwng gwŷr busnes Aberdyfi a marsiandwyr y Bermo. Erbyn heddiw ychydig a ddengys fod y dref hynafol hon wedi bod yn un o borthladdoedd pwysicaf Cymru gyda chysylltiadau byd eang.

Er y fasnach fôr aruthrol a oedd i'w ganfod yn y Bermo yn y

18fed ganrif roedd y dre, gyda'i strydoedd cul wedi'u gwasgu i mewn rhwng y clogwyni serth a thraeth hir melyn, yn un o ganolfannau cynnar y diwydiant ymwelwyr. Adeiladwyd gwesty Cors-y-Gedol gyda'i *'warm seawater baths'* mor gynnar â 1795 a phan ddaeth y bardd Saesneg William Wordsworth ar ei wyliau i'r dre yn 1823 ac yn 1825, roedd yn llawn canmoliaeth:

> *'I took a boat and rowed up its sublime estuary which may be compared with the finest in Scotland. With a fine sea view in front, the mountains behind, the glorious estuary running eight miles inland and Cader Idris within the compass of a day's walk. Barmouth can hold its own against any rival.'*

Roedd bardd Saesneg arall, Alfred Lord Tennyson, er nad oedd yn ganmoliaethus iawn am rinweddau'r Bermo, o leiaf yn cydnabod:

> *'Barmouth is a great deal prettier than Aberystwyth.'*

Parhau wnaeth poblogrwydd Bermo fel canolfan wyliau a – tan tua chanol y 19eg ganrif – fel porthladd pwysicaf Meirion. Erbyn heddiw, dibwys yw y porthladd oni bai am ychydig gychod pysgota a phleser. I lawer, twristiaeth ar ei waethaf a amlygir yn y dref hynafol hon. Yma ceir pob atyniad di-chwaeth o ffair bleser enfawr i glybiau nos, ac o dai bwyta bwyd cyflym i siopau nwyddau gwyliau o'r dwyrain pell. Gyda'r tai uchel crand wedi'u newid yn fflatiau i gartrefi anffodusion digartref o ddinasoedd Lloegr ac i'r anystywallt, prin y gellir disgrifio y Bermo fel lle deniadol a oedd yn atyniad i'r miloedd o Charles Darwin i William Gladstone.

Un o'r prif resymau am ddatblygiad Abermaw fel un o brif borthladdoedd gogledd Cymru oedd datblygiad y diwydiant gwlân yn y 18fed ganrif yn arbennig. Yn sicr, y diwydiant hwnnw oedd y pwysicaf ym Meirion ac roedd gwehyddion a weithiai yn eu cartrefi ac mewn ffatrïoedd o bwys aruthrol i economi'r sir. Canolfan y gweithgarwch oedd Dolgellau ond roedd y diwydiant i'w weld ymhob cwm a phentre a hyd tua 1770, aed â chynnyrch y gwyddiau i'r Amwythig i'w werthu yn y farchnad wythnosol a reolid gan farsiandwyr digon diegwyddor – y *Shrewsbury Drapers Company.* Yn 1770, torrwyd ar fonopoli'r cwmni o Loegr ac yn 1772 sefydlwyd canolfan a stordy yn y Bermo i gasglu brethynnau ac i allforio'r cynnyrch i lawer rhan o'r byd – i Ewrop ac i ogledd America a Mecsico. Yn 1790, dywedir fod cymaint â 276,612 llathen o frethyn wedi'u hallforio o'r Bermo ond gyda Rhyfel Napoleon, daeth diwedd ar y fasnach allforio yn 1796. Fe'i hailgyfodwyd ar raddfa llawer llai ar ôl 1815. Yn hanes y diwydiant gwlân yng Nghymru, cyfrifid gwlanenni Meirionnydd – a adnabyddir fel *webs* – fel y mwyaf garw o ddefnyddiau a phrif farchnad y diwydiant oedd caethweision Gogledd America. Parhaodd y fasnach tan yr 1860au a diflaniad caethweisiaeth. Tan hynny roedd llongau'r Bermo yn hwylio yn rheolaidd ar draws yr Iwerydd i borthladdoedd fel Charleston a New Orleans, canolfannau caethweisiaeth.

Er fod llawer o nwyddau yn cael eu mewnforio i'r Bermo, fel canolfan adeiladu llongau y datblygodd yn fwyaf arbennig ac ynghyd â Phwllheli, glannau Mawddach oedd y prif gynhyrchydd llongau mawr a bach yng ngogledd Cymru yn niwedd y 18fed a dechrau'r 19eg ganrif. Cyhyd â bod llewyrch ar y diwydiant gwlân, yna roedd galw am longau – brigiau a hwyliau sgwâr yn fwyaf arbennig – a allai hwylio'n hawdd ar draws yr Iwerydd. Ar ôl 1820, adeiladwyd nifer o sgwneri ond yn y cyfnod hwnnw, roedd Pwllheli yn bwysicach fel canolfan adeiladu. Gydag adeiladu'r sgwner *Glynn* yn 1865 roedd y diwydiant adeiladu llongau ar afon Mawddach wedi gorffen gyda Porthmadog a Borth-y-gest yn datblygu fel canolfannau adeiladu newydd.

Yn ogystal â rhyw dair iard adeiladu yn y Bermo, roedd adeiladu llongau yn digwydd mewn llawer rhan o'r afon cyn belled bron â Llanelltyd a Dolgellau. Yn 1798, er enghraifft, sonnir am Penmaen-pŵl:

'At this place the tide flows to a considerable height and a number of small craft with a few large vessels are built. A brig of about 200 tons was now upon the stocks and others of inferior size, but vessels of any considerable tonnage are obliged to be launched about the equinoxes, to take advantage of the high vernal and autumnal tides for floating over the bar at Barmouth.'

Gyda'r rheilffordd yn cyrraedd y fro yn yr 1860au daeth diwedd ar fasnach a chyfnod euraidd 'prif borthladd Meirionnydd'. Fel y dywed Aled Eames:

Mae dyn yn ymwybodol iawn o'r llu o forwyr a fentrodd o enau afon Mawddach i ben draw'r byd. Dyna gymeriadau lliwgar oedd yn eu mysg, Capten William Timothy (1766-1833) a oedd yn hwylio yn rheolaidd o Lerpwl i St Petersburg yn ei long *Felicity* a adeiladwyd ar lan afon Mawddach yn 1805; y Capteniaid Dedwydd a'r Griffith cyntaf a ddaeth o Sir Benfro i'r enwog Gapten Griffith E. Dedwydd (Dedwith) a fu'n feistr ar nifer o sgwneriaid enwocaf Porthmadog, a Capten Richard a ddaeth yn un o gapteniaid enwocaf y *Black Ball Line* – mab i saer llongau yn y Bermo.

v) Porthmadog

Fel porthladd o bwys mawr o ddechrau'r 19eg ganrif, roedd Porthmadog yn dibynnu yn gyfangwbl ar gyfoeth y mynydd-dir o'i gwmpas. Porthladd i ddiwydiant llechi hollbwysig Blaenau Ffestiniog oedd yr harbwr a ddatblygodd i fod yn un o brif borthladdoedd Cymru – yn ganolfan masnach ac adeiladu llongau hwyliau mwyaf deniadol a phrydferth a welodd y byd erioed. Y rhain a ddisgrifiwyd fel y *Western Ocean Yachts* a ddaeth i fodolaeth ym machlud y cyfnod pan oedd llongau ager yn disodli hwyliau ar y cefnfor. Yma, mewn cornel ddiarffordd o Fae Ceredigion roedd adeiladwyr Porthmadog a Borth-y-gest yn adeiladu'r llongau mwyaf gosgeiddig a hwyliodd y tonnau. Rhwng tua 1891 a 1913, adeiladwyd sgwneri a gynrychiolai uchafbwynt y grefft o adeiladu llongau. Ym Mhorthmadog, adeiladwyd dros ddau gant o longau hwyliau. Prif waith y sgwneri hyn oedd allforio llechi Stiniog a hefyd gwasanaethu'r fasnach bysgod o Newfoundland a Labrador. Cariwyd halen o wahanol rannau o Ewrop i borthladdoedd diarffordd Canada megis Venison Tickle a Peggy's Bag lle'r oedd halltu penfras *(cod)* a'u sychu yn ddiwydiant o bwys mawr. Allforiwyd y pysgod i borthladdoedd Môr y Canoldir fel Genoa a Gibraltar, Naples a

Leghorn. Llongau llai na 200 tunnell oedd y *Western Ocean Yachts* oherwydd os defnyddid llongau mwy o faint, roedd y *Merchant Shipping Acts* yn gorfodi llongau i gario mêt trwyddedig. Gyda chriw o saith neu wyth, roedd llongau Porthmadog fel y *Blodwen* – y gyntaf – a'r *Gestiana* – yr olaf (a gollwyd ar ei mordaith gyntaf rhwng Newfoundland ac Ynys Cape Breton yn 1913) – wedi'u cynllunio a'u hadeiladu yn arbennig ar gyfer y fasnach bysgod. Dyma'r fasnach olaf lle'r oedd defnyddio llongau hwyliau yn hytrach na stêm yn fwy proffidiol ac roedd y sgwneri bendigedig a adeiladwyd gan David Jones, David Williams ac Ebenezer Morris, yn un o uchafbwyntiau'r grefft o adeiladu llongau hwyliau pren. Parhaodd y diwydiant yn llewyrchus tan ddechrau Rhyfel Byd Cyntaf. Medd y diweddar Basil Greenhill:

'It was in the Newfoundland trade that the British Schooner was developed to its highest form in the shipyards of Porthmadog . . . This development occurred between 1891 when the Blodwen was launched and 1913 when the last of the Porthmadog schooner was built. The vessels were three masted schooners of very similar size and similar shape, a conscious attempt by Porthmadog shipbuilders and owners to design and produce an ideal small merchant sailing ship to trade continuously under all conditions on deep water.'

Wrth gwrs cyn dyddiau adeiladu'r *Western Ocean Yacht* gyntaf, y *Blodwen*, roedd Porthmadog am flynyddoedd cyn hynny yn enwog am allforio llechi i bob rhan o'r byd. Ni fyddai y 'Port' wedi datblygu o gwbl fel porthladd o bwys oni bai am weithgarwch un person, William Alexander Madocks, a adeiladodd dref Tremadog a morglawdd hir – 'Y Cob' – i adennill 2000 erw o dir corslyd aber afon Glaslyn. Erbyn 1825, roedd Porthmadog yn borthladd o bwys yn allforio llechi Stiniog. Yn gynnar iawn, sefydlwyd y diwydiant adeiladu llongau yno gyda Henry Jones yn lansio slŵp 65 tunnell *Two Brothers* ar Draeth Mawr (neu Canol y Clwt) ym Mehefin 1824. Roedd hon ym mherchnogaeth ei meistr William Parry, llwythwr llechi o'r enw Daniel Hughes a ffermwr lleol, Daniel Parry. Dyma'r cyntaf o 256 llong a adeiladwyd yno. Rhwng 1824 ac 1860 ar y llecyn hwn a adnabyddid yn ddiweddarach fel *Greaves Wharf*, adeiladodd Henry Jones gynifer â 30 o slwpiau, barciau a sgwneri yn arbennig i'r fasnach lechi.

Ar waethaf popeth, lle anodd ei gyrraedd oedd Porthmadog oherwydd roedd yn rhaid i forwr fod yn hynod o ofalus wrth groesi'r bar ger Ynys Cyngar a hwylio'r sianel gul i Borthmadog. Roedd yna beryglon mawr yn y bae hefyd gyda Sarn Badrig a Phorth Neigwl yn barod i ddenu llongau i ddistryw. Gyda gwaith enfawr W.A. Madocks a'i gwmni roedd pethau ar i fyny ac erbyn 1824, roedd gwellhad aruthrol yn yr harbwr newydd. Roedd perchnogion chwareli Blaenau Ffestiniog yn brysur yn adeiladu eu glanfeydd eu hunain – Samuel Holland o Rhiwbryfdir yn gyntaf, yn cael ei ddilyn gan John Whitehead Greaves o Llechwedd, ac yna'r mwyaf ohonynt oll – yr Oakley. Yn gyflym iawn, tyfodd tref o amgylch yr harbwr – tref â'i holl fywyd wedi'i ganolbwyntio ar y môr a'i drafnidiaeth. Yn y dre roedd ysgolion morwriaeth a chwmnïau yswirio llongau a phob math o grefftwyr yn ateb gofynion y fasnach fôr. Medd y diweddar Aled Eames:

> Porthmadog oedd y porthladd llongau hwyliau prysuraf ym Mae Ceredigion . . . Yn ôl *Pilot* 1902 roedd tua phum cant o longau yn mynychu Porthmadog bob blwyddyn gyda glo, calch, coed o America a gwledydd Llychlyn yn cael eu mewnforio, a llechi wrth gwrs yn cael eu hallforio. Daliodd y galw am lechi Stiniog yn Hamburg a Stettin hyd at 1914 ac mae rhai adeiladau yn yr Almaen yn dal â thô o lechi Cymreig ar waethaf dau ryfel byd.'

Heb gyfoeth ardal Blaenau Ffestiniog, mae'n amheus a fyddai Porthmadog wedi datblygu o gwbl gan mai un o brif anfanteision Stiniog oedd y trafferthion i allforio llechi. Nid yw'r dref wedi'i lleoli ar lan unrhyw afon o bwys, ond roedd afonydd Glaslyn a Dwyryd rai milltiroedd i ffwrdd yn allweddol i'r diwydiant llechi. Bron chwe milltir o hyd yw afon Dwyryd ac er ei bod yn dechrau ei chwrs ar ruthr cyflym, mae'n arafu yn sydyn hefyd i aber lydan odidog yn arwain i'r môr. Mae'r bryniau coediog braf yn edrych i lawr dros ddolydd llydan yn dra gwahanol i ddiflastod llwyd bro Ffestiniog. Yno yr adeiladodd nifer o berchnogion chwareli eu tai crand ac yno ar lan yr afon yr adeiladwyd nifer o lanfeydd cynnar yn ardal Maentwrog a Thanybwlch. Cyn adeiladu rheilffordd gul

Ffestiniog yn 1836, eid â'r llechi ar gefn ceffylau neu gart a wagen i'w llwytho ar y cychod a hwyliai'n gyson i lawr yr afon, gyda'r llechi'n cael eu trosglwyddo i longau mwy eu maint oedd wedi'u hangori mewn llecyn digon anaddas – Ynys Cyngar.

Cymeriadau garw ac ymladdgar oedd y bobl a weithiai ar y cychod llechi. Gwisgent hetiau caled uchel a throwsusau clos pen-glin ac adnabyddid hwy fel y 'Philistiaid'. Roedd pob cwch pren a gariai i fyny at 8 tunnell o lechi yn cario criw o ddau bob un – y meistr a hogyn i'w gynorthwyo. Dywedir fod cymaint â 40 o gychod – y *Mackerel* a'r *Wenci*; y *Cwch Coch* a'r *Gwalch*, ac eraill yn cario enw penodol, yn hwylio afon Glaslyn i Ynys Cyngar. Roedd gan bob glanfa hefyd ei enw penodol ac yn ateb gofynion perchnogion llechi Blaenau. Ceir, er enghraifft:

Cei Cemlyn, Cei Parri, Felenrhyd,
Pen Trwyn y Garnedd, Brynmawr, Tyddyn Isa
Gelli Grin rhwng Maentwrog a'r môr.

Ar ôl adeiladu'r rheilffordd gul o Flaenau Ffestiniog i'r môr, gwelwyd diwedd ar weithgarwch y Philistiaid yn 1837 er fod un neu ddau wedi ceisio parhau a'r gwaith hyd tua 1860.

vi) Pwllheli a Chricieth

Er gwaethaf holl brysurdeb Pwllheli heddiw, yn hafan i gannoedd o gychod pleser mewn marina ysblennydd ac yn ganolfan wyliau i'r miloedd, mae i'r porthladd hefyd hanes hir mewn masnach fôr tra gwahanol. Yno, mewn llecyn nad yw'n rhy gysgodol rhag rhyferthwy'r môr, datblygodd Pwllheli i fod yn un o ganolfannau adeiladu llongau pwysicaf gogledd Cymru. Rhwng 1782 ac 1878 adeiladwyd cynifer â 421 llong yno, yn amrywio mewn maint o slwpiau bychain 7 neu 8 tunnell i long enfawr y *Margaret Pugh* 693 tunnell, a fwriadwyd i'r fasnach fyd eang. Mewn tre lle'r oedd enwad y Methodistiaid Calfinaidd yn ffynnu, adeiladwyd nifer o longau Pwllheli ar gyfer y fasnach gaethwasaeth. Medd un ymwelydd yn 1801:

'This little town seems in a flourishing condition. I saw a large Guineman on the stocks, fitted for 600 slaves.'

Roedd yn gyd-ddigwyddiad fod y llong honno a oedd i fasnachu rhwng Lerpwl, Gorllewin Affrica a Gogledd America yn cael ei hadeiladu yr un pryd â chapel Calfinaidd Penmount gerllaw. Yn wir, tri o flaenoriaid yr eglwys honno – Hugh Pugh, John ac Owen Edwards – oedd prif berchnogion y *Margaret Pugh*, y mwyaf o longau Pwllheli.

Mae'n syndod fod Pwllheli wedi datblygu fel y gwnaeth yn ganolfan adeiladu llongau. Ychydig iawn o goed derw addas i adeiladu llongau pren oedd ar gael yn Llŷn ac o'r dyddiau cynnar yn niwedd y 18fed ganrif roedd yn angenrheidiol mewnforio coed adeiladu o wledydd eraill. Mewnforiwyd coed derw o ardal y Bermo ac Aberdyfi ac erbyn diwedd y 18fed ganrif roedd llongau coed o Aberystwyth, Lerpwl a Chaerdydd yn ymwelwyr cyson â Phwllheli. Sylweddolodd masnachwyr coed y porthladd, a oedd hefyd yn ymwneud â'r diwydiant adeiladu llongau, ei bod yn rhatach iddynt fewnforio coed – pinwydd a choed meddal yn arbennig – o wledydd Llychlyn, y Baltig a Gogledd America. Yn y 1830au, er enghraifft, roedd William Hughes a Lewis Evans, dau siopwr o'r dre, wedi sefydlu dwy iard goed yno. Gerllaw roedd William Jones, y drygist, wedi sefydlu iard longau gan adeiladu nifer o slwpiau bychain i'r fasnach arfordirol gan uwchraddio i adeiladu llong fawr yr *Ann*, a fwriadwyd i gario llwythi o goed o ardal Quebec i Bwllheli. Daeth William Jones yn ŵr busnes o bwys oherwydd yn ogystal ag adeiladu llongau, roedd hefyd yn berchen iard goed fawr ac yn sylfaenydd bragdy Pwllheli. Roedd William Jones Brynhyfryd a Robert Evans, Gadlys yn adeiladu nifer o longau at eu defnydd eu hunain a hefyd i fasnachwyr Lerpwl, nifer ohonynt yn enedigol o Bwllheli. Daeth y dref mor bwysig fel y'i galwyd yn *'The Welsh Emporium for Shipbuilding'*. Yn y 1840au gallai fod cymaint â 28 o longau ar y stociau yr un pryd. Dywedir y gallai fod cynifer â 28 o seiri llongau yn gweithio ar un llong ar y tro, ac roedd yno hefyd ofaint, gwneuthurwyr hwyliau a blociau a rhaffau mewn gwaith cyson. Yn ôl cyfrifiad 1841 mewn tref o 2600 roedd:

39 saer llongau, 5 adeiladwr llongau
9 llifiwr coed, 1 gwneuthurwr blociau
3 rhaffwr, 7 peintiwr, 7 gof.

Ar ben hynny, roedd yr iardiau yn denu crefftwyr o ardaloedd eraill.

Gyda threiglad y blynyddoedd, roedd adeiladwyr Pwllheli yn ateb gofynion Porthmadog am sgwneri yn fwyaf arbennig i allforio llechi Blaenau Ffestiniog i bob rhan o'r byd, ond yn fuan iawn, gyda datblygiad aruthrol y fasnach adeiladu ym Mhorthmadog a Borth-y-gest, lleihau wnaeth y galw am wasanaeth adeiladwyr Pwllheli. Gyda datblygiad llongau haearn a stêm, roedd oes aur Pwllheli fel yr *Emporium* llongau drosodd.

Er gwaethaf peryglon Traeth Neigwl a stormydd enbyd yr Iwerydd roedd Llŷn yn dibynnu i raddau helaeth ar fasnach fôr ei physgotwyr a'i morwyr, ond Pwllheli oedd yr unig borthladd o werth yn y rhanbarth. Yn nechrau'r 19eg ganrif, daeth nifer o wŷr busnes – Philip Constable o Northampton, John Holland o Brentford a Gilbert Fairlie o Watford – i Bwllheli i adeiladu cei ac adeiladau storio yn y dre. Yno roedd ychydig fwy o gysgod oddi wrth y gwyntoedd nac yn yr hen lanfa yn Traeth Tŷ-Iddew. I'r mewnfudwyr cynnar hyn – fel i deulu Sol Andrews o Gaerdydd, a fuddsoddodd yn drwm ym Mhwllheli yn nechrau'r 20fed ganrif roedd gobaith am fywoliaeth fras i'r rheiny a fentrai eu cyfalaf yn y llecyn diarffordd yma yng ngogledd-orllewin Cymru. Gydag adeiladu llongau a phrysurdeb chwareli llechi a gwenithfaen yn y fro, roedd Pwllheli yn ddigon prysur, ond erbyn chwarter olaf y 19eg ganrif roedd masnach yn lleihau yn gyflym iawn. Mewn ymgais i geisio atal y dirywiad, adeiladwyd cei newydd ar Ben-y-cob a'i alw yn '*Tugela Wharf*', ond ofer fu pob ymgais i adfywio'r fasnach; roedd yr oes aur ar ben.

Er i draeth Cricieth, yng nghysgod y castell, weld tipyn o weithgarwch morwrol nid oedd i'w gymharu â phrysurdeb Porthmadog a Borth-y-gest i'r dwyrain na Phwllheli i'r gorllewin. Ar y traeth, glaniwyd pob math o nwyddau o danwydd i wrtaith tir ac o fwydydd i grochenwaith. Fel ymhob pentref a thre arall ar arfordir Gwynedd, roedd morwriaeth yn rhan hanfodol o fywyd Cricieth ac roedd cyfran helaeth o fechgyn y dre yn forwyr ac yn wir, gwireddodd rhai o fasnachwyr Cricieth eu huchelgeision fel perchnogion llongau yn Lerpwl. Dyna Robert Thomas, er enghraifft, a fu unwaith yn athro ysgol, yn sefydlu cwmni yn Lerpwl ac erbyn 1895 roedd yn berchen ar 14 o longau mawrion. Gyda swyddfeydd yng Nghricieth ac yn Richmond Buildings, Lerpwl, roedd Robert Thomas nid yn unig yn awyddus i benodi capteniaid a chriwiau o'i ardal enedigol, ond roedd hefyd yn awyddus i ddenu cyfalaf o ardal Cricieth a Phwllheli. Bu'r cwmni yn hynod lwyddiannus a rhwng 1878 a 1913 roedd ganddynt gynifer â 38 llong fawr, y rhan fwyaf ohonynt o waith William Doxford yn Sunderland. Roedd enwau llawer o'r llongau hyn yn Gymraeg neu'n Gymreig – yr *Ednyfed* a'r *Gwynedd*, y *Maelgwyn* a'r *Cadwgan* ac wrth gwrs, y *Cricieth Castle*.

vii) Aberdaron a Phendraw Llŷn

Nid oes unman yn Llŷn ymhell iawn o'r môr a thros y canrifoedd dibynnai trigolion y rhanbarth ar bysgota pob math o bysgod môr ac ar y llongau bychain a hwyliai'r arfordir. I draethau Aberdaron, Porth Sgadan, Porth Gwylan, Porth Golmon, Porth Tŷ Mawr, Porth Ferin, Porth Iago, Porthoer a Phorth y Wrach roedd tipyn o brysurdeb ym misoedd yr haf, gyda llongau bychain – nifer ohonynt ym mherchnogaeth pobl yr ardal – yn glanio nwyddau di-rif ar y traethau. O borthladdoedd megis Lerpwl a Chaernarfon y dôi'r rhan fwyaf o'r llongau bychain hyn, gan mai ychydig iawn o drafnidiaeth oedd rhwng pen draw Llŷn a gogledd Bae Ceredigion.

Mae'r arfordir creigiog a thonnau gwyllt y môr gyda cherrynt aruthrol Swnt Enlli yn lle mwyaf annymunol i longau bychain, ond eto i gyd hwy oedd y ddolen gyswllt rhwng y byd mawr ac ardal anghysbell. Yn ardal mwy cysgodol arfordir gogleddol y sir, heblaw am Aberdaron ac Abersoch, y lleolid y rhan fwyaf o borthladdoedd bychain Llŷn. Roedd ambell draeth yn gwasanaethu un fferm yn unig ac heblaw am fewnforio tanwydd a chalch, crochenwaith a bwyd, byddent yn allforio casgiau o fenyn a physgod hallt, wyau a dofednod i farchnadoedd pell. Roedd nifer o'r llongau bychain yn slwpiau a chetsys yn ymweld â Llŷn yn gyson ac yn aml. Er enghraifft yn hafau 1916 a 1917 ymwelodd y llong *Tryfan* ddeg gwaith â Phorth Golmon. Yn ôl Syr Thomas Parry bu'r *Tryfan* a'r *Colonel Gamble* yn galw yn Lerpwl, Runcorn, Widnes, Caergybi, Cemaes, Moelfre, Biwmares, Porthaethwy, Y Felinheli, Porth Dinllaen, Porth Sgadan, Porth Golmon ac Abersoch yn ystod y blynyddoedd 1910-1914. Cets fechan 60 tunnell oedd *Colonel Gamble* ac fe'i collwyd ar greigiau geirwon Porth Golmon yn Nhachwedd 1913. Parhaodd y fasnach glan môr ymhell ar ôl diwedd y Rhyfel Byd Cyntaf; yn wir mewn rhanbarth na welodd reilffordd na ffyrdd addas, parhaodd y fasnach fôr yn ddiweddarach yn Llŷn efallai nac yn unrhyw ardal arall o Gymru.

Wrth gwrs, dros y canrifoedd, Aberdaron oedd y prif borthladd i Ynys Enlli ac yn y dyddiau pan oedd poblogaeth sylweddol ar yr ynys roedd y cysylltiad rhwng Enlli a'r tir mawr yn bwysig dros ben. Yn 1881, er enghraifft, roedd gan yr ynys boblogaeth o 132 o bobl a dibynnai'r ynyswyr yn gyfangwbl ar y llongau bychain a ddôi yno'n gyson â phob math o nwyddau. Roedd marchnata cynnyrch Enlli, yn enwedig anifeiliaid a physgod – pysgod cregyn fel crancod a cimychiaid yn enwedig – yn dibynnu'n gyfangwbl ar forwriaeth ac ar y llongau i gyrraedd y farchnad. Medd Bingley yn 1800, *'Collecting of lobsters and crabs occupied most of the time of the inhabitants of Bardsey and the catch was sent to Liverpool by boat'*. O ddyddiau Bingley yn nechrau'r 19eg ganrif tan 1914, cyfrifid y llong a ddôi'n rheolaidd i'r ynys fel rhan hanfodol o economi a bywyd yr ynyswyr unig.

Yn y 19eg ganrif, bu tipyn o waith adeiladu llongau a chychod ym mhen Llŷn. Cychod pysgota yn fwyaf arbennig oedd cynnyrch adeiladwyr y fro, ac roedd yn angenrheidiol fod y rhain yn gychod llydan a chryf a allai wrthsefyll stormydd a cherrynt enbyd y rhan yma o Gymru. Ar ddechrau'r 20fed ganrif, roedd gweithdai adeiladu cychod yn Aberdaron ac Abersoch, Llanbedrog a Phorth Golmon. Yr enwocaf ohonynt i gyd oedd John Thomas, brodor o Enlli a oedd yn adeiladu cychod yn ei weithdy yn y Rhiw tan ei farwolaeth tua 1965. Yn arferol cychod o 12 i 16 troedfedd o hyd oedd cychod Llŷn – neu 'Gychod Enlli' fel y'u gelwid – yn rhyw bedair troedfedd a hanner o led ac yn ddwfn ac yn gryf iawn i wrthsefyll moroedd mawr. Gwahaniaethwyd rhwng *Cychod Banw* a gariai ddwy hwyl – prif hwyl a hwyl *jib* a pedair rhwyf – a *Cwch Gwrw*. Roedd hwnnw yn llai o gwch wedi'i gynllunio i'w rwyfo gyda phedair rhwyf drom yn hytrach nag i hwylio. Coed llarwydd a ddefnyddid yn Llŷn i adeiladu ei chychod unigryw.

7. BAE CAERNARFON A'R FENAI

i) Nefyn a Phorth Dinllaen

Roedd y traddodiad morwriaethol ar arfordir gogleddol Llŷn yn gryf iawn ac roedd pentrefi glan môr fel Nefyn a Phorth Dinllaen ar lannau bae cysgodol yn arbennig o bwysig. Datblygodd Trefor a Nant Gwrtheyrn wrth droed yr Eifl yn borthladdoedd prysur i allforio gwenithfaen i rannau eraill o'r wlad tra oedd y traddodiad morwriaethol yn gryf hefyd mewn pentrefi fel Tudweiliog ac Edern, oedd beth pellter o'r arfordir. Wrth gwrs, roedd arfordir gogleddol Llŷn yn dipyn mwy cysgodol na'r un deheuol ac ym Mae Porth Dinllaen yng nghysgod Morfa Nefyn a mynydd-dir yr Eifl, datblygodd y fasnach fôr yn aruthrol. Yno, adeiladwyd rhyw 125 o longau rhwng 1760 ac 1880. Yr olaf i'w hadeiladu oedd y sgwner *Venus*, 120 tunnell a adeiladwyd ar lan y môr yn iard Griffith Owen. Cyfrifid llongau Nefyn yn rhai cryf dros ben a fedrai hwylio yn y môr mwyaf garw, rhai ohonynt – fel y barcentin *Linus*, 190 tunnell – yn hwylio yn gyson rownd yr Horn i Chile a Periw. Un o'r llongau mwyaf a adeiladwyd yno oedd y barc *Robert Jones*, 287 tunnell, yn 1866, ac a ddrylliwyd mewn môr tymhestlog gogledd Môr Iwerydd ar fordaith i Buenos Aires yn Ionawr 1882. Roedd llawer o'r llongau a adeiladwyd yn Nefyn yn gymharol fawr, llongau fel *Ann Alice* (97 tunnell), 1870, y *Fanny Beck* (153 tunnell), 1864. Perchennog y brigantin *Fanny Beck* oedd Capten Hugh Roberts o Edern a ddaeth yn un o berchnogion mwyaf llwyddiannus afon Tyne.

Un o brif alwedigaethau pobl Nefyn oedd pysgota'r môr yn y bae a hefyd yn nyfroedd cythryblus Swnt Enlli. Roedd 'Penwaig Nefyn' mor enwog â Sgadan Aber-porth a dywedir fod y pysgod a ddaliwyd ar ochr ogleddol Llŷn, yn dipyn mwy o faint na physgod Aberdaron ar ochr ddeheuol y penrhyn. Er fod nifer o bysgotwyr Nefyn yn bysgotwyr llawn amser, byddai'r penwaig yn denu chwarelwyr a morwyr a physgotwyr Aberdaron a oedd yn lletya yn Nefyn rhwng mis Hydref a diwedd Ionawr bob blwyddyn. Roedd dal penwaig yn orchwyl hynafol yn Nefyn a dywedir fod 63 cwch yn gweithredu oddi yno mor gynnar â 1287.

Erbyn dechrau'r 20fed ganrif roedd 40 cwch, pob un â chriw o dri neu bedwar yn gweithio o Nefyn. Cychod rhwyfo 18 troedfedd o waith lleol Llŷn oedd y rhain ac yn wahanol i gychod Aberdaron ac Enlli, cychod dau ben, hawdd eu lansio bob amser ar lanw neu drai oedd y rhan fwyaf o'r cychod. Medd un cystadleuydd yn Eisteddfod Genedlaethol 1885:

> 'The quaint, old fishing and seafaring town is famous for the quantity of its herrings. This fish being found here in much better condition and of finer flavour than on the other side of the promontory of Llŷn. It is well known locally that the herrings take along the northern coast of Llŷn are greatly esteemed and fetch a good price. Those on the other side in Cardigan Bay are not much more than half their size.'

Wrth gwrs, roedd adeiladau i fygu a halltu ar lan y don yn Nefyn, lle paratoid y penwaig coch a'r penwaig hallt i'w hallforio i Lerpwl yn fwyaf arbennig.

Mae'n anodd credu fod pentre bychan Porth Dinllaen ym Mae Nefyn yn ddigon hyderus i ddatblygu yn brif borthladd gwasanaeth rheolaidd i'r Iwerddon ond hir fu'r frwydr rhwng y pentre bychan hwn a Chaergybi. Gyda chefnogaeth barod yr enwog W.A. Madocks (1773-1828) a oedd eisoes wedi bod yn llwyddiannus ym Mhorthmadog, ffurfiwyd y 'Porthdinllaen Harbour Company' yn 1806 ac ynghyd â gwella'r harbwr, roedd y cwmni yn awyddus i ddenu rhagor o fasnach. Yn sgil datblygu gwell ffyrdd a rheilffyrdd, gydag Isambard Kingdom Brunel yn 1845 yn barod i ddatblygu y rheilffordd llydan, yr *Worcester and Porthdinllaen Railway*, roedd y gobaith yn gryf y byddid yn sicrhau dyfodol y porthladd diarffordd hwn ar lan Bae Nefyn. Ni wireddwyd y cynlluniau ac ni welwyd un llong i Iwerddon wrth y cei nac un teithiwr yn mwynhau croeso tafarn Tŷ Coch.

ii) Caernarfon

Adeiladwyd castell bendigedig Caernarfon mewn llecyn hawdd i'w amddiffyn gydag afonydd Menai a Seiont yn creu rhwystrau effeithiol rhag unrhyw ymosodiad o'r môr. Gyda'r castell yn arglwyddiaethu tros ardal eang o Eryri i Fôn, roedd y glanfeydd glan afon yn hanfodol i warchodlu estron y castell i lanio pob math o nwyddau, bwyd a diod. O fewn amser yng nghysgod muriau'r castell datblygwyd tref, a honno yn dref lle'r oedd y môr a masnach yn holl bwysig. I'r Cei Llechi ar lan afon Seiont dôi llechi Dyffryn Nantlle – o chwareli fel Dorothea, Cilgwyn, Pen-yr-orsedd a Hafod-las – i'w llwytho ar longau a hwyliai i bob rhan o'r byd. Dywedir fod mwy o lechi wedi'u hallforio o Gaernarfon nac o borthladdoedd llechi arbennig y Felinheli a Phorth Penrhyn (Bangor).

Wrth gwrs, datblygodd tref Caernarfon rai milltiroedd o'r môr agored ar lan y Fenai. 'Er mai Afon Menai a ddywedwn ar lafar,' medd y diweddar Gapten Gwyn Pari Huws, 'nid afon mohoni mewn gwirionedd ond culfor sy'n cysylltu Bae Caernarfon yn y naill ben efo Bae Conwy yn y pen arall. Na, nid yw'n afon mae'n rhan o'r môr, ei dŵr yn hallt a'r llanw yn llifo ar ei hyd.' Nid gorchwyl hawdd oedd tramwyo'r Fenai mewn llongau hwyliau gyda llif aruthrol y culfor yn beryglus dros ben i long a morwr. Eto i gyd, er gwaethaf pob anhawster, datblygodd masnach fôr ac adeiladu llongau i radd uchel yn 'nhre'r Cofis'. Roedd yn wir dref morwyr gyda nifer fawr o dafarndai a thai amheus yn cydfodoli â nifer fawr o gapeli o bob enwad. Cymaint oedd y galw am lanfeydd yn y dre fel y teimlwyd fod yr hen Gei Llechi a ffurfiwyd fel glanfa i'r castell yn yr Oesoedd Canol yn llawer rhy fach i'r galw. Felly yn 1868, penderfynodd Ymddiriedolaeth Harbwr Caernarfon adeiladu porthladd newydd ac yn yr 1870au cynnar agorwyd Doc Victoria a gyfrifid gan rai gwŷr optimistaidd y dref fel y rhan gyntaf o gynllun mawr ac uchelgeisiol i adeiladu nifer o ddociau ar hyd glannau Menai. Yn anffodus iddynt hwy, gyda datblygiad rheilffyrdd roedd oes aur porthladdoedd fel Caernarfon yn dirwyn i ben ac ar ben hynny, ar ôl cyrraedd uchafbwynt yn 1882, roedd diwydiant llechi Dyffryn Nantlle ar drai. Bellach, roedd chwareli'r dyffryn wedi'u cysylltu gyda rheilffordd ac o fewn amser tanseiliwyd hen brysurdeb y llongau bach ar hyd y glannau.

Yn nechrau'r 19eg ganrif hyd tua 1840, cyfrifid Caernarfon fel is-borthladd i Biwmares ond o 1840 ymlaen cyfrifid Caernarfon yn borthladd cofrestru pob llong o'r Felinheli i'r Bermo gan gynnwys Porthmadog a Phwllheli. Mor gynnar â 1840 adeiladwyd adeilad hyfryd yr Ymddiriedolaeth – yr *Harbour Trust* – mewn cyfnod pan oedd rhywfaint o drai ar y diwydiant llechi. Gwelir yr adeilad nodedig hwn, sy'n dal i weithredu fel prif swyddfa'r awdurdod, ar y Cei Llechi o hyd. Yn wahanol i borthladdoedd Bangor a'r Felinheli oedd ym mherchnogaeth teuluoedd bonheddig fel Douglas Pennant, roedd porthladd Caernarfon yn nwylo corff cyhoeddus, er fod gan deulu Assheton-Smith, Y Faenol gryn ddylanwad arno. Allforiwyd llechi o Gaernarfon i bob rhan o Brydain a Gorllewin Ewrop a datblygodd masnach sylweddol â Gogledd America, yn enwedig ag Efrog Newydd a Boston, ac roedd galw mawr am longau – sgwneri fwyaf – i gario cynnyrch Dyffryn Nantlle ar draws Môr Iwerydd. Medd papur newydd *Yr Herald* ar 16eg Ionawr 1858:

> *'The demand for the best quality and best seconds is still in excess of supply . . . Large orders for the American market have been received during the week. In some instances, unable to get them executed at this port, the parties have gone to Port Madoc. We are gratified to learn that during the past year there has been a considerable increase in our slate export.'*

Roedd yn rhaid cael llongau i ddelio â'r holl allforion, a datblygodd y diwydiant adeiladu llongau i gryn bwysigrwydd yng nghysgod castell Caernarfon. Dywedir fod dros 200 llong wedi'u hadeiladu yno rhwng 1758 ac 1898. I raddau helaeth, dibynnai diwydianwyr Caernarfon ar longau o borthladdoedd eraill fel Pwllheli a Phorthmadog ac yn gynyddol, ar adeiladwyr llongau Canada am longau i gario llechi. Gyda phwysigrwydd llechi yn economi'r porthladd, nid oedd yno lawer o le i baratoi iardiau adeiladu llongau a slwpiau, a brigiau bychain a adeiladwyd yn fwyaf arbennig ar lannau Seiont ac yn Noc Victoria. Yn y doc hwnnw hefyd yr adeiladwyd y *'Patent Slip'*, lle gellid tynnu llongau cymharol fychain i'w glanhau a'u trwsio. Porthladd llechi o'r radd flaenaf oedd Caernarfon ac roedd pob gweithgarwch arall yn israddol i'r gwaith hwnnw. Fel rhan o'r gweithgarwch roedd ymfudo i'r America yn bwysig dros ben ac roedd llongau fel y barc *Hindoo* yn hwylio yn gyson i Efrog Newydd:

'*The Fine Sailing Barque* Hindoo *of Caernarvon Burthen about 600 tons. The Sole Property of Mr H. Owen, Rhyddgar, Anglesey. Richard Hughes Commander will be ready to sail from this Port – about the 20th of March next with a ballast of slates. Emigrants will find the conveyance most convenient for embarking for the United States being properly fitted out for the accommodation of passengers.*
Carnarvon   John Owen
1st Febr. 1843   High Street

Yn aml iawn, cyfrifid llwyth o ymfudwyr yn llawer llai pwysig na chargo o lechi ac roedd cyflwr rhai o'r llongau yn ddychrynllyd. Er fod llawer o hwylio uniongyrchol o Gaernarfon i Ogledd America, Lerpwl oedd prif borthladd yr ymfudwyr ac roedd gwasanaeth rheolaidd a phrysur rhwng Caernarfon a phorthladdoedd eraill Gogledd Cymru a Lerpwl. Un o'r enwocaf o holl longau ymfudo o Lerpwl oedd y *Mimosa* a hwyliodd i bendraw'r byd i ffurfio Gwladfa Patagonia. I lawer, porthladd y ffarwel oedd Lerpwl. Roedd gan lawer o asiantau ymfudo yn Lerpwl – llawer ohonynt yn Gymry Cymraeg ac yn bileri eu capel – eu cynrychiolwyr mewn porthladdoedd fel Caernarfon, pobl oedd yn barod i drefnu ticedi a mordeithiau i wledydd pell.

Yn sicr, yn y 19eg ganrif, tre'r morwyr oedd Caernarfon – y môr oedd y prif atyniad i fechgyn y dre ac roedd holl awyrgylch ac aroglau a chymeriad 'tre'r Cofis' ynghlwm wrth y môr a'i longau. Yno yr oedd pob math o grefftwr o wneuthurwyr hwyliau a rhaffau, o weithwyr mewn copr i ffowndrïau fel yr enwog Ffowndri de Winton, yn ymwneud â llongau. Roedd yma hefyd gwmnïau yswiriant ac, fel y disgwylid mewn porthladd o'r fath, yr oedd Ysgolion Morwriaeth niferus.

Yr enwocaf o'r ysgolion hyn oedd un a oedd dan ofalaeth Mrs Ellen Edwards (1820-1889). Bedyddwraig selog a ddysgodd genedlaethau o forwyr holl gymhlethdod a chyfrinachau morwriaeth. Gymaint oedd ei chyfraniad fel bod Ymddiriedolaeth yr Harbwr yn Ionawr 1888 wedi penderfynu ei gwobrwyo:

'who really had conferred great benefit upon the seafaring population . . . by the marvellous success which had attended her teaching of young men.'

Wrth edrych yn ôl ar brysurdeb aruthrol Caernarfon tan tua 1910, efallai y dylai dyn gofio am y fflat un mast 60 tunnell yr *Ann* a adeiladwyd yn Frodsham yn 1799. Fe anfarwolwyd y llong ddistadl hon yng ngerddi *Fflat Huw Puw*. Hwyliodd tan 1858 pan y'i drylliwyd ar Ynysoedd Tudwal. Er iddo gael ei eni yn Lerpwl yn 1795, ymsefydlodd y Capten Huw Puw yng Nghaernarfon pan oedd yn fachgen ifanc a daeth yn wir Gofi.

iii) Y Felinheli

Rhyw dair milltir o Gaernarfon ar lannau'r Fenai, saif hen bentre y Felinheli a gafodd ei enwi ar ôl melin flawd a ddibynnai ar nerth dŵr y môr i yrru'r peiriannau. Ni ŵyr neb ble yn hollol oedd y felin lanw hon, ond yn sicr, datblygiad y diwydiant llechi wrth droed yr Wyddfa rhyw wyth milltir i ffwrdd oedd y symbyliad i ddatblygu porthladd o bwys yno gan allforio llechi Chwarel Dinorwig i bob rhan o'r byd. Roedd yno ddoc caeëdig, a adeiladwyd yn 1824 gyda llif-ddor, doc sych i drwsio llongau, glanfeydd cerrig a digon o le o amgylch y doc i storio a pharatoi llechi i'w hallforio. Gymaint oedd pwysigrwydd y doc fel y'i henwyd yn *Port Dinorwic* gan ddisodli yr hen enw am gyfnod. I gysylltu chwarel enfawr Dinorwig â'r porthladd, adeiladwyd rheilffordd gul yn 1824 gan un o deulu Asseton-Smith, perchennog y chwarel, er mwyn hwyluso y siwrne i'r *incline* uwchben y porthladd. Tynnwyd hon gan geffylau ond yn 1843 penderfynwyd adeiladu trac newydd a elwid yn *Padarn Railway* a dwy injian stêm yn tynnu'r wagenni llwythog i lan y Fenai.

Yn ail hanner y 19eg ganrif yn enwedig, roedd prysurdeb mawr ar lan y cei gyda thwmpathau niferus o lechi o'r radd flaenaf wedi'u storio ac yn barod i'w llwytho ar un o'r llongau niferus – llongau hwyliau yn gyntaf, ond yna nifer o longau stêm.

Yno yn y Felinheli, lle saif iard gychod Dinas heddiw, yr

adeiladwyd y llong goed fwyaf a adeiladwyd yng ngogledd Cymru erioed, sef yr *Ordovic* (825 tunnell) yn 1877. Adeiladwyd rhyw 28 o longau yn y Felinheli, y rhan fwyaf ohonynt gan Rees Jones o'r Bermo a symudodd yma yn 1849 pan oedd prysurdeb Bermo ar drai. Adeiladodd 28 sgwner, 3 barc, gan gynnwys yr *Ordovic*, nifer o farcentinau a brigantinau. Roedd Rees Jones a'i fab William yn berchnogion llongau o bwys ac yn dal cyfranddaliadau yn y *Gwynedd Shipping Company*, perchnogion barciau haearn fel y *Moel Eilian, Moel y Don* a *Moel Tryvan* – pob un yn gynnyrch iard William Doxford o Sunderland. Sonia Aled Eames am y *Moel Tryvan* a hwyliodd ar ei mordaith gyntaf i'r Dwyrain Pell dan gapteniaeth Capten John Williams o Niwbwrch a chriw o ogledd Cymru:

> 'She took with her the financial hopes of many thrifty quarrymen from the Dinorwig area . . . of the first 143 shareholders 121 were quarrymen from the Llanberis, Deiniolen, Waunfawr and Rhostryfan area.'

Yn sicr roedd William E. Thomas o'r Felinheli yn berchennog llongau hwyliau haearn o bwys yn chwarter olaf y 19eg ganrif. Roedd swyddfa'r cwmni yn dal i fod yn y Felinheli ac roedd llawer o gyfalaf y cwmni o'r fro – yn chwarelwyr ac yn ysgolfeistr ac yn weinidogion Methodist.

Ond, wrth gwrs, prif orchwyl y porthladd oedd allforio cynnyrch y chwarel enfawr ger Llanberis. Roedd y chwarel honno yn ymestyn i ryw 700 erw ac ar ei anterth yn cyflogi rhyw 3000 o bobl. Yno yn 1870 yr adeiladwyd nifer o weithdai gofaint haearn a chopr, gweithdai peirianyddol o bob math i ateb holl ofynion chwarel enfawr. Y gweithdai yno yn y Gilfach Ddu oedd yn gyfrifol hefyd am yr holl waith oedd angen ei wneud ar beiriannau'r rheilffordd ac ar y nifer o longau stêm a oedd wedi disodli'r llongau hwyliau bron yn gyfangwbl erbyn troad y ganrif.

Erbyn heddiw ychydig iawn sydd i ddangos y prysurdeb aruthrol oedd yn ymwneud â llechi Dinorwig. Heddiw, mae'r hen borthladd yn llawn o longau pleser rhodresgar yr ymwelwyr estron sy'n defnyddio'u cychod fel plasau 'gin' penwythosau haf, heb hwylio i'r Fenai ei hun. O amgylch y porthladd y mae fflatiau niferus a di-chwaeth sy'n ateb gofynion y twrist yn unig. Un o ddatblygiadau mwyaf annerbyniol yr 20fed ganrif oedd y modd y disodlodd y galw am dai haf draddodiad hynafol sawl porthladd a fu unwaith yn bwysig. Ym Mhorth-cawl ac yn Neyland, ym Mhorthmadog ac yna yn y Felinheli, mae lle i farnu'r awdurdodau cynllunio yn llym oherwydd maent wedi dinistrio naws a chymeriad cymunedau a fu unwaith yn fywiog.

iv) Bangor a Phorth Penrhyn

O holl borthladdoedd allforio llechi gogledd Cymru, roedd Porth Penrhyn ger Bangor ymysg y prysuraf. Er fod traeth Hirael yn cael ei ddefnyddio yn helaeth cyn dechrau'r 19eg ganrif, cwblhau'r rheilffordd gul o ryw chwe milltir a hanner o Fethesda i'r môr a ddaeth â llewyrch i'r ardal. Ceffylau a wagenni oedd yn gyfrifol am gario llwythi i borthladd bychan Abercegin. Tynnwyd pob trên o 24 wagen yn cario tunnell o lechi gan ddau geffyl a disgwylid i bob tîm o geffylau gwblhau chwe siwrne y dydd. Perchennog chwareli Bethesda oedd teulu Douglas-Pennant, Arglwyddi Penrhyn, meistri caled a hunanol a enillodd iddynt eu hunain gasineb y chwarelwyr a chymuned Bethesda. Yn arwydd o gyfoeth y teulu adeiladwyd Castell Penrhyn tua 1827, castell ffug Normanaidd, rhodresgar, yn adlewyrchu awdurdod teulu Douglas-Pennant a'r cyfoeth a ddeilliodd o'u heiddo yn Jamaica a Bethesda. Saif y castell ar y penrhyn rhwng afon Cegin i'r gorllewin ac afon Ogwen i'r dwyrain. Yno y datblygodd Porth Penrhyn yn 1790; porthladd newydd wedi'i gynllunio yn ofalus. Gyda rheilffordd stêm newydd yn yr 1870au, roedd llewyrch arbennig ar Borth Penrhyn a dywedir fod cymaint â 100,000 tunnell o lechi o'r radd flaenaf yn cael eu hallforio oddi yno yn flynyddol a llawer iawn o'r cynnyrch yn cael ei allforio i Ogledd America. Gyda'i lygad ar bob math o fusnes, roedd Arglwydd Penrhyn yn berchennog doc sylweddol ond yn negawd olaf y 19eg ganrif roedd ganddo hefyd nifer o longau stêm wedi iddo brynu'r *Anglesey Shipping Company (S.S. Pandora, Penrhyn, Harrier, Bangor, Lady Blanche* a *Pennant* a'r *Mary B. Mitchell* – llong hwyliau dri mast). Lleihau yn fawr wnaeth yr allforion llechi ac er i Borth Penrhyn barhau hyd y dydd heddiw yn borthladd mewnforio ac allforio achlysurol, porthladd pysgota yw yn fwyaf arbennig erbyn hyn. Mae yno nifer o longau yn ymwneud â'r diwydiant pysgota cregyn gleision o welyau cyfoethog y Fenai. Ar yr hen gei mae amryw o weithdai crefftwyr bychain, fel busnes saer llongau, wedi'u sefydlu. Daw ambell long o Ffrainc i'r harbwr bob hyn a hyn, yn arbennig i gasglu llwythi o gregyn gleision sy'n boblogaidd yng ngwestai'r wlad honno.

Heblaw am weithgarwch y cei ym Mhorth Penrhyn, roedd glan arall y bae yn ardal Hirael a'r Garth yn hen ganolfannau gweithgarwch morwrol cyn fod sôn am yr Arglwydd Penrhyn a'i uchelgeisiau. Yma adeiladwyd rhyw 64 o longau hwylio. Yr enwocaf o adeiladwyr ardal Bangor oedd John Parry, a adeiladodd rhyw 11 llong, ac Edward Ellis, a fu'n gyfrifol am 9 llong. Mae iard gychod fodern Cwmni Dickie, yn atgof o'r prysurdeb a fu yn y rhan yma o Fangor. Yn Hirael hefyd yr oedd, yn ôl Aled Eames a oedd yn briod â Freda, merch Dafydd W. Cale, yr olaf o wneuthurwyr hwyliau Cymru:

'Yr oedd ffowndri, ffatri gwneud llechi sgrifennu, sianderi, siopau gwerthu dillad a sgedis caled i'r llongau, a gwaith i grefftwyr medrus, yn seiri llongau, gofaint a gwneuthurwyr hwyliau. Ac ymysg y bythynnod bach ar lan y môr roedd tafarndai a thai'n llawn 'lodjars', capeli, Stiwt y morwyr, gwaith llechi Penlôn, ac ar restrau'r Gymdeithas Yswirio Llongau ym Mhlas Llwyd ('Y Clwb') roedd dros dri chant o longau.'

Bu un datblygiad pwysig ym Mangor yn negawd olaf y 19eg ganrif pan fu cryn anfodlonrwydd ymysg siopwyr y ddinas am y crocbris a godwyd gan y rheilffyrdd i ddod â nwyddau i'r siopau. Digon costus hefyd oedd porthladd Penrhyn ac roedd y marsiandwyr yn gyndyn iawn i dalu. Felly yn 1891 adeiladwyd cei'r Garth yn agos i'r pier a ddaeth bum mlynedd yn ddiweddarach, yn lle y gellid dadlwytho y stemars bychain a ddoi â nwyddau o bob math i Fangor. Yr enw lleol ar y cei oedd y *Ja Ja* a llongau ager bychan fel y *Christianna*, y *Medway*, y *St Seiriol* a'r *St Tudwal* yn rhedeg yn gyson rhwng glannau Merswy a gogledd Cymru.

v) Porthaethwy

Cyn adeiladu'r pontydd dros afon Menai yn y 19eg ganrif, anodd dros ben oedd croesi'r dŵr gyda llif aruthrol o gyflym yn rhedeg rhwng Môn ac Arfon. Heb un math o bont, roedd fferïau yn rhedeg yn rheolaidd o'r naill lan i'r llall gan gario pob math o gargo, yn deithwyr ac anifeiliaid – yn wartheg, moch a defaid – ynghyd â phob math o nwyddau. I deithwyr o Ddulyn, y Fenai oedd y lle mwyaf peryglus rhwng Llundain a Chaergybi, er i'r ffordd fawr gyrraedd glannau Menai erbyn ail hanner y 18fed ganrif. Y prif fferïau a hwyliai'r culfor oedd: Fferi Abermenai; Fferi Tal-y-foel i Gaernarfon; Fferi Moel-y-Don i'r Felinheli; Fferi Porthaethwy; Fferi Porth yr Esgob; Fferi'r Garth i Fangor; Fferi Biwmares a Fferi Llan-faes. Gydag adeiladu Pont Telford yn 1826 a phont Britannia yn 1850, daeth cyfathrach rhwng Ynys Môn a'r tir mawr yn llawer haws. Pentre a fanteisiodd ar hyn oedd Porthaethwy *(Y Borth)* a alwyd yn *Menai Bridge* gan y Saeson. Yn y dyddiau cyn adeiladu'r bont, roedd fferi o Fangor i Borthaethwy yn hynod bwysig a byddai ceffylau, eu cerbydau a'u teithwyr yn gorfod mentro ar draws y Fenai mewn cychod rhwyfo digon bregus. Bellach roedd yn bosibl teithio dros y bont heb dramgwydd na pherygl.

Er mai prin oedd y gweithgarwch morwrol ym Mhorthaethwy tan tua 1840 – o'i gymharu â phrysurdeb Bangor a Chaernarfon – bu yno rywfaint o adeiladu llongau a mewnforio coed ac angenrheidiau eraill. Yna, tua 1843, daeth teulu'r Davies i enwogrwydd fel perchnogion llongau o bwys mawr. Rhwng 1843 ac 1905 roedd gan y teulu tua 80 o longau mawr yn hwylio ledled y byd a llawer o'r rheiny yn cario criw o Fôn ac Arfon. I'r teulu, yn sicr, y fasnach *guano* o Beriw a Chile oedd y mwyaf proffidiol, ac yn wir, daeth y teulu mor gyfoethog fel y'u gelwid yn *Deulu Baw Adar* gan bobl y Borth. Sonia Aled Eames am y teulu fel Methodistiaid Calfinaidd cul eu hagwedd:

'ac mae'n od meddwl bod llawer o gapeli ac ysgolion elfennol gogledd Cymru wedi'u hadeiladu ar arian y giwano ond rhaid cofio hefyd fod y fenter yma wedi rhoi gwaith – gwaith caled iawn – i gannoedd o fechgyn yr ardal ar eu llongau. Pan etholwyd Richard Davies yn Aelod Seneddol, yr anghydffurfiwr cyntaf i gynrychioli Môn, tynnwyd llun o dros hanner cant o swyddogion a oedd yn gwasanaethu ar eu llongau i ddathlu'r achlysur . . . medrwn olrhain gyrfa bron bob un ohonynt; y mwyafrif llethol ohonynt o Wynedd ond rhai hefyd o Sir Benfro a Cheredigion.'

Teulu o Langefni oedd y Dafisiaid, gyda Richard Davies a anwyd yn 1778 yn rhedeg busnes llewyrchus yn gwerthu popeth yn y dref. Roedd yn mewnforio nwyddau o Lerpwl i ardal Llanbedrgoch a Thraeth Coch ar arfordir dwyreiniol Môn gan werthu'r nwyddau i chwarelwyr y fro am brisiau isel. Yn 1828, nepell o bont newydd Telford, sefydlodd y teulu iard goed gan fewnforio coed o wledydd y Baltig ac yna o Ganada. Mab hynaf Richard Davies, John, a oedd yn gyfrifol am ddatblygiad Porthaethwy tra oedd yr ail fab Robert yn gweithio mewn ffowndri yng Nghaernarfon a Richard yng ngofal gweithgarwch y Traeth Coch ac allforion cerrig i Lerpwl. Sylweddolodd y teulu'n fuan mai ym Mhorthaethwy yr oedd y dyfodol a'r dyfodol hwnnw wedi'i sefydlu ar longau i Ogledd America yn hytrach nac o Amlwch neu Fangor. Methodistiaid cul neu beidio, roedd llongau Davieses Porthaethwy yn bwysig yn y fasnach o gario caethweision ac ymfudwyr i'r Byd Newydd. Gyda llongau mawrion fel yr *Enterprise*, yr *Agnes* a'r *Courtney*, pob un o waith adeiladwyr llongau yng Nghanada neu New England, daeth cyfoeth anhygoel i Borthaethwy. Yn wahanol i lawer iawn o gwmnïau llongau eraill, hyd ei ddiwedd yn 1905, Porthaethwy oedd pencadlys y cwmni. Yn Fethodistiaid cadarn a dirwestol, bu cyfraniad aelodau'r teulu i fywyd crefyddol gogledd Cymru yn aruthrol yn ariannu capeli ac ysgolion ac hyd yn oed Gartref Bontnewydd, sy'n dal i ffynnu.

8. YNYS MÔN

i) Porthladdoedd Môn

Mae'r ffaith fod Môn wedi'i hamgylchynu â môr heb unrhyw gysylltiad sych â'r tir mawr nes adeiladu Pont Telford yn nechrau'r 19eg ganrif, wedi sicrhau fod y traddodiad morwrol yn hollbwysig ar yr ynys. Roedd cysylltiad pentrefi glannau'r sir â gweddill y byd yn hanfodol i'r trigolion. Roedd eu bywoliaeth yn dibynnu ar fasnach y môr a chynnyrch amaeth a diwydiant yn cael ei allforio o aml i bentre dinod. O Benmon, er enghraifft, allforid cerrig malu *(millstone grit)* ac o Fae Traeth Coch allforid carreg galch a debygai i farmor. Roedd y marmor yno yn hynod boblogaidd a dywedir fod dros ddau gant o bobl yn gweithio yn chwareli Traeth Coch. Tan tua 1860, roedd glo yn cael ei gloddio yng nghanol y sir yn enwedig yn ardaloedd Malltraeth a Phentre Berw, ond dim ond ychydig a allforiwyd. Yn yr 16eg ganrif, sonnir am lwyth o lo Môn yn cael ei allforio o Fiwmares i Ayr ac un arall i Ffrainc.

Bu rhywfaint o adeiladu llongau ym mhentrefi glan môr Môn ac yn sicr, roedd y môr yn denu llawer iawn o'r trigolion. Dywedir, er enghraifft, fod Niwbwrch wedi magu cymaint o forwyr ag unrhyw bentre yng Nghymru ac am ganrifoedd lawer, Biwmares oedd prif gofrestrfa llongau gogledd Cymru. Roedd y dre honno, gyda'i phorthladd yn mynd yn ôl i oes y cestyll, yn rheoli'r holl drafnidiaeth môr o'r Bermo yn y de i Gaer yn y gogledd. Yn 1797, roedd dros 700 o longau ar gofrestr Biwmares er mai ychydig iawn o'r rheiny oedd yn ymweld â'r dre ei hun.

'Beaumaris,' medd Lewis Morris, 'a place of good trade formerly and might be still if the inhabitants pursued it, it being an excellent harbour, well situated and well supplied with the gifts of nature.'

Er gwaethaf y ffaith fod nifer fawr o bentrefi Môn – o Foelfre i Fae Cemais ar yr ochr ddwyreiniol ac o Aberffraw i Lanfaethlu ar yr ochr orllewinol – wedi gweld tipyn o brysurdeb, israddol oeddent i borthladdoedd mawr yr ynys – Caergybi, Amlwch a Phorthaethwy.

ii) Caergybi

Mae Caergybi yn wahanol i bob porthladd arall yng ngogledd Cymru gan nad oedd wedi'i greu i ateb gofynion lleol a thros y canrifoedd nid oedd ei ddatblygiad yn ddibynnol ar allforio a mewnforio nwyddau. Y drafnidiaeth rhwng Prydain ac Iwerddon a roes fodolaeth i'r dref a'r porthladd a chan mai'r rhan yma o Fôn yw'r agosaf at Ddulyn, mae dylanwad yr Ynys Werdd wedi bod yn drwm arno ers canrifoedd lawer. Heddiw, Caergybi yw'r prif borthladd ym Mhrydain sy'n ymwneud â masnach rhwng Prydain ac Iwerddon ac mae gwasanaethau dyddiol llongau *Irish Ferries* a *Sealink* i deithwyr a nwyddau yn bwysig dros ben.

Ar wahân i fod yn borthladd wedi'i gynllunio yn arbennig ar gyfer y gwasanaeth rheolaidd ag Iwerddon, cyfrifid bae cysgodol Caergybi yn noddfa gysgodol i longau hwyliau. Gallai nifer fawr o longau fod yno ar unrhyw bryd, yn enwedig ar dywydd stormus. Er enghraifft dywed Susan Campbell Jones:

> '*As late as 1917, over a period of eleven weeks, more than 250 vessels were windbound there.*'

Dyma un lle yr angorai llongau Lerpwl i ddisgwyl gwynt addas i hwylio i bellafoedd daear.

Ond yn hanes y cysylltiad tymhestlog rhwng Prydain a gwlad annibynnnol ei hysbryd Iwerddon, sefydlwyd Caergybi fel y prif borthladd i filwyr a theithwyr o bob math – a hynny mor gynnar â 1570. Un o brif broblemau llywodraeth Prydain dros y canrifoedd oedd darganfod y dulliau mwyaf effeithiol o reoli Iwerddon. Roedd llywodraeth effeithiol o wlad a allai fod yn drafferthus yn dibynnu i raddau helaeth ar gyfathrach effeithiol. Yn y de, datblygwyd porthladdoedd fel Neyland ac Abergwaun fel canolfannau gwasanaeth tra yn y gogledd roedd sawl porthladd dinod fel Aberdyfi a Phorth Dinllaen yn datgan uchelgais i fod yn borthladdoedd fferi. Ond er gwaethaf popeth, yr harbwr ar arfordir gorllewinol Ynys Môn a enillodd. Yn yr 16eg ganrif, lle digon anghysbell oedd Caergybi pan sefydlwyd gwasanaeth llongau yno. Roedd yn bell iawn o ganolfan llywodraeth a nerth Llundain, roedd y ffordd ar draws gwlad Lloegr a mynyddoedd gogledd Cymru yn drafferthus a pheryglus ac ar ben y cwbl roedd yn rhaid croesi culfor cul y Fenai cyn cyrraedd Môn. Eto i gyd, er gwaethaf pob anhawster, Caergybi a ddaeth yn brif borthladd i deithwyr, nwyddau ac yn arbennig i'r post brenhinol.

Lle digon diflas oedd Caergybi, fel y tystiodd y bardd Jonathan Swift:

> 'Lo, here I sit at Holyhead
> With muddy ale and mouldy bread,
> I'm fastened bole with wind and tide
> I see the ships at anchor side,
> The Captain swears, the sea's too rough
> (He has not passengers enough)
> And thus the Dean is forced to stay
> Till others come to help the pay.'

Cafodd yr enwocaf o feibion Môn, Lewis Morris – a weithiai yng Nghaergybi – gyfle i hyrwyddo'r porthladd a chefnogi ei masnach. Sonia am dri gwasanaeth effeithiol rhwng Caergybi ac Iwerddon ac roedd yn awyddus dros ben i weld gwelliannau yn y porthladd, 'For the Irish to import their goods that pay English duty'. Sonia Morris am allforion y porthladd yn 1747:

> 'There was shipped off here of different kind of grain – twenty two thousand bushells – in addition to supplies like butter, cheese and bacon . . . Much profit was made from burning a plant growing on the sea rocks called by the natives Gwymon – into a kind of salt called kelp. One of the ingredients in making glass and used also in Allum works.'

Er gwaethaf disgrifiadau Morris, prin iawn oedd yr allforio o Gaergybi a gwasanaeth teithwyr a phost oedd yn holl bwysig. Gyda Deddf Uno Prydain ac Iwerddon, gwnaed gwelliannau mawr yn yr harbwr. Ychydig yn ddiweddarach yn 1815, dyma Thomas Telford yn datblygu'i briffordd newydd ar draws gwlad o Lundain a chroesi'r Fenai gyda'i bont ysblennydd. Gyda thrafnidiaeth ar hyd ffyrdd tipyn gwell na chynt, sefydlwyd gwasanaeth y Post Brenhinol yn 1820 gyda llongau fferi cyflym yn creu dolen effeithiol rhwng Llundain a Dulyn. Yn anffodus er fod y gwasanaeth yma yn llwyddiannus, daeth trafferthion gydag agoriad rheilffordd i lannau Merswy yn Lerpwl a oedd yn cynnig gwell gwasanaeth na gwasanaeth ceffylau'r Lôn Bost i Fôn. Yn 1838, roedd y post yn teithio ar y rheilffordd i Lerpwl ac oddi yno i Ddulyn. Wedi brwydr enbyd, daeth dyddiau gwell gyda chwblhau y *Chester and Holyhead Railway* yn 1850. Adeiladodd y cwmni bedair llong badl newydd gan gychwyn gwasanaeth rheolaidd i'r Ynys Werdd ond daeth cwmni arall â'i wreiddiau yn Iwerddon i'r maes a dod yn llwyddiannus dros ben o 1843 ymlaen. Y *City of Dublin Steam Packet Company* oedd hwnnw ac wedi uno â *The Liverpool & Llandudno and Welsh Coast Steamboat Co. Ltd* yn 1881, dyma'r pwysicaf o'r cwmnïau llongau. Yn 1891, unodd y cwmni hwnnw eto â'r *New North Wales Steamship Co. Ltd* i ffurfio'r *Liverpool and North Wales Steamship Co. Ltd*. Y cwmni hwn enillodd y cytundeb i gario'r *Royal Mail* o hynny hyd tua 1920. Roedd yn hollol glir mai'r cwmnïau rheilffyrdd yng Nghaergybi fel yn Sir Benfro oedd i fod yn gyfrifol am borthladdoedd a llongau. Felly yn 1920 dyna'r *London and North Western Railway* yn adeiladu pedair llong newydd i'r gwasanaeth rhwng Caergybi a Dun Laoghaire. Yn 1923 y *London Midland and Scottish Railway* oedd yn gyfrifol am yr holl weithgareddau.

Wrth gwrs, ers 1945 mae newidiadau mawr wedi bod yn y gwasanaethau fferi i'r Iwerddon. Gan mai cario lorïau a cheir yw prif orchwyl y llongau erbyn hyn, mae newidiadau mawr wedi digwydd o ran eu cynlluniau a'u maint. Nid llongau i gario teithwyr o borthladd i borthladd sydd angen mwyach ac o'r herwydd bu'n rhaid addasu porthladd Caergybi i lwytho a dadlwytho cerbydau enfawr. Yn 1965, crewyd gwelliannau a byth er hynny mae gwelliannau i dderbyn llongau mwy a mwy o faint wedi digwydd. Gyda *Sealink* yn cael ei lyncu mewn enw beth bynnag gan gwmni enfawr *Stena*, gan dorri'r cysylltiad â'r rheilffyrdd a chyda cwmni *Irish Ferries* yn adeiladu llongau mwy o faint mae llewyrch ar borthladd Caergybi yn nechrau'r 21ain ganrif.

iii) Amlwch

Mae porthladd Amlwch yn unigryw yng Nghymru nid yn unig
am ei fod wedi'i adeiladu tua diwedd y 18fed ganrif gyda'r unig
bwrpas o allforio cynnyrch un o brif weithfeydd copr Ewrop, ond
hefyd mai dyma'r unig borthladd yng Nghymru sy'n wynebu'r
gogledd. Ers ei adeiladu, mae rhyferthwy gwyntoedd y gogledd
wedi cael cryn effaith ar y porthladd a bob hyn a hyn mae
stormydd garw wedi creu tipyn o ddistryw yn y doc cul a'i
gyffiniau.

Tan ail hanner y 18fed ganrif, bychan a dibwys oedd harbwr
Amlwch, ac yn ôl Lewis Morris:

> 'It provided no more than an insecure refuge for small ships, no more
> than a cove between two steep rocks where a vessel hath no room to
> wind, even at high water.'

Ar ôl darganfod maes copr enfawr ar Fynydd Parys gerllaw
arfordir gogleddol Môn yn 1768, roedd pethau i newid yn
syfrdanol yn y fro. Heb rhyw boblogaeth fawr yng ngogledd Môn
ac heb unrhyw fodd hwylus i allforio'r copr o le digon anghysbell,
roedd yna broblemau dyrys. Yn 1793, cafwyd Deddf Llywodraeth
i ymestyn, dyfnhau a glanhau porthladd Amlwch. Tyrrodd y
miloedd i'r ardal i chwilio am waith a dywedir fod cymaint â 1500
o fwynwyr – yn wŷr a gwragedd (a adnabyddid fel Copar Ladis) –
yn gweithio ar Fynydd Parys mewn gweithfeydd peryglus ac
afiach.

Un o sylfaenwyr diwydiant copr Mynydd Parys a Phorth
Amlwch oedd gŵr o'r enw Thomas Williams, cyfreithiwr a gŵr
busnes lleol a ddaeth yn enwog trwy'r wlad fel 'Twm Chwarae Teg'.
Ef a adeiladodd waith toddi enfawr ar lannau Dyfrdwy yn ardal
Treffynnon ac ef hefyd a fu'n ddigon hirben i ddarganfod fod yna
alw aruthrol am lenni copr i orchuddio gwaelodion llongau'r
Llynges Brydeinig, yn enwedig yng nghyfnod rhyfeloedd. Nid yn
unig roedd y copr yn amddiffynfa rhag y pryfed *teredo* a ymosodai
ar goed llong, ond dywedir hefyd fod *'copper-bottomed ships'* yn
gyflymach ac haws eu llywio ac yn arbed costau aml a thrwm.
Roedd Thomas Williams, y *Copper King*, er yn ŵr busnes cyfoethog

a llwyddiannus ac er iddo gael ei alw yn *'Twm Chwarae Teg'*, yn cael ei gyfrif yn ormeswr gan lawer o ddiwydianwyr eraill ei gyfnod am ei fod yn llawer rhy barod i gymryd mantais ar eraill.

Fel bron ymhob tre arall a welodd dyfiant sydyn, fel Gorllewin Gwyllt America, nid oedd Amlwch na'r porthladd yn lle dymunol iawn. Roedd yno dros drigain o dafarndai a nifer fawr o glybiau amheus gyda gangiau o weithwyr yn ymladd tan gwmwl melyn y 31 gwaith toddi copr yn y fro. Nid rhyfedd fod eglwysi Amlwch yn ei chael hi'n anodd i ddenu unrhyw weinidog ac offeiriad i gymryd gofal o unrhyw sefydliad crefyddol yn y dre.

I ateb gofynion y mwynwyr a'r morwyr a drigai yn y dref roedd amryw o grefftwyr Môn yn barod i ateb y galw. Tan tua chanol y 19eg ganrif er enghraifft, roedd gan Llannerch-y-medd nepell i ffwrdd, gymaint â 250 o gryddion yn gweithio yno, yn creu sgidiau gwaith yn bennaf ar gyfer mwynwyr Mynydd Parys. Yn Amlwch ei hun, roedd bragdy helaeth – Greenhalls o St Helens – a sefydlodd yn y dre bron yr un pryd a'r porthladd ar ei newydd wedd yn 1786. Yno hefyd y sefydlwyd gwaith baco Amlwch, yn cynhyrchu shag i'w smocio neu i'w gnoi. Cynhyrchid gwahanol fathau a chryfder o faco ac o snisin yn y gweithdy baco ac meddai D. Lleufer Thomas yn ei adroddiad brenhinol ar gyflogaeth yn 1855:

'Practically everyone smokes or chews or does both. By the end of each meeting I held, the floor was convened with tobacco spittle.'

Er gwaethaf yr holl weithgarwch, mae'n eglur mai lle garw, annifyr ac anystywallt oedd Amlwch y 19eg ganrif ond erbyn diwedd y ganrif gyda chopr yn cael ei ddarganfod mewn rhannau eraill o'r byd, dirywio wnaeth y diwydiant yn Amlwch ond mae diffeithwch Mynydd Parys, heb borfa na choed yn tyfu arno, yn arglwyddiaethu dros dref a phorthladd segur Amlwch o hyd.

Yn anterth dyddiau'r porthladd, datblygwyd diwydiant adeiladu llongau yn Amlwch ac roedd dwy iard yn gweithio yma – iard Paynter, neu'r 'Iard Ochr Draw' ar y chwith i'r porthladd a'r 'Iard Newydd', neu Iard William Thomas, i'r de-ddwyrain o'r harbwr. Yno sefydlwyd iard adeiladu gan deulu Treweek; teulu a ddaeth o Gernyw gydag un ohonynt, James Treweek yn asiant yng gwaith copr Mynydd Parys. Yn 1872, prynwyd iard longau Treweek gan ŵr busnes lleol – Capten William Thomas, perchennog a meistr llongau a siandler. Medd Aled Eames:

'*By 1872 Captain Thomas had thriving ship chandlers business, a large store house for all kinds of building materials brought into Amlwch by his own coastal smacks, and he had a busy shipyard where the noise of the caulkers mallets, the saws and the adzes, the smell of the stack of timber and the general air of brisk industry was to continue for over thirty years.*'

Er i William Thomas adeiladu nifer o sgwneri pren yn y 70au a'r 80au, am ei longau haearn yr oedd yn fwyaf enwog. Cyfrifid ei sgwneri fel *Elizabeth Peers*, y *Cymric*, a'r *Gaelic* ymysg nifer fawr o rai eraill yn osgeiddig iawn a lluniwyd amryw ohonynt, fel y *Detlef Wagner* a adeiladwyd yn 1891, i berchennog llongau o Ddenmarc. Roedd perchnogion llongau ardal Millom a Duddon yn gwsmeriaid da i iard Amlwch ac o Cumbria y byddai yr iard yn mewnforio haearn a dur. Sefydlwyd ail iard longau gan William Thomas a symudodd nifer fawr o weithwyr Amlwch i Millom gan sefydlu capel a chymdeithas Gymraeg yn y dre honno. Yr olaf o longau teulu Thomas Amlwch oedd y sgwner *Eilean* yn 1908, llong a oedd yn dal mewn bodolaeth yn negawd olaf yr ugeinfed ganrif.

9. O GONWY I LANNAU DYFRDWY

i) Conwy

I'r dwyrain o Fangor, digon agored a di-gysgod yw'r arfordir a heb yr un aber sylweddol hyd afon Conwy, nid yw'r rhan yma o'r wlad yn addas ar gyfer adeiladu porthladd. Mae'n wir fod nwyddau'n cael eu dadlwytho ar draethau Abergwyngregyn (neu Aber) a bod pier o hyd i lwytho gwenithfaen yn Llanfairfechan a Phenmaenmawr i'w anfon i lawer rhan o Ewrop. Ceid tipyn o brysurdeb ar Draeth Lafan hefyd, fel y gelwir y tywod rhwng Môn ac Arfon. Ar ochr ddwyreiniol y bae y mae prif lwybr trafnidiaeth llongau afon Menai, ac felly Biwmares a ddatblygodd fel porthladd o bwys.

Er fod cerrig, llechi a choed wedi'u glanio ar draeth agored Llandudno i adeiladu'r tai a'r gwestai ysblennydd pan oedd y dre honno yn datblygu fel prif ganolfan gwyliau gogledd Cymru, yr unig borthladd o bwys oedd Conwy. Yno, yng nghysgod ysblander castell Edward I yn aber afon Conwy, datblygodd porthladd cynnar yn ateb gofynion y fyddin estron ar y cychwyn. Mewn amser, datblygodd y porthladd hwn yn un gweddol bwysig yn hanes morwriaeth Cymru. Gyda phont osgeiddig Thomas Telford, 1826 a'r aber bendigedig mae gan Gonwy lawer i'w gynnig. Yn ogystal, roedd yn eithaf pwysig fel lle i adeiladu llongau a rhwng 1758 ac 1891 adeiladwyd cymaint â 128 o longau sylweddol mewn gwahanol lecynnau ger mur y dref. Yno roedd adeiladwyr fel Thomas Roberts, John Roberts, Richard Thomas a John Jones a nifer o grefftwyr a gyflogwyd ganddynt. Y mwyaf o'r llongau a adeiladwyd oedd y brig *Palanquin*, 304 tunnell, a lansiwyd yn 1842 gan John Jones. Rhwng 1819 ac 1853, prif gynnyrch yr iardiau oedd sgwneri i fyny at 80 tunnell o faint, y rhan fwyaf ohonynt at ddefnydd morwyr Conwy. Adeiladwyd rhai llongau rai milltiroedd i fyny afon Conwy yn ardal Caerhun ac yno am rai blynyddoedd roedd Robert Roberts yn gyfrifol am adeiladu sgwneri arbennig iawn.

Roedd tipyn o drafnidiaeth rhwng porthladd Conwy a'r byd mawr tu allan ac er nad oedd llawer yn cael ei allforio oddi yno dim ond cargo o fwyn, copr a llechi ac yn achlysurol byddid yn mewnforio coed, yn enwedig i'r diwydiant adeiladu llongau a chychod pysgota. Adeiladwyd y cei rhwng muriau'r dref a'r afon yn 1835 ac yno deuai'r llongau mawr o wledydd y Baltig a Llychlyn gyda'u llwythi yn gyson. Mae'n hawdd meddwl am Gonwy heddiw, gyda'r miloedd o gychod pleser, yn ddim ond chwaraefan i'r cyfoethog a'r crach ond mae yna ochr arall i'r harbwr hefyd. Er nad oes llongau masnach bellach yn dod at y cei, mae'r diwydiant pysgota o gryn bwys yno. Er gwaethaf llawer o drafferthion, mae'r grefft o gasglu cregyn gleision yn dal i fodoli yn yr aber. Medd un hanesydd yn 1835:

> 'The cragen las *is found in abundance on the bar at the mouth of the river and great quantities of the mussels are daily gathered by number of industrious people.'*

Tan tua chanol y 19eg ganrif, casglwyd perlau yn aber yr afon ac ymhellach i fyny yn ardal Trefriw ond gyda gor-gasglu a physgotwyr o bob rhan o'r wlad yn tyrru i ardal Conwy, yn fuan iawn pallodd y cynhaeaf. Parhaodd y gwaith o gasglu cregyn er mwyn eu hanfon i farchnadoedd gogledd Lloegr am dipyn rhagor. Yn ôl traddodiad dim ond gan aelodau pedwar teulu oedd yr hawl i gasglu cregyn Conwy. Roedd aelodau o'r pedwar teulu hyn yn wŷr ac yn wragedd yn mentro o'r cei i geg yr afon yn eu cychod rhwyfo 18 troedfedd i 30 troedfedd yr un a phob un yn cario cribin hir i grafu yn nyfnder yr afon. Gorchwyl y gwragedd oedd casglu'r cregyn o greigiau ar lannau'r afon. Y pedwar teulu a feddai'r hawl i bysgota oedd Jones, Roberts, Hughes a Craven a Duw a helpo unrhyw un a fentrai dorri ar reolau caeth yr afon.

ii) Y Rhyl a Glannau Dyfrdwy

O edrych ar ogledd-ddwyrain Cymru o Ben y Gogarth i hen bwll glo y Parlwr Du, gwlad y carafanau gwyliau, tai haf a phob math o adloniant tywydd teg yw'r rhan hon o'n gwlad. Mae'r môr yn mynd allan am gryn bellter ar y trai gan adael traethau melyn agored yn addas i ddenu'r miloedd o'r dinasoedd. Heblaw am chwarel galch a glanfa i allforio'r calch yn Llanddulas tan yn ddiweddar, creadigaeth y fasnach dwristiaeth yw holl bentrefi'r rhan hon o Gymru: lleoedd fel Rhos, Abergele, Prestatyn, Bae Colwyn a Gronant sy'n frith o adnoddau i ddiddanu'r miliynau, ac er mai'r Rhyl yw'r mwyaf di-chwaeth ohonynt i gyd, y mae i ran o'r dre honno ei thraddodiadau morwrol. Yn ardal y Foryd, lle mae afon Clwyd yn arllwys i'r môr y datblygodd porthladd – porthladd yn canolbwyntio'n bennaf ar fewnforio coed i iard goed sylweddol Mri. Charles Jones a'i feibion. Wrth gwrs, gyda'r holl waith adeiladu yn y trefi a'r pentrefi glan môr yn y rhanbarth, roedd galw mawr am goed a nwyddau adeiladu a bu'r Foryd yn hynod brysur am rai blynyddoedd. Erbyn heddiw, er gwaethaf peryglon aber afon Clwyd, oddi yno mae pysgotwyr y fro yn gweithredu, gyda rhan fwyaf o'u cynnyrch wrth gwrs yn cael ei werthu yn lleol.

I'r dwyrain o bentre Talacre a hen bwll glo arfordirol y Parlwr Du mae amgylchiadau yn newid yn fawr iawn a dyma hen ardal ddiwydiannol Glannau Dyfrdwy, gyda phentrefi a threfi diwydiannol fel Ffynnongroyw a Mostyn, Cei Connah, Y Fflint, Bagillt, Llannerch-y-môr a Shotton unwaith yn ganolfannau diwydiannol o amrywiol ac o bwys cenedlaethol ymysg morwyr, 'Llongau Afon Gaer', fel y gelwid y llongau a dramwyai lwybrau troellog afon Dyfrdwy. Yn nyddiau'r Rhufeiniaid, roedd yn bosibl hwylio i fyny'r afon mor bell â Chaer, ond gyda threiglad amser bu newidiadau aruthrol yng nghwrs yr afon gyda banciau tywod symudol yn cau porthladd ar ôl porthladd ar y foryd. Er gwaethaf pob gwaith, ofer fu pob ymgais i glirio llwybr i Gaer; yn ardal Queensferry, er enghraifft, cloddiwyd camlas i geisio goddiweddyd y broblem. Ofer fu'r ymgais. Yn y 18fed ganrif, symudwyd y gwasanaeth rheolaidd i Iwerddon o Gaer i Parkgate ond buan iawn y daeth y tywod i lanw'r hen harbwr hwnnw hefyd. Erbyn heddiw mae mur y doc rhyw filltir o'r afon y tu ôl i gors dywodlyd y Dawnpool Bank gyda'i gyfoeth o adar gwyllt. Unwaith bu pentre Hoylake yn un o brif bentrefi pysgota afon Dyfrdwy ond yn gyflym iawn torrwyd y cysylltiad â'r afon. O un i un, lladdwyd masnach fôr cymunedau glannau Dyfrdwy a hynny bron yn gyfangwbl trwy ddylanwad y banciau tywod symudol.

Erbyn heddiw, dim ond Mostyn sy'n parhau fel rhyw fath o borthladd byw. Bu buddsoddi mawr yno yn ystod dwy flynedd gyntaf y ganrif bresennol a helaethwyd y dociau i ddelio â gwasanaeth cyson newydd cwmni *P & O* i Ddulyn. Er mor anodd i'w mordwyo yw afon Dyfrdwy, fel y dywedodd un sylwebydd yng nghylchgrawn *Sea Breezes*:

> *'To see Mostyn in 2003 is a lesson on how old ports can be revitalised. The small dock may have been mentally written off by economic agencies on a number of occasions as a relic from its days serving outdated iron works and worn out collieries. It could so easily have been tarted up as a marine basin with European cash, to fill with plastic boats that don't go anywhere and surrounded by apartments for Scousers and Mancunians thinking themselves into a kind of North Wales San Tropez. But fortunately that didn't happen and many people are earning a 21st century living geared to high tech engineering from the revitalised port.'*

Gyda datblygiad aruthrol gwaith awyrennau *Airbus* ym Mrychtyn gerllaw ac adeiladu ffermydd melinau gwynt yn y môr, mae Mostyn yn datblygu i fod yn lle pwysig unwaith eto. O leiaf dyna'r gobaith a'r freuddwyd ond wrth gwrs, mae gwrthwynebiadau i'r cynlluniau gan grwpiau cadwriaethol.

Ym mis Mawrth 2004 daeth newyddion drwg i Fostyn pan benderfynodd Cwmni *P & O* ddileu'r gwasanaeth nwyddau dyddiol i Ddulyn, er fod miliynau wedi eu gwario ar wella adnoddau Dociau Mostyn. Wedi dechrau'n addawol yn Tachwedd 2001, cafwyd dwy long sylweddol i gynnal y gwasanaeth. Roedd yr *European Ambassador* yn llong 24,206 tunnell a adeiladwyd yn Japan yn 2001 a'r *European Envoy* (18,653 tunnell) hefyd o Japan yn rhedeg yn gyson am ychydig dros flwyddyn. Rhoddwyd y bai am ddirywiad y fasnach ar gyflwr aber Dyfrdwy gyda'r tywod symudol a'r cwrs ansefydlog. Yn aml byddai llongau *P. & O.* yn bwrw yn erbyn rhyw wely tywod neu'i gilydd. Rhoddwyd y bai ar yr awdurdodau nad oeddent yn barod i wario ar lanhau cwrs yr afon yn gyson.

Unwaith, bu prysurdeb yn nodweddiadol o nifer o bentrefi eraill y glannau hyn sy'n lleoedd digon diflas bellach. Efallai bod llong fferi'r Rheilffyrdd Prydeinig, y *Duke of Lancaster*, yn symbol o'r dirywiad. Ar y mwd yn Llannerch-y-môr mae'r llong, sy'n dyddio o'r 1950au, yn graddol bydru ers dros ddeng ar hugain o flynyddoedd a phob ymgais i wneud canolfan hamdden a siopa ohoni wedi methu.

Yn nhridegau a phedwardegau y 19eg ganrif, roedd tipyn o brysurdeb ar yr afon. Roedd y Fflint yn borthladd prysur yn allforio glo a mewnforio coed ond o fewn ychydig flynyddoedd roedd sianel yr afon wedi newid a'r llongau yn mynd heibio'r Fflint i Mostyn a Chei Connah.

'Erbyn y chwedegau,' medd Aled Eames, 'y Cei oedd prif borthladd yr ardal. Adeiladwyd rheilffordd a dociau cwmni *'Wrexham, Mold and Connah's Quay Railway'* ac er nad oedd poblogaeth y dref yn fawr roedd yr iardiau llongau, siopau siandler, a llofftydd hwyliau i gyd yn brysur. Yn y gymuned hon daeth teuluoedd morwrol yn adnabyddus i forwyr ledled Prydain – Coppack, Vickers, Bennett, Reney, Hughes, Bithel, Foulkes ac eraill.'

Roedd llongau Cei Connah yn hwylio yn arbennig ar hyd arfordir Prydain ac i Ewrop, gan gario pob math o nwyddau o grochenwaith Bwcle i frics Rhiwabon, a mewnforion o goed o wledydd Llychlyn a haearn o Sbaen. Yn sicr roedd yno brysurdeb aruthrol ac roedd llongau Cei Connah yn ddeniadol i forwyr o ogledd Cymru yn gyffredin.

Roedd y diwydiant adeiladu llongau, yn enwedig llongau hwyliau mawrion o gryn bwys ar afon Dyfrdwy. Yno yn 1855 er enghraifft, yr adeiladwyd yr enwog *Royal Charter* gan William Patterson, Sandycroft. Llong haearn 2719 tunnell yn cael ei gyrru gan hwyliau a pheiriant stêm oedd hon. Wrth ddychwelyd o Awstralia ar 26ain Hydref 1859 drylliwyd y llong ar greigiau Moelfre gan golli 434 bywyd a chargo o werth enfawr.

Mae'r *Kathleen and May*, sgwner dri mast a adeiladwyd dan yr enw *Lizzie May* i'r Brodyr Coppack, yn dal i hwylio yn 2004. Adeiladwyd y sgwner yma gan brif adeiladwyr ar yr afon sef Ferguson a Baird, Albanwyr a sefydlodd yn y Fflint a Chei Connah tua 1858. Cyfrifid y llongau a adeiladwyd ganddynt – dros hanner cant ohonynt – o safon uchel iawn, llongau fel y *Charles Edwards*, *Earl Cairns*, *Agnes Craig*, y *Windermere* a'r *Lizzie May*. Roedd amryw o gwmnïau eraill fel *Ashburner, Barrow & Co.* gyda rhyw 10 llong a Reney gyda dwsin neu fwy o sgwneriaid.

Cwmni llongau enwocaf Glannau Dyfrdwy oedd cwmni'r Brodyr Coppack o Gei Connah. Teulu o Norwy oedd y Kopeck, neu Kopock, a daethant i lannau Dyfrdwy yn yr 17eg ganrif gyda chargo o galch. Yn anffodus, llanwyd y llong â dŵr a throdd y calch yn hollol solet, heb obaith ei ddadlwytho. Yno bu'r teulu o hynny ymlaen yn hwylio ar longau Dyfrdwy fel aelodau o griw y llongau lleol. Ym mis Hydref 1860, er hynny, penderfynodd y Capten John Coppack adael y môr a sefydlu cwmni lleol o barlwr ei gartref yng Nghei Connah. Roedd galw mawr am wasanaeth i allforio plwm Helygen, dur Shotton, glo'r Parlwr Du, a briciau Rhiwabon a Bwcle i bob rhan o Ewrop. Roedd angen mewnforio mwyn haearn a llawer iawn o ddefnyddiau crai ardal ddiwydiannol bwysig glannau Dyfrdwy.

Gyda nifer o sgwneri o adeiladwaith lleol, roedd tipyn o lewyrch ar fusnes Coppack ac yn 1881 prynwyd y llong ager gyntaf – yr *Aston* yn enwedig i'r allforion o friciau Bwcle i'r Iwerddon.

Parhaodd y cwmni i hwylio'r glannau tan 1971 pan werthwyd yr olaf o'r stemars – y *Vauban* a'r *Indurita* – gan aelodau o'r un teulu a sefydlodd y cwmni dros gan mlynedd ynghynt.

Llyfryddiaeth Ddethol

Balchin, W.G.V. (ed.), *Swansea and its region* (1971).

Bennet, P. a David Jenkins, *Welsh Ports of the Great Western Railway* (1994).

Campbell-Jones, Susan (Gweler hefyd S. Passmore), *Welsh Sail* (1976).

Cymru a'r Môr/Maritime Heritage, Cylchgrawn Blynyddol ers 1976.

Coppack, T., *A Lifetime with Ships* (Afon Dyfrdwy) (1973).

Daunton, Martin, *Coal Metropolis, Cardiff 1870-1914* (1977).

Davies, Donald, *Those were the Days*, 2 gyfrol, Aberteifi (1991).

Davies, John, *Cardiff and the Marquesses of Bute* (1981).

Davies, Margaret, *The Story of Tenby* (1979).

Eames, Aled,

    – *O Bwllheli i Bendraw'r Byd* (1979).

    – *Heb Long wrth y Cei* (1989).

    – *Y Fordaith Bell* (1993).

    – *Machlud Hwyliau Cymru* (1984).

    – *Ships and Seamen of Anglesey* (1973).

    – *Porthmadog Ships* (1975).

    – *Ventures in Sail* (1987).

Edwards, John (Golygydd), *Tinopolis*, Llanelli (1995).

Elis-Williams, M., *Packet to Ireland* (1984).

Evans, Catherine, Steve Dodsworth and Julie Bennett, *Below the Bridge, A Photo Historical Survey of Cardiff Dockland to 1983* (1984).

Fishlock, Trevor, *Fishlock's Sea Stories* (2003).

Hughes, Henry,

    – *Immortal Sails*

    – *Through Mighty Seas*, Porthmadog (1975).

Jeffreys, D.E., *Maritime Memories of Cardiff* (1978).

Jenkins, David,

    – *Shipping at Cardiff – Photographs from the Hanson Collection* (1993).

    – *Shipowners of Cardiff* (1997).

Jenkins, J. Geraint,

    – *The In-Shore Fishermen of Wales* (1991).

    – *Llangrannog* 1998: 2002: 2004.

    – *Maritime Heritage – The Ships and Seamen of Southern Ceredigion* (1982).

Jenkins, J. Geraint and David Jenkins,

    – *Cardiff Shipowners* (1986).

    – *The Maritime Heritage of Dyfed* (1982).

John, Brian, *Ports and Harbours of Pembrokeshire* (1976).

Jones, J.M.O., *Morwyr y Cilie* (2002).

Lewis, L. Haydn, *Penodau yn Hanes Aberaeron a'r Cylch* (1970).

Lewis, W.J.,

    – *Born on a Perilous Rock. – Aberystwyth, Past and Present* (1980).

    – *The Gateway to Wales – A History of Cardigan* (1990).

Lloyd, Lewis,
- *The Port of Caernarfon 1793-1900* (1989).
- *Maritime Merioneth – The Town and Port of Barmouth* (1971).
- *The Unity of Barmouth* (1977).
- *Sails on the Mawddach* (1981).
- *The Amity of Aberdyfi* (1983).
Lewis, M.J.T., *Sails on the Dwyryd* (1989).
Lloyd-Hughes, D.G., *Pwllheli* (1991).
Lodwick J. & V., *The Story of Carmarthen* (1994).
Moore, Donald (Gol.), *Barry – The Centenary Book* (1986).
Morgan, D., *The Cardiff Story* (1991).
Morgan, Alun, *Porthcawl, Newton and Nottage* (1987).
Morgan, D.W., *Brief Glory*, Aberdyfi (1948).
Nicholson, J.A., *Pembrey and Burry Port* (1993).
O'Neill, Dan, *Tiger Bay and the Docks* (2001).
Pari-Huws, Gwyn, *Y Fenai* (2002).
Passmore, S.G., *Farmers and Figureheads, The Port of New Quay and its Hinterland* (1992).
Parker, Mike, *Coast to Coast* (2003).
Paggett, Paul, *Solva* (1990).
Rees, J.F., *The Milford Story* (1954).
Takel, R., *The Story of Ports and Shipping along the Glamorgan Heritage Coast* (1982).
Thomas, David,
- *Hen Longau Sir Gaernarfon* (1952).
- *Hen Longau a Llongwyr Cymru* (1949).
Troughton, William, *Aberystwyth Harbour* (1997).
Williams, Glanmor (Gol.), *Swansea* (1990).